The Japan Accounting and Financial Analysis Examination

ビジネス会計検定試験®
公式テキスト

2級

第5版

大阪商工会議所 [編]

中央経済社

ビジネス会計検定試験®は，大阪商工会議所の
登録商標です。以下，本書では®マークを省略
します。

公式テキスト発行にあたって

　近年，損益計算書や貸借対照表などの財務諸表を理解できる能力（会計リテラシー）の重要性が高まっています。企業活動がグローバル化，複雑化，多様化する中で，ビジネスパーソンとして自社や取引先などの経営実態を正しくタイムリーに把握することが必要不可欠になってきたためです。

　大阪商工会議所ではこうした時代の要請に応えて「ビジネス会計検定試験」を企画・開発し，2007年（平成19年）から実施しています。一般的に，財務諸表を理解するには，その作成過程において複式簿記の理解が不可欠だと考えられていますが，この「ビジネス会計検定試験」は，財務諸表を作成するという立場ではなく，できあがった財務諸表を情報として理解し，ビジネスで役立てていくことに重点を置いています。したがって，本検定試験は，簿記の知識がなくても，会計基準，財務諸表に関する諸法令，構造などの知識や分析を通して，企業の財政状態，経営成績，キャッシュ・フローの状況などを判断できる能力を問うものです。

　日本商工会議所ならびに大阪商工会議所をはじめとする全国の商工会議所では，1954年（昭和29年）から簿記検定試験を実施し，簿記会計の知識を有する多くの人材を実社会に送り込んできました。私どもは，長年の実績を誇る簿記検定試験に加えてこの「ビジネス会計検定試験」を実施することにより，会計リテラシーを持つ人材の裾野がさらに広がることを期待しております。

　本書は3級で学習した知識を前提として，2級検定試験を受験いただくための学習用教材であり，財務諸表を読む基礎的な力や簡単な分析力を有する方が，さらに詳細な知識や高度な分析力を習得できるように作られています。記載内容の理解を深めるため，各章ごとに「学習のポイント」を掲載するとともに，多くの図表や例題を掲載しています。例題を反復して解き，テキストの内容を確認して，知識を確実なものにしていただきたいと思います。ま

た，公式過去問題集 2 級（編：大阪商工会議所，発行：中央経済社）を発刊していますので，検定試験対策としてご活用ください。

　本書や「ビジネス会計検定試験」の学習を通じて"会計リテラシー"を身につけ，ビジネスの場はもとより，日常生活のなかでも大いに役立てていただければ幸いです。

　2020年 3 月

大阪商工会議所

は じ め に

　会計はビジネスの言語といわれます。企業経営を円滑に進めるには，会計数値による計数管理が必須ですし，企業が作成する財務諸表（決算書）を中心とした会計情報は，とくに上場会社を中心とした大会社においては公開が義務づけられています。また，中小企業であっても，融資の審査を受けたり，納税の申告を行ったりする際に，会計情報の作成が不可欠です。この観点からは，財務諸表の作成が主眼となります。それに対応する知識を得られるのが簿記検定です。簿記検定は財務諸表の作成に関わる知識に関して広く普及した検定試験です。

　ところが，財務諸表を作成することは会計の最終の目的ではありません。上場会社の会計情報が公開される目的は大きく２つあります。１つは，株主・投資者から資本の出資を受けた経営者が，資本を受託した結果の報告を資金の委託者（株主・投資者）に行うことにあります。もう１つは，各種の企業関係者（ステークホルダー）に，広く企業の状況を開示し，企業の財政状態，経営成績や資金の状況についての情報を提供することにあります。ステークホルダーは財務諸表を通じて企業の状況を読み取ることになります。会計知識は，会計情報を作成する経理パーソンにだけ必要なものではなく，企業や組織と関わるすべてのステークホルダーにとって，必須の知識といえます。地図の利用者が基本的なルールを知っていれば，地図の作成を意識しなくても利用できるのと同様に，会計情報にも，作成を意識しなくても利用できる領域があります。それが財務諸表を読んで企業情報を解釈する領域であり，一般に財務諸表分析といわれます。ビジネス会計検定試験は，財務諸表分析を行って企業の状況を知るための，基本的な会計ルールと，財務諸表の仕組み，さらにはそれを読解するための知識を得られる検定試験として開発されました。

　企業に関する情報は溢れています。近年ではインターネットの普及に伴い，

iii

情報は爆発的に増加しており，成否の判断がむずかしい情報や誤った情報が流されたりもします。会計の世界では，公開情報の信頼性を担保するための取り組みが継続的に行われており，そのもとで公式に公開されるのが財務諸表です。もとより不正経理の存在は完全には否定できませんが，その監視を含めて，会計知識の広汎な普及が，健全な経済社会を支える基盤となります。また，企業活動はますますグローバル化の度合いを高めており，財務諸表を読み取るルールも国際化が進展しています。それが国際会計基準（IFRS）であり，日本の会計ルールも急速にIFRSへの対応が進んでいます。会計知識を学ぶことは，企業を見る目を世界にも拡げる端緒にもなるでしょう。

　また，ビジネスパーソンにとどまらず，規制に関わる自治体は企業についての各種判断を行う際にも財務諸表を利用しますし，自治体そのものや各種の公共団体，民間組織にも財務諸表に関わる知識が有用な場面が多様に存在します。ビジネス会計検定試験は，時として敬遠されがちな会計情報の利用にまつわる多様で多彩な知識を，テキストの学習を通じて学ぶことができる検定試験です。本検定試験を通して，ビジネスパーソンや自治体職員，さらにはこれから社会に出ようとする学生の皆さんをはじめとする，いわば一般社会人としての多くの方々が，会計に関する正しい知識や分析力を身につけていただき，経済社会に必須の知識能力を高めていただくことを願ってやみません。

　2021年9月

大阪商工会議所
ビジネス会計検定試験 検定委員会
委員長　梶浦　昭友

目　　次

公式テキスト発行にあたって　i

はじめに　iii

第1章　企業会計の意義と制度 ························· 1

第1節　企業会計の役割 ································· 1

1　利害調整機能 ································· 2

2　投資判断情報提供機能 ························· 3

第2節　企業会計の制度 ································· 4

1　金融商品取引法の会計制度 ················· 4

コラム　財務報告に係る内部統制 ················· 5

コラム　EDINET（エディネット）とは ············· 8

2　会社法の会計制度 ························· 11

コラム　会社法上の株式会社の区分 ············· 11

コラム　中小企業の会計に関する指針 ············· 13

3　金融商品取引所の開示規制 ················· 16

コラム　TDnet（ティーディーネット） ············· 17

第2章　財務諸表 ································· 19

第1節　財務諸表の種類 ································· 20

1　年度の財務諸表と四半期財務諸表 ··········· 20

2 財務諸表と連結財務諸表 ･････････････････････････ 21

第2節　連結の範囲 ･･････････････････････････････････ 25

1 子会社とは ･････････････････････････････････････ 25

2 関連会社とは ･･･････････････････････････････････ 27

第3節　連結財務諸表の作成方法 ･･････････････････････ 30

1 作成の基礎 ･････････････････････････････････････ 30

2 持分法 ･･･ 32

第4節　連結財務諸表に特有の項目 ････････････････････ 33

第5節　計算書の相互関係 ･････････････････････････････ 35

第3章　貸借対照表 ･･･････････････････････････ 37

第1節　連結貸借対照表とは ･･･････････････････････････ 37

第2節　資産とは ････････････････････････････････････ 40

1 資産の意義と分類 ･･･････････････････････････････ 40

2 資産の評価基準 ･････････････････････････････････ 41

3 流動資産 ･･･････････････････････････････････････ 43

コラム 重要性の原則 ････････････････････････ 43

コラム 貸倒引当金の設定 ･･････････････････････ 45

コラム リース取引 ････････････････････････････ 45

4 固定資産 ･･･････････････････････････････････････ 51

5 繰延資産 ･･･････････････････････････････････････ 56

第3節　負債とは ････････････････････････････････････ 59

1	負債の意義と分類 ‥‥‥‥‥‥‥‥‥‥‥‥‥‥‥‥‥‥	59
2	流動負債‥‥‥‥‥‥‥‥‥‥‥‥‥‥‥‥‥‥‥‥‥‥‥	59
	コラム 引当金について ‥‥‥‥‥‥‥‥‥‥‥‥‥‥‥	61
3	固定負債‥‥‥‥‥‥‥‥‥‥‥‥‥‥‥‥‥‥‥‥‥‥‥	62
	コラム 有利子負債 ‥‥‥‥‥‥‥‥‥‥‥‥‥‥‥‥‥	64

第4節 純資産とは ‥‥‥‥‥‥‥‥‥‥‥‥‥‥‥‥‥‥‥‥ 66

1	純資産の意義と分類 ‥‥‥‥‥‥‥‥‥‥‥‥‥‥‥‥‥	66
2	株主資本‥‥‥‥‥‥‥‥‥‥‥‥‥‥‥‥‥‥‥‥‥‥‥	66
3	その他の包括利益累計額 ‥‥‥‥‥‥‥‥‥‥‥‥‥‥‥	68
4	新株予約権 ‥‥‥‥‥‥‥‥‥‥‥‥‥‥‥‥‥‥‥‥‥	69
	コラム ストック・オプション‥‥‥‥‥‥‥‥‥‥‥‥	70
5	非支配株主持分‥‥‥‥‥‥‥‥‥‥‥‥‥‥‥‥‥‥‥‥	70

第4章 損益計算書‥‥‥‥‥‥‥‥‥‥‥‥‥‥‥‥‥ 73

第1節 連結損益計算書とは ‥‥‥‥‥‥‥‥‥‥‥‥‥‥ 73

第2節 損益計算書のルール ‥‥‥‥‥‥‥‥‥‥‥‥‥‥ 76

1	損益計算のルール ‥‥‥‥‥‥‥‥‥‥‥‥‥‥‥‥‥‥	76
2	損益計算書の表示ルール ‥‥‥‥‥‥‥‥‥‥‥‥‥‥‥	76

第3節 売上総利益の計算 ‥‥‥‥‥‥‥‥‥‥‥‥‥‥‥ 79

1	売上総利益 ‥‥‥‥‥‥‥‥‥‥‥‥‥‥‥‥‥‥‥‥‥	79
2	売上高‥‥‥‥‥‥‥‥‥‥‥‥‥‥‥‥‥‥‥‥‥‥‥‥	79
3	売上原価‥‥‥‥‥‥‥‥‥‥‥‥‥‥‥‥‥‥‥‥‥‥‥	81

第4節 営業利益の計算‥‥‥‥‥‥‥‥‥‥‥‥‥‥‥‥‥ 88

1	営業利益	···	88
2	販売費及び一般管理費	·····································	88

第5節　経常利益の計算 ··· 90

1	経常利益	···	90
2	営業外収益	···	91
3	営業外費用	···	92

第6節　税金等調整前当期純利益の計算 ····················· 94

1	税金等調整前当期純利益	·······························	94
2	特別利益	···	94
3	特別損失	···	95

第7節　当期純利益と親会社株主に帰属する当期純利益の 計算 ··· 97

1	当期純利益と親会社株主に帰属する当期純利益	··············	97
2	法人税，住民税及び事業税	·····························	97
3	法人税等調整額	··	98
4	親会社株主に帰属する当期純利益	························	98
	コラム　税効果会計	···································	101

第5章　連結包括利益計算書 ···················· 103

第1節　連結包括利益計算書とは ···························· 103

第2節　包括利益の概念 ··· 104

1	包括利益とは	···	104
2	包括利益の構成	··	104

IV

3 　その他の包括利益 ・・・・・・・・・・・・・・・・・・・・・・・・・・・・・・・・・・・・・・ 105

第 3 節　連結包括利益計算書の様式 ・・・・・・・・・・・・・・・・・・ 106

1 　2 計算書方式 ・・・ 106

2 　1 計算書方式 ・・・ 107

第6章　株主資本等変動計算書 ・・・・・・・・・・・・・・・ 113

第 1 節　株主資本等変動計算書とは ・・・・・・・・・・・・・・・・・・・・・ 114

第 2 節　連結環として働く株主資本等変動計算書 ・・・・・・・・ 114

第 3 節　区分と記載内容 ・・・・・・・・・・・・・・・・・・・・・・・・・・・・・・・・・・ 116

第 4 節　株主資本等変動計算書情報の活用 ・・・・・・・・・・・・・・ 120

第7章　連結キャッシュ・フロー計算書 ・・・・・・・ 125

第 1 節　連結キャッシュ・フロー計算書とは ・・・・・・・・・・・・・ 126

第 2 節　キャッシュの範囲 ・・・・・・・・・・・・・・・・・・・・・・・・・・・・・・・・ 126

1 　現金の範囲 ・・・ 128

2 　現金同等物の範囲 ・・・・・・・・・・・・・・・・・・・・・・・・・・・・・・・・・・・・・・ 128

　　コラム 譲渡性預金，コマーシャル・ペーパー，
　　　　　売戻条件付現先 ・・・・・・・・・・・・・・・・・・・・・・・・・・ 129

3 　負の現金同等物 ・・ 130

　　コラム 当座預金と当座借越 ・・・・・・・・・・・・・・・・・・・・・ 130

4 　注記 ・・・ 131

v

第3節　連結キャッシュ・フロー計算書のしくみ ……… 135

第4節　連結キャッシュ・フロー計算書の表示方法 …… 138

　　1　直接法と間接法 ……………………………………… 138

　　2　総額主義の原則 ……………………………………… 139

　　3　法人税等および利息・配当金の取扱い …………… 140

第5節　営業活動によるキャッシュ・フロー …………… 143

第6節　投資活動によるキャッシュ・フロー …………… 154

第7節　財務活動によるキャッシュ・フロー …………… 157

第8節　キャッシュ・フロー循環 ………………………… 161

第8章　附属明細表と注記 ……………………… 165

第1節　附属明細表とは ………………………………… 166

第2節　附属明細表の種類と様式 ……………………… 166

第3節　注記とは …………………………………………… 169

第4節　注記の内容と記載方法 ………………………… 170

　　1　注記の内容 …………………………………………… 170

　　2　注記の方法 …………………………………………… 171

第5節　具体的な注記事項 ……………………………… 172

　　1　連結財務諸表作成のための基本となる重要な事項 ……… 172

　　2　重要な会計方針の注記 ……………………………… 173

3	会計方針の変更に関する注記	174
4	表示方法の変更に関する注記	174
5	会計上の見積りの変更に関する注記	175
6	修正再表示に関する注記	175
7	重要な後発事象の注記	176
8	継続企業の前提に関する注記	176
9	セグメント情報に関する注記	177

第9章 財務諸表分析 ……………………………… 183

第1節　財務諸表の構成要素と財務諸表分析 …………… 184

第2節　基本分析―百分比財務諸表と時系列分析 ……… 187

1	百分比財務諸表	189
2	時系列分析	193

第3節　安全性の分析 …………………………………… 196

1	安全性の分析とは	196
2	短期の安全性分析	197
3	長期の安全性分析	205

第4節　収益性の分析 …………………………………… 217

1	収益性の分析とは	217
2	総資本利益率	218
3	経営資本営業利益率	221
4	自己資本当期純利益率	224
5	資本利益率の構成	226

6	売上高利益率	226
7	資本（資産）回転率と回転期間	230
8	総資本利益率と自己資本利益率の要素分解	238

第5節　キャッシュ・フローの分析 ………………………… 245

1	キャッシュ・フローの分析とは	245
2	フリー・キャッシュ・フロー	246
3	営業キャッシュ・フロー・マージン	247
4	自己資本営業キャッシュ・フロー比率	249
5	営業キャッシュ・フロー対流動負債比率	251
6	設備投資額対キャッシュ・フロー比率	252

第6節　セグメント情報の分析 ……………………………… 256

第7節　連単倍率と規模倍率 ………………………………… 261

1	連単倍率とは	261
2	連単倍率の指標	262
3	規模倍率の指標	263

第8節　損益分岐点分析—企業の採算性を探る ………… 267

1	損益分岐点とは	267
2	変動費と固定費の概念	267
3	利益図表（損益分岐図表）	268
4	固定費・変動費区分の方法	270
5	損益分岐点の計算構造	271
6	損益分岐点に関連する指標	274
7	外部分析の観点からの損益分岐点分析	275

第9節　1株当たり分析―株式投資の視点 ················ 278

　　1　1株当たり当期純利益（EPS）···················· 279

　　2　株価収益率（PER）···························· 280

　　3　1株当たり純資産（BPS）······················ 281

　　4　株価純資産倍率（PBR）······················· 283

　　5　1株当たりキャッシュ・フロー（CFPS）·············· 284

　　6　株価キャッシュ・フロー倍率（PCFR）·············· 285

　　7　1株当たり配当額 ···························· 286

　　8　配当性向 ······························· 286

　　9　配当利回り ······························ 287

　　10　株主資本配当率 ·························· 288

　　11　株式益回り ····························· 289

　　12　時価総額 ····························· 290

第10節　1人当たり分析 ························ 293

　　1　損益計算書に関する1人当たり指標 ·············· 294

　　2　貸借対照表に関する1人当たり指標 ·············· 295

　　3　1人当たり人件費 ·························· 297

◇付　　　録　　連結財務諸表の表示例

　連結借対照表，連結損益計算書，連結包括利益計算書，

　連結株主資本等変動計算書，連結キャッシュ・フロー計算書

　　A社　302

　　B社　310

◇2級で対象となる主要指標　　318

◇索　　引　321

◇ビジネス会計検定試験のご案内　329

◇ビジネス会計検定試験　検定委員会　333

◇ビジネス会計検定試験　テキスト作成委員会　334

◇２級テキスト執筆者一覧　334

第1章 企業会計の意義と制度

学習のポイント

　本章では，企業会計の役割（機能）と企業会計制度について説明します。

　企業会計には，さまざまなステークホルダー（利害関係者）の利害対立を調整する機能と，投資者の投資意思決定に役立つ情報を提供する機能があります。このような企業会計の機能は，私たちが経済活動を行う上で必要不可欠なものですので，必ずしも法律や規則で強制されるものではありませんが，その重要性に鑑みて，一定の条件を満たす会社は同じルールに従って会計を行うことが求められています。株式会社の会計は，金融商品取引法と会社法という2つの法律によって規制されています。また，上場会社については，金融商品取引所による規制があります。

　このような企業会計制度において，どのような会計情報が，いつ，どこで公表されるか，それらの会計情報はどのようにすれば入手できるかを理解することを目標としてください。

第1節　企業会計の役割

　企業会計の目的は，企業の財政状態や経営成績を適切に表示することです。企業には経営者，投資者，債権者，従業員，取引先など，さまざまなステークホルダー（利害関係者）が存在します。ステークホルダーは，財務諸表などの

会計情報を利用して自らの意思決定を行います。会計情報は，企業の実態を正確に反映して，ステークホルダーの判断を誤らせないようにすることが大切です。会計情報の作成・開示によって会計が果たす代表的な役割に，**利害調整機能**と**投資判断情報提供機能**があります。

 利害調整機能

企業をとりまくステークホルダー間には，さまざまな利害対立が存在しています。会計には，この利害対立を調整する機能があります。これを**利害調整機能または成果配分支援機能**といいます。

まず，株主と経営者の間に利害対立が存在しています。株主が自己の資源の管理・運用を経営者に託すのは，経営者が株主の意図を介した資源の管理・運用を行うことによって，一定の成果を上げることを期待するからに他なりません。ところが外部の株主には，経営者が株主から委託された資源を経営者自身の利益のためではなく，株主の利益のために，適切に管理・運用しているかどうかは定かではありませんから，会計情報の公表が必要になるのです。このように，会計情報は，経営者と株主の間の利害調整機能を果たしているのです。

また，株主と債権者の間にも利害対立が存在しています。株主は，出資先企業が倒産した場合でも，引き受ける責任の範囲は，自己の出資額を上限とします。この出資額を限度とした株主の責任を**有限責任**といいます。これに対して，債権者は，契約で定められた利子を受け取る権利を有していますが，経営に参画できないのはもとより，企業倒産時には元金の回収が不可能になる危険さえ負わされています。もし株主の過大な配当決議によって多額の現金が社外流出し，企業の存続が危機に陥ることがあれば，債権者の権利は著しく侵害されることになります。そこで，債権者を保護するために考え出されたのが**配当規制**です。わが国では，会社法で株主と債権者の利害を調整しており，会社が株主に分配できる上限額を**分配可能額**として定めています。

投資判断情報提供機能

　会計が情報提供によって果たすもう1つの機能として，投資者の投資意思決定に役立つ情報を提供する，投資判断情報提供機能があります。これは**意思決定支援機能**とも呼ばれます。

　投資者が株式や社債などの売買に関して行使する判断を**投資意思決定**といいます。投資に関する判断は，投資対象会社の財務内容をもとに行われますから，投資意思決定に際しては当該投資対象会社の会計情報が不可欠となります。投資者にとって，投資判断は，選択肢のなかでもっとも有利な状況の実現を期待させるものでなければなりません。会計情報はそうした投資判断に利用されます。

　投資した結果から得られる収益を**投資収益（リターン）**といいますが，株式を取得すれば，配当と株価の値上がり益を期待でき，社債を取得すれば，利息と社債価格の値上がり益を期待できます。高収益（ハイ・リターン）を得ようとすれば，それに応じて高い危険（ハイ・リスク）を引き受けなければなりませんし，逆にハイ・リスクを回避したければ，それ相当のロー・リターンに甘んじざるを得ません。

　こうしたリスクとリターンを投資対象企業について推測するには，会計情報が重要になります。投資判断を行うには，投資対象企業の収益性，安全性，成長性などに関する指標を会計数値を使って求めることになります。会計数値をもとにした指標も，単独の数値としては大して意味がありません。その指標を企業間比較，あるいは特定企業について期間比較し，判定することによって指標の意義はより一層高まります。

第2節　企業会計の制度

　株式会社の会計は，金融商品取引法と会社法という2つの法律によって規制されています。また，上場会社については，金融商品取引所による規制があります。

 金融商品取引法の会計制度

　金融商品取引法は，投資者の保護を図るため，企業内容開示制度と呼ばれる情報開示（ディスクロージャー）の枠組みを設け，有価証券（株式や社債）の発行市場と流通市場のそれぞれについて，開示すべき書類などを定めています。**発行市場**とは，企業が新規に有価証券を発行し，投資者から資金を調達する際に機能する市場です。また，**流通市場**とは，すでに発行されている有価証券の売買が行われる市場のことをいいます。

　発行市場における主な開示書類には，有価証券の募集または売出しを行う場合に内閣総理大臣に提出する**有価証券届出書**と，投資者に直接交付する**目論見書**があります。有価証券届出書には，有価証券の募集または売出しに関する証券情報と，有価証券の発行者である会社の企業情報などが記載されます。目論見書には，有価証券の発行者である会社の事業その他の事項に関する説明が記載されます。

　また，流通市場における主な開示書類には，**有価証券報告書**，内部統制報告書（当該会社における財務報告が法令などに従って適正に作成されるための体制，すなわち財務報告に係る内部統制について評価した報告書），**四半期報告書**および臨時報告書があります。有価証券報告書および内部統制報告書は事業年度終了後3カ月以内に，四半期報告書は原則として各四半期終了後45日以内に提出しなければなりません。ここで四半期とは，事業年度を3カ月ごとに区分した期間をいいます。臨時報告書は，企業内容などについて発生した重要な

事実であって，とくに投資者に対して適時に開示を要する事項が生じた場合に提出しなければなりません。

金融商品取引法上，これらの開示書類の提出先は内閣総理大臣ですが，実際の提出先は各地の財務局長です。

コラム　財務報告に係る内部統制

内部統制とは，一般的に，①業務の有効性および効率性，②財務報告の信頼性，③事業活動に関わる法令等の遵守，ならびに④資産の保全という4つの目的が達成されているとの合理的な保証を得るために，業務に組み込まれ，組織内のすべての者によって遂行されるプロセスをいいます。財務報告に係る内部統制とは，財務報告の信頼性を確保するための内部統制であり，その影響の及ぶ範囲から，全社的な内部統制と業務プロセス（決算・財務報告プロセスとその他の業務プロセス）に係る内部統制に分類されます。例えば，仕入業務および支払業務の正確性を担保するために，仕入先からの請求書を倉庫部門による検収記録と照合するという手続きは，業務プロセスに係る内部統制です。

有価証券報告書および四半期報告書は，企業が開示する財務情報のうち最も詳しいものです。有価証券報告書の主な内容を図表1－1に示しています。この内容は，企業内容等の開示に関する内閣府令に定められています。

目論見書，有価証券届出書，および有価証券報告書には連結財務諸表と財務諸表がともに記載され，四半期報告書には四半期連結財務諸表または四半期財務諸表のいずれかが記載されます。図表1－2を参照してください。連結財務諸表とは，企業集団を単位として作成される財務諸表のことです。また，四半期財務諸表とは，四半期（3カ月）を開示対象期間として作成される財務諸表です。詳しくは第2章で説明します。

5

図表1-1　有価証券報告書の主な内容

第一部　企業情報
　第1　企業の概況
　　　　主要な経営指標等の推移，沿革，事業の内容，関係会社の状況，従業員の状況
　第2　事業の状況
　　　　経営方針，経営環境及び対処すべき課題等，事業等のリスク，経営者による財政状態・経営成績及びキャッシュ・フローの状況の分析，経営上の重要な契約等，研究開発活動
　第3　設備の状況
　　　　設備投資等の概要，主要な設備の状況，設備の新設，除却等の計画
　第4　提出会社の状況
　　　　株式等の状況，自己株式の取得等の状況，配当政策，コーポレート・ガバナンスの状況等
　第5　経理の状況
　　　　連結財務諸表等，財務諸表等
　第6　提出会社の株式事務の概要
　第7　提出会社の参考情報
第二部　提出会社の保証会社等の情報

　なお，図表1-2に示した財務諸表には，財務諸表に記載されている項目・金額に関する補足説明や，財務諸表を理解し，企業の財政状態，経営成績およびキャッシュ・フローの状況を判断するために必要と考えられる事項を注記として記載することが求められています。たとえば，重要な会計方針として，有価証券の評価基準・評価方法，棚卸資産の評価基準・評価方法，固定資産の減価償却の方法などが記載されます（第8章参照）。

　これらの開示書類は各地の財務局や金融商品取引所で閲覧できます。また，金融庁により行政サービスの一環として提供されている「金融商品取引法に基づく有価証券報告書等の開示書類に関する電子開示システム」（EDINET）を利用すれば，インターネット上で閲覧できます。

　なお，金融商品取引法そのものは会計に関する規定を含んでいません。金融商品取引法にもとづく財務諸表は，「財務諸表等の用語，様式及び作成方法に

図表1-2　開示書類に含まれる財務諸表

開示書類	連結財務諸表	財務諸表†
目論見書，有価証券届出書，有価証券報告書	連結貸借対照表 連結損益計算書+ 連結包括利益計算書+ 連結株主資本等変動計算書 連結キャッシュ・フロー計算書 連結附属明細表	貸借対照表 損益計算書 株主資本等変動計算書 キャッシュ・フロー計算書++ 附属明細表
四半期報告書	四半期連結貸借対照表 四半期連結損益計算書+ 四半期連結包括利益計算書+ 四半期連結キャッシュ・フロー計算書**	四半期貸借対照表* 四半期損益計算書* 四半期キャッシュ・フロー計算書*，**

+　連結損益計算書と連結包括利益計算書を結合した「連結損益及び包括利益計算書」を開示することも認められています。

++　連結キャッシュ・フロー計算書を開示する場合には，キャッシュ・フロー計算書を開示する必要はありません。

*　四半期連結財務諸表を開示する場合には，四半期財務諸表は開示する必要はありません。

**　第1四半期と第3四半期にキャッシュ・フロー計算書の開示を省略することができます。ただし省略する場合には，第1四半期から省略しなければなりません。

†　財務諸表に包括利益を表示する計算書を含めるかどうかについては結論が出ていません。

関する規則」（一般に「財務諸表等規則」または「財規」と略称）や「連結財務諸表の用語，様式及び作成方法に関する規則」（一般に「連結財務諸表規則」または「連結財規」と略称）に準拠して作成されます。なお，これらの規則に定めのない事項については，「一般に公正妥当と認められる企業会計の基準」に従うものとされています。この「一般に公正妥当と認められる企業会計の基準」には，企業会計基準委員会が作成した企業会計基準や，企業会計審議会が作成した「企業会計原則」その他の会計基準が含まれます。

7

コラム　EDINET（エディネット）とは

　EDINET（Electronic Disclosure for Investors' NETwork）とは，従来，紙媒体で提出されていた有価証券報告書や有価証券届出書その他の開示書類などについて，その提出から公衆縦覧に至るまでの一連の手続きを電子化することにより，提出者の事務負担の軽減，利用者による企業情報へのアクセスの公平・迅速化を図り，証券市場の効率性を高めることを目的として，開発されたものです。

　有価証券報告書などの開示書類の提出者は，開示書類に記載すべき情報を，インターネットを利用したオンラインで提出します。これらの開示情報は，各地の財務局の閲覧室に設置されているモニター画面で，あるいはインターネット上で閲覧することができます。

例題 1-1

次の文章の空欄（ ア ）から（ エ ）に当てはまる語句の適切な組み合わせを選びなさい。

（ ア ）市場における主な開示書類には，有価証券の募集または売出しを行う場合に内閣総理大臣に提出する有価証券（ イ ）と，投資者に直接交付する目論見書がある。また，（ ウ ）市場における主な開示書類には，有価証券の発行会社などが定期的に提出する有価証券（ エ ），内部統制報告書，四半期報告書，および臨時報告書がある。

(選択肢)				
①	（ア）発行	（イ）届出書	（ウ）売買	（エ）報告書
②	（ア）発行	（イ）届出書	（ウ）流通	（エ）報告書
③	（ア）募集	（イ）届出書	（ウ）流通	（エ）報告書
④	（ア）流通	（イ）報告書	（ウ）発行	（エ）届出書
⑤	（ア）流通	（イ）報告書	（ウ）売買	（エ）届出書

解答

②

解説

発行市場と流通市場では要求されている開示書類が異なる。

例題 1 - 2

　次の文章について，正誤の組み合わせとして正しいものを選びなさい。

（ア）連結財務諸表と財務諸表は，有価証券届出書と有価証券報告書には記載されるが，目論見書には記載されない。

（イ）有価証券届出書と目論見書は，内閣総理大臣に提出される。

（選択肢）　①（ア）正（イ）正　　②（ア）正（イ）誤

　　　　　　③（ア）誤（イ）正　　④（ア）誤（イ）誤

解答

　④

解説

（ア）目論見書にも連結財務諸表と財務諸表がともに含まれる（図表 1 - 2 参照）。

（イ）目論見書は，投資者に直接交付される。

例題 1 - 3

　金融商品取引法の会計制度に関する次の文章について，正誤の組み合わせとして正しいものを選びなさい。

（ア）連結キャッシュ・フロー計算書を開示する場合であっても，キャッシュ・フロー計算書を開示しなければならない。

（イ）四半期連結財務諸表を作成する会社は，四半期財務諸表の作成は求められていない。

（選択肢）　①（ア）正（イ）正　　②（ア）正（イ）誤

　　　　　　③（ア）誤（イ）正　　④（ア）誤（イ）誤

解答

　③

解説

　（ア）連結キャッシュ・フロー計算書を開示する場合には，キャッシュ・フロー計算書を開示する必要はありません。

❷　会社法の会計制度

　すべての株式会社は，**会社法**の規定に従わなければなりません。会社法は，株主と債権者の保護を目的として，会計（会社法では「計算」といいます）に関する規定を定めています。

> ### コラム　会社法上の株式会社の区分
>
> 　会社法では，会社の機関設計や会計情報の開示を規制するにあたって，大会社や公開会社という用語を用いています。大会社とは，最終事業年度に係る貸借対照表に資本金として計上した額が5億円以上であるか，または最終事業年度に係る貸借対照表の負債の部に計上した額の合計額が200億円以上の株式会社をいいます。また，公開会社とは，その会社が発行する全部または一部の株式について，その株式を譲渡によって取得するには会社の承認が必要であることを定款に定めていない株式会社をいいます。会社が定款に定める株式にこのような譲渡制限がかかっていない株式が少しでもあれば，その会社は公開会社です。

　株式会社は，事業年度ごとに，事業報告，計算書類・連結計算書類，ならび

に事業報告および計算書類それぞれの附属明細書を作成しなければなりません。事業報告と計算書類・連結計算書類は，株主総会開催日までに前もって，株主総会招集通知の添付書類として各株主に送付されます。事業報告と計算書類それぞれの附属明細書は，株主・債権者が閲覧し，写しを取れるように，本店に備え置かれます。

事業報告には，会社の事業の状況に関する重要な事項が記載されます。前節で確認した有価証券報告書の記載内容のうち，財務諸表以外の部分をイメージするとよいでしょう。また，会社法では，貸借対照表や損益計算書を含む会計の報告書を**計算書類**と呼びます。図表1-3は計算書類の内容を示しています。**連結計算書類**とは，企業集団を単位として作成される計算書類のことです。事業年度の末日時点で大会社であり，金融商品取引法の規定により有価証券報告書を提出しなければならない会社は，その事業年度の連結計算書類を作成しなければなりません。

なお，金融商品取引法と異なり，会社法では四半期（3カ月）ごとの決算報告は求められていません。

図表1-3　計算書類の内容

計算書類	連結計算書類
貸借対照表	連結貸借対照表
損益計算書	連結損益計算書
株主資本等変動計算書	連結株主資本等変動計算書
個別注記表	連結注記表

個別**注記表**および連結注記表は，貸借対照表や損益計算書に対する注記をまとめた書類です。また，会社法は，図表1-3に示した計算書類・連結計算書類の重要項目の期中増減や内訳明細を示す**附属明細書**の開示も求めています（ただし，株主や債権者から要求があった場合のみ）。附属明細書および注記表については第8章で説明します。

会社法には，包括利益の表示に関する規定は設けられていません。包括利益に関する計算書の作成を求めるかどうかについては，株主・債権者にとっての包括利益に関する情報の有用性の程度などが明らかとなった将来において，あらためて検討することが予定されています。ただし，会社が任意で包括利益計算書を作成，開示することは問題ありません。

　なお，会社法そのものには会計に関する詳細な規定は置かれていません。具体的な会計に関する規定は，**会社計算規則**に定められています。また，会社計算規則の用語の解釈と規定の適用に関しては，「一般に公正妥当と認められる企業会計の基準その他の企業会計の慣行」をしん酌しなければなりません。この「一般に公正妥当と認められる企業会計の基準その他の企業会計の慣行」には，企業会計基準委員会が作成した企業会計基準や，企業会計審議会が作成した「企業会計原則」その他の会計基準が含まれます。したがって，会社法上の計算書類と金融商品取引法上の財務諸表は，表示の様式や項目には若干の相違があるものの，実質的な内容は同じです。

コラム　中小企業の会計に関する指針

　中小企業が計算書類の作成にあたって準拠することが望ましい会計処理や注記などを示すものとして，日本税理士会連合会，日本公認会計士協会，日本商工会議所，および企業会計基準委員会による「中小企業の会計に関する指針」が公表されています。本来であれば，会社の規模に関係なく，取引の経済実態が同じなら会計処理も同じになるべきですが，この指針では，適時かつ正確に会計情報を作成するという前提のもとで，コスト・ベネフィットの観点から，会計処理の簡便化や法人税法が規定する処理の適用が認められています。

　会社は，定時株主総会の終結後遅滞なく，貸借対照表（大会社は貸借対照表および損益計算書）を**公告**（決算公告）しなければなりません。ただし，金融

商品取引法の規定により有価証券報告書を提出しなければならない会社には，公告の義務はありません。公告の方法には次の3つがあります。

① 官報に掲載する方法
② 時事に関する事項を掲載する日刊新聞紙に掲載する方法
③ **電子公告**

このうち①と②の方法を用いる会社は，貸借対照表（大会社は貸借対照表および損益計算書）の要旨を公告することで足ります。③の場合は，定時株主総会の終結後遅滞なく，貸借対照表（大会社は貸借対照表および損益計算書）を，定時株主総会の終結の日後5年を経過する日までの間，たとえば，インターネット上で継続して不特定多数の者が閲覧できる状態に置く措置を取ります。この場合，①または②の方法による決算公告は省略することができます。関心のある会社のウェブサイトを確認してみてください。多くの場合，「投資家情報」，「株主・投資家情報」，「IR情報」などのページで会社法にもとづく開示書類を含めて，決算に関係するさまざまな書類や資料を閲覧することができます。

例題 1 - 4

　次の文章のうち，正しいものの個数を選びなさい。

ア．会社法では，貸借対照表や損益計算書を含む会計の報告書を計算書類と呼ぶ。

イ．会社法は，キャッシュ・フロー計算書の作成を要求している。

ウ．会社法と金融商品取引法では目的が異なるので，計算書類と財務諸表の実質的な内容は異なる。

エ．すべての株式会社は，定時株主総会の終結後遅滞なく，計算書類を公告しなければならない。

（選択肢）　① 1つ　② 2つ　③ 3つ　④ 4つ　⑤ なし

解答

①

解説

アだけが正しい。

イ．会社法ではキャッシュ・フロー計算書の作成は要求されていない。

ウ．会社法の計算書類と金融商品取引法の財務諸表の実質的な内容は同じである。

エ．有価証券報告書を提出しなければならない会社に公告義務はない。また，公告しなければならないのは，計算書類ではなく貸借対照表（大会社は貸借対照表および損益計算書）である。

例題1-5

次の文章について，正誤の組み合わせとして正しいものを選びなさい。

（ア）会社法には，企業集団を会計単位とした連結財務諸表の考え方はない。

（イ）会社法では，四半期ごとの決算報告は求められていない。

（選択肢）	①（ア）正（イ）正	②（ア）正（イ）誤
	③（ア）誤（イ）正	④（ア）誤（イ）誤

解答

③

解説

（ア）事業年度の末日時点で大会社であり，金融商品取引法の規定により有価証券報告書を提出しなければならない会社は，その事業年度の連結計算書類を作成しなければならない。

15

❸ 金融商品取引所の開示規制

　証券市場に株式や債券を上場している会社は，金融商品取引法や会社法の他に，**金融商品取引所**が定める規則にも従わなければなりません。証券市場の管理・運営を担っている金融商品取引所は，自主規制の一環として，さまざまな情報の**適時開示**を要求しています。ここでは，**決算短信**について説明します。

　決算短信は，金融商品取引所において各社が行う決算発表の際に開示される情報です。年度決算については「決算短信」，四半期決算については「四半期決算短信」が作成，公表されます。とくに「決算短信」については，有価証券報告書の開示に先立って，可能な限り早期に発表することが要請されています。具体的には，期末日後45日以内での開示が適当であり，期末日後30日以内での開示がより望ましいものと考えられています。

　たとえば，東京証券取引所が公表している「決算短信」（サマリー情報）の参考様式（連結財務諸表提出会社の場合）の主な内容は，図表1－4のとおりです。

図表1－4　決算短信の主な内容

1．＊＊年＊月期の連結業績	（2）会計方針の変更・会計上の見積りの変更・修正再表示
（1）連結経営成績	（3）発行済株式数（普通株式）（参考）
（2）連結財政状態	（参考）個別業績の概要
（3）連結キャッシュ・フローの状況	1．＊＊年＊月期の個別業績
2．配当の状況	（1）個別経営成績
ここに投資者が通期業績を見通す際に有用と思われる情報を記載	（2）個別財政状態
※注記事項	ここに投資者が通期業績を見通す際に有用と思われる情報を記載
（1）期中における重要な子会社の異動	

図表1-4に示した内容はA4サイズ2ページ程度に収まります。文字どおり簡潔にまとめられた決算に関する短信です。また，決算短信には，サマリー情報（図表1-4）の他に，経営成績等の概況（当期の経営成績・財政状態の概況，今後の見通しなど），会計基準の選択に関する基本的な考え方，連結財務諸表および主な注記などが資料として添付されます。

　決算短信は，その名称のとおり「決算」に関する速報です。情報開示日を含めて31日分の決算短信は，東京証券取引所のウェブサイトで提供されている「適時開示情報閲覧サービス」（TDnet）を利用して閲覧することができます。また，会社のウェブサイトにも多くの場合公開されており，インターネット上で容易に検索，閲覧することができますので，ぜひ一度，現物を読んでみてください。

コラム　TDnet（ティーディーネット）

　TDnet（Timely Disclosure network）とは，会社情報のより公平・迅速かつ広範な適時開示を実現することを目的として，東京証券取引所（東証）が構築・運営している適時開示情報伝達システムです。上場会社は，有価証券上場規程にもとづき会社情報の開示を行う場合は必ずTDnetを利用することが義務づけられており，任意で会社情報を開示する場合もできるだけTDnetにより開示することが要請されています。TDnetを通じて公開された資料は，開示日を含めて31日分（土・日 祝日含む）を東証のウェブサイト（適時開示情報閲覧サービス）で閲覧できます。また，過去5年分の決算に関する情報，過去1年分の決定事実・発生事実に関する情報なども東証ウェブサイト（東証上場会社情報サービス）で閲覧できます。

例題 1 - 6

次の文章について，正誤の組み合わせとして正しいものを選びなさい。

（ア）決算短信は，適時な情報開示を目的として，金融商品取引法に定められている開示情報である。

（イ）決算短信は速報であるので，年度決算に関する決算短信は，期末日後60日以内での開示が適当と考えられている。

| （選択肢）　①（ア）正（イ）正　　②（ア）正（イ）誤 |
| ③（ア）誤（イ）正　　④（ア）誤（イ）誤 |

解答

④

解説

（ア）決算短信は，証券市場の管理・運営を担っている金融商品取引所による自主規制の一環として要求されている。

（イ）期末日後45日以内での開示が適当と考えられている。

第2章

財務諸表

学習のポイント

　本章では，財務諸表の種類と連結財務諸表の基礎知識について説明します。

　まず，財務諸表の種類を理解してください。財務諸表は，開示対象期間の観点から，年度の財務諸表と四半期財務諸表に分類されます。また，会計単位の観点からは，財務諸表と連結財務諸表に分類されます。これらの理解をもとに，第1章で学んだ金融商品取引法と会社法の会計制度で開示が要求されている財務諸表（計算書類）を改めて確認してください。

　企業集団（グループ）の財務諸表である連結財務諸表については，連結財務諸表に含まれる会社の範囲の決定基準と，複数の会社の財務諸表を1つにまとめて連結財務諸表を作成する方法（基本的な考え方）を説明しています。また，ビジネス会計検定試験公式テキスト3級（以下，本書では3級テキストと略称）では個別の財務諸表について説明しましたので，2級で新たに学習する項目として，連結財務諸表に特有の項目のうち主なものを示しています。

　第1章の内容とあわせて，皆さんが利用する財務諸表にはどのような種類があり，それにはどのような計算書が含まれており，どこで入手できるかを理解することを目標としてください。

第1章 企業会計の意義と制度
第2章 財務諸表
第3章 貸借対照表
第4章 損益計算書
第5章 連結包括利益計算書
第6章 株主資本等変動計算書
第7章 連結キャッシュ・フロー計算書
第8章 附属明細表と注記
第9章 財務諸表分析

第1節　財務諸表の種類

財務諸表は，開示対象期間と会計単位という2つの観点から分類することができます。

 年度の財務諸表と四半期財務諸表

財務諸表は，開示対象期間の観点から，年度の**財務諸表**と**四半期財務諸表**に分類されます。年度の財務諸表は，1年の会計期間全体を対象として，年1回，会計年度末時点で作成されます。3級テキストでは，とくに明示してはいませんが，年度の財務諸表について説明しています。四半期財務諸表は，3カ月の**四半期会計期間**（1連結会計年度または1事業年度が3カ月を超える場合に，当該年度の期間を3カ月ごとに区分した期間）を対象として，年3回，期首から3カ月目，6カ月目，および9カ月目に作成されます。たとえば，4月1日から翌年3月31日までの1年を事業年度（会計年度）とする企業であれば，図表2-1のように財務諸表を作成，開示します。

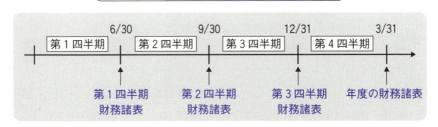

図表2-1　年度の財務諸表と四半期財務諸表

四半期貸借対照表には，当該四半期会計期間の末日の情報が，前年度との対比形式で開示されます。また，四半期損益計算書，四半期包括利益計算書，および四半期キャッシュ・フロー計算書には，期首から当該四半期会計期間末ま

での累計情報が，前年度との対比形式で開示されます。なお，四半期損益計算書および四半期包括利益計算書には，期首からの累計期間だけでなく当該四半期会計期間の情報を記載することもできます。

なお，厳密にいえば，6 カ月の中間会計期間を対象として，**中間財務諸表**を作成する会社もありますが，ビジネス会計検定試験では対象外としています。

 財務諸表と連結財務諸表

財務諸表は，会計単位の観点から，**財務諸表**（個別財務諸表と呼ばれることもある）と連結財務諸表に分類されます。3 級テキストでは，個々の企業を単位として作成される財務諸表について説明しています。

連結財務諸表とは，複数の企業で構成される**企業集団（グループ）**を，1 つの企業であるかのようにみなして作成する財務諸表です。企業集団を構成する企業間には一定の支配従属関係が認められます。他の会社を支配している会社を**親会社**といい，親会社によって支配されている会社を**子会社**といいます。連結財務諸表は親会社が作成します。

多くの企業は，経営の多角化や国際化の進展への対応などの理由により，1 社単独ではなく，複数の企業と緊密な関係を維持しつつ事業活動を行っています。たとえば，日本を代表する多国籍企業の 1 つであるソニーは1,453社からなる企業集団（ソニーグループ）を形成しています（2018年 3 月31日現在）。このような企業集団を率いている親会社の財政状態や経営成績は，親会社 1 社だけの財務諸表では十分に理解することはできません。

また，過去の粉飾決算事例では，親会社の業績不振を隠ぺいするために，あるいは業績をより良く見せるために，不良在庫を子会社に高く売りつけたり，子会社の在庫を安く仕入れたりという操作が行われたこともありました。このような操作は，親会社単独の財務諸表を作成する場合には財務諸表数値に影響しますが，連結財務諸表の場合には親子会社間の取引は内部取引とみなされ，相殺消去されるので，連結財務諸表には計上されません。

開示対象期間と会計単位による分類にもとづけば，企業が作成する財務諸表の種類は図表2－2のようにまとめることができます。なお，金融商品取引法と会社法にもとづく会計制度で作成，開示が要求されている財務諸表の内容については，第1章で確認してください。

図表2－2　財務諸表の種類

		開示対象期間	
		年　度	四半期
会計	企業集団	連結財務諸表	四半期連結財務諸表
単位	個別企業	財務諸表	四半期財務諸表

　すでに述べたように，3級テキストでは，個別企業の年度の財務諸表を説明しています。本書では，連結財務諸表に焦点を合わせて説明します。四半期財務諸表の詳細については説明しません。

例題2-1

次の文章の空欄（　ア　）と（　イ　）に当てはまる語句の適切な組み合わせを選びなさい。

財務諸表は，会計単位の観点から，（　ア　）と（　イ　）に分類される。（　イ　）とは，複数の企業で構成される企業集団を，1つの企業であるかのようにみなして作成する財務諸表である。

（選択肢）　① （ア）財務諸表　　　（イ）四半期財務諸表
　　　　　　② （ア）財務諸表　　　（イ）連結財務諸表
　　　　　　③ （ア）連結財務諸表　（イ）四半期財務諸表
　　　　　　④ （ア）連結財務諸表　（イ）財務諸表
　　　　　　⑤ （ア）四半期財務諸表（イ）財務諸表

解答

②

解説

財務諸表は個々の会社（法人）単位で作成され，連結財務諸表は企業集団単位で作成される。

23

例題2−2

　次の文章について，正誤の組み合わせとして正しいものを選びなさい。

（ア）四半期財務諸表は，3カ月の四半期会計期間を対象として，年4回
　　作成される。

（イ）連結財務諸表は，親会社が作成する。

(選択肢)	①（ア）正（イ）正	②（ア）正（イ）誤
	③（ア）誤（イ）正	④（ア）誤（イ）誤

解答

③

解説

（ア）四半期財務諸表は年3回作成される（期首から3カ月目，6カ月目，
　　および9カ月目）。会計期間末には年度の財務諸表が作成される。

第2節　連結の範囲

　連結財務諸表は，親会社が，原則としてすべての子会社を連結の範囲に含めて作成します。連結財務諸表を作成するためには，まず，**連結の範囲**に入る子会社を決めなければなりません。

 子会社とは

　子会社とは親会社によって意思決定機関を支配されている会社です。ただし，更生会社，整理会社，破産会社などであり，かつ，有効な支配従属関係が存在せず組織の一体性を欠くと認められる会社は，子会社に該当しません。

　図表2－3を用いながら，子会社の決定基準を説明します。P社が親会社で，点線内のA社からG社までがP社の子会社です。

　次の場合には，他の会社の意思決定機関を支配していないことが明らかに示されない限り，その会社は子会社に該当します。

① 他の会社の議決権の過半数を実質的に所有している場合（E社）。所有の名義が役員など会社以外の者となっていても，会社が自己の計算で所有している場合には，「実質的に所有している」ことになります。

② 他の会社に対する議決権の所有割合が100分の50以下であっても，高い比率（実務上は100分の40以上）の議決権を有しており，かつ，その会社の意思決定機関を支配している一定の事実が認められる場合。

　ここで，他の会社の意思決定機関を「支配している一定の事実」が認められる場合とは，たとえば，次の場合をいいます。

① 議決権を行使しない株主の存在により，株主総会において議決権の過半数を継続的に占めることができると認められる場合（A社）。

② 役員，関連会社などの協力的な株主の存在により，株主総会において議決権の過半数を継続的に占めることができると認められる場合（B社）。

③ 役員もしくは従業員である者，または過去に役員もしくは従業員であった者が，取締役会の構成員の過半数を継続して占めている場合（C社）。
④ 重要な財務および営業の方針決定を支配する契約などが存在する場合（D社）。

なお，親会社および子会社を合わせて，または子会社が単独で，他の会社の意思決定機関を支配している場合における当該他の会社も，子会社とみなされます（F社，G社）。

H社，I社およびJ社は，以上の条件のいずれにも該当しないので，P社の

図表 2-3　子会社の決定基準

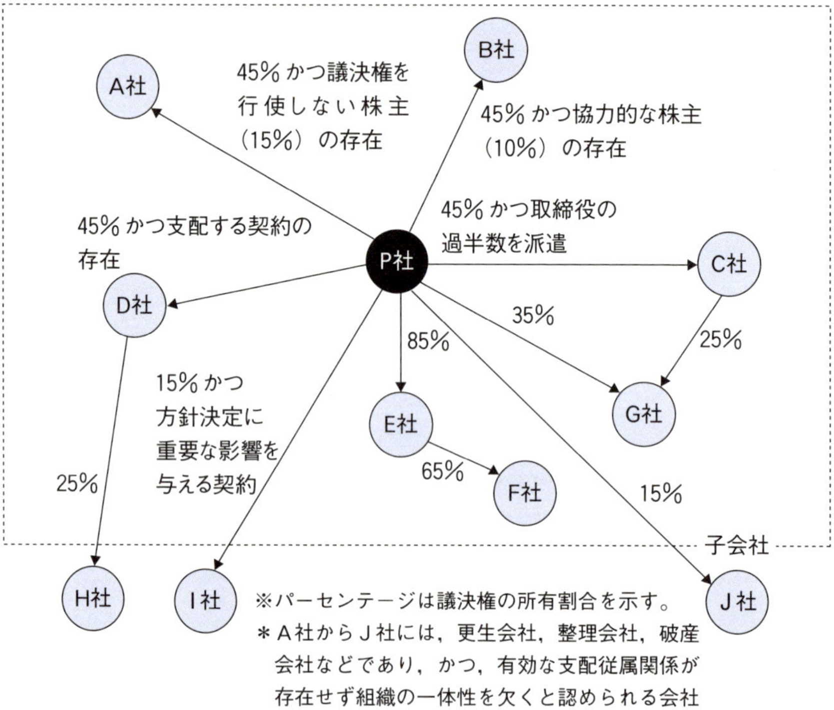

45％かつ議決権を行使しない株主（15％）の存在

45％かつ協力的な株主（10％）の存在

45％かつ取締役の過半数を派遣

45％かつ支配する契約の存在

15％かつ方針決定に重要な影響を与える契約

P社 → C社　35%
C社 → G社　25%
P社 → E社　85%
E社 → F社　65%
P社 → G社
D社 → H社　25%
→ I社
→ J社　15%

子会社

※パーセンテージは議決権の所有割合を示す。
＊A社からJ社には，更生会社，整理会社，破産会社などであり，かつ，有効な支配従属関係が存在せず組織の一体性を欠くと認められる会社または当該会社の財務および営業の方針決定に重要な影響を与えることができないと認められる会社はない。

26

子会社ではありません。

ただし，子会社のうち次に該当するものは，連結の範囲に含まれません。

① 支配が一時的であると認められる会社

② その他，連結することにより利害関係者の判断を著しく誤らせるおそれ
のある会社

また，子会社であっても，その資産，売上高などを考慮して，連結の範囲か
ら除いても企業集団の財政状態および経営成績に関する合理的な判断を妨げな
い程度に重要性の乏しいものは，連結の範囲に含めないことができます。

連結の範囲に含まれる子会社を**連結子会社**，連結の範囲に含まれない子会社
を**非連結子会社**といいます。また，親会社と連結子会社をあわせて**連結会社**と
いいます。

❷ 関連会社とは

関連会社とは，親会社および子会社が，出資，人事，資金，技術，取引など
の関係を通じて，子会社以外の他の会社の財務および営業の方針決定に対して
重要な影響を与えることができる場合における，当該他の会社をいいます。

関連会社は，親会社との関係が子会社ほど密接ではありませんが，企業集団
を構成する会社として，持分法（後述）と呼ばれる方法により，純資産と損益
が連結財務諸表に反映されます。

ここでも，図表2-3を用いて，関連会社の決定基準を説明します。

次の場合には，子会社以外の他の会社の財務および営業の方針決定に重要な
影響を与えられないことが明らかに示されない限り，当該他の会社は関連会社
に該当します。

① 子会社以外の他の会社の議決権の100分の20以上を実質的に所有してい
る場合（H社）。ただし，当該議決権の100分の20以上の所有が一時的であ
ると認められる場合は除く。

② 他の会社に対する議決権の所有割合が100分の20未満であっても，一定

の議決権（実務上は15%以上）を有しており，かつ，当該会社の財務およ
び営業の方針決定に対して重要な影響を与えることができる一定の事実が
認められる場合。

　他の会社の財務および営業の方針決定に対して「重要な影響を与えることが
できる一定の事実」が認められる場合とは，たとえば，他の会社の財務および
営業の方針決定に重要な影響を与える契約が存在する場合をいいます（Ｉ社）。
Ｊ社は以上の条件のいずれにも該当しないのでＰ社の関連会社ではありません。

　ただし，更生会社，整理会社，破産会社などであって，かつ，当該会社の財
務および営業の方針決定に対して重要な影響を与えることができないと認めら
れる会社は，関連会社に該当しません。

例題 2-3

次の文章について，正誤の組み合わせとして正しいものを選びなさい。

（ア）P社は，X社の議決権の35％を所有している。また，P社の子会社であるA社は，X社の議決権の25％を所有している。なお，X社は，有効な支配従属関係が存在せず組織の一体性を欠くと認められる会社ではない。このとき，X社はP社の子会社である。

（イ）P社はY社の議決権の30％を実質的に所有しており，その所有は一時的なものとは認められない。なお，Y社はP社の子会社ではなく，また，更生会社，整理会社，破産会社などではない。このとき，Y社はP社の関連会社である。

（選択肢）　①（ア）正（イ）正　　②（ア）正（イ）誤

　　　　　　③（ア）誤（イ）正　　④（ア）誤（イ）誤

解答

①

解説

（ア）P社とその子会社であるA社をあわせて，X社の議決権の過半数（60％）を所有しているので，X社はP社の子会社に該当する。なお，X社が①支配が一時的であると認められる会社または②連結することにより利害関係者の判断を著しく誤らせるおそれのある会社である場合には，連結の範囲には含まれない。

（イ）子会社以外の他の会社の議決権の100分の20以上を実質的に所有している場合，その所有が一時的であると認められる場合を除いて，当該他の会社は関連会社に該当する。

第3節　連結財務諸表の作成方法

 作成の基礎

　連結財務諸表は，企業集団に属する親会社および子会社が一般に公正妥当と認められる企業会計の基準に準拠して作成した個別の財務諸表を基礎として作成されなければなりません。個別の財務諸表を基礎として連結財務諸表を作成するとは，親会社と連結子会社がそれぞれ作成した財務諸表を項目ごとに合算し，それに必要な調整（たとえば，内部取引の消去）を行って連結財務諸表を作成することを意味します。

　図表2-4は，連結貸借対照表を例にとって，連結財務諸表の作成方法を図示しています。連結損益計算書，連結包括利益計算書および連結キャッシュ・フロー計算書の作成方法もこれに準じます。

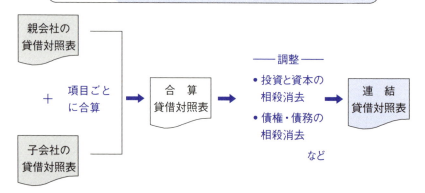

図表2-4　連結財務諸表の作成方法（連結貸借対照表の場合）

　たとえば，兄が1,000円で買ったDVDを弟に1,500円で売ったとしましょう。個人（兄・弟）を単位として考えればこれは売買取引ですが，2人で構成され

る「家」を単位として考えれば、単にDVDの所持者が兄から弟に変わっただけで、500円の売却益も意味をもちません。兄弟間のこの取引の前後で「家」全体が保有しているお金とモノは変化していません。

連結財務諸表の作成にあたって行われる調整は、このたとえにあるような連結会社間の内部取引に関連するものです。主な調整の内容を確認しましょう。

(1) 連結貸借対照表

① 投資と資本の相殺消去

親会社は子会社に投資（出資）をしています。この投資額は親会社の貸借対照表に「子会社株式」（資産）として表示されます。一方、親会社からの出資額は子会社の貸借対照表に「資本金」や「資本準備金」（株主資本）として表示されます。子会社に対する親会社の投資は企業集団の内部取引ですので、単に投資（出資）額に相当する資金の保管場所が親会社から子会社に変わっただけです。そのため、親会社の子会社に対する投資と、これに対応する子会社の資本は相殺消去されます。

子会社の資本は、子会社の貸借対照表上の純資産の部における①株主資本、②評価・換算差額等、③子会社の資産および負債の時価による評価額と当該資産および負債の貸借対照表上の金額との差額からなります。

② 債権・債務の相殺消去

連結会社間で棚卸資産や固定資産などを売買した場合、あるいは資金の融通を行った場合、その取引に伴って個別の貸借対照表に債権・債務（売掛金と買掛金、受取手形と支払手形、貸付金と借入金など）が計上されることがあります。このような債権・債務は企業集団の内部取引により生じたものなので、相殺消去されます。

(2) 連結損益計算書

① 連結会社間取引の相殺消去

連結会社間の取引、たとえば、仕入・売上、利息や賃借料の受払い、特

許料の受払いは，企業集団の内部取引なので相殺消去されます。

② 未実現損益の消去

連結会社間で棚卸資産，有価証券，固定資産などを売買した場合，売却した会社の個別の財務諸表には売買損益が計上されます。しかし，企業集団を単位として考えた場合，このような売買損益は内部取引から生じたものであり，実現したとは考えられません。このような未実現損益は消去されます。

(3) 連結キャッシュ・フロー計算書

キャッシュ・フロー計算書とは，企業が1年間にどれだけキャッシュを生み出し，どれだけ使用し，その結果としてどれだけキャッシュの残高が変動したかを示す計算書です。連結キャッシュ・フロー計算書の作成方法には，親会社と子会社のキャッシュ・フロー計算書を合算して，連結会社相互間のキャッシュ・フローを相殺して作成する原則法と，連結貸借対照表と連結損益計算書をもとにして作成する簡便法の2つがあります。原則法により連結キャッシュ・フロー計算書を作成する場合，連結会社間の取引によって生じた未実現損益の調整や連結会社間の債権・債務の調整などが必要になります。

❷ 持 分 法

関連会社や非連結子会社については，連結子会社のように個別の財務諸表を合算するという手続きをとらず，持分法という会計処理方法が適用されます。持分法が適用された関連会社や非連結子会社を持分法適用会社と呼ぶことがあります。

持分法とは，関連会社や非連結子会社の純資産（または資本）および損益のうち，親会社に帰属する部分（親会社が所有している株式などの割合にもとづいて計算される）の変動に応じて，親会社の投資の金額（たとえば「関連会社株式」として貸借対照表に記載されている）を事業年度ごとに修正する方法を

32

いいます。たとえば，親会社が30％の株式を保有している関連会社が1,000万円の当期純利益を計上した場合，300万円が親会社に帰属します。そこで連結貸借対照表の「関連会社株式」の金額を300万円増加させるとともに，連結損益計算書に300万円の「持分法による投資利益」（収益項目）を計上します。

　個別企業の財務諸表を合算する連結の方法が「完全連結」と呼ばれるのに対して，持分法は「一行連結」と呼ばれることがあります。

第4節　連結財務諸表に特有の項目

　3級テキストでは，個別の財務諸表について説明しました。財務諸表と連結財務諸表に記載される項目には，それほど多くの違いはありません。本テキストで連結財務諸表について説明するにあたり，連結財務諸表に特有の項目のうち，主なものを図表2－5にまとめています。

図表2－5　連結財務諸表に特有の項目

連結貸借対照表	・非支配株主持分 ・為替換算調整勘定
連結損益計算書，連結包括利益計算書（または連結損益及び包括利益計算書）	・税金等調整前当期純利益（または税金等調整前当期純損失） ・親会社株主に帰属する当期純利益（または親会社株主に帰属する当期純損失） ・非支配株主に帰属する当期純利益（または非支配株主に帰属する当期純損失） ・持分法による投資利益（または持分法による投資損失） ・為替換算調整勘定
連結キャッシュ・フロー計算書	・持分法による投資利益（または持分法による投資損失） ・非支配株主への配当金の支払額 ・連結範囲の変更を伴う子会社株式の取得（売却）による支出（収入）

※税金等調整前当期純利益（または税金等調整前当期純損失）は，財務諸表の税引前当期純利益（または税引前当期純損失）に相当する項目。

連結財務諸表を分析するためには，連結財務諸表と親会社の財務諸表に含まれる項目やその数値にどのような相違があるのかを理解しておくことが必要です。なお，連結財務諸表では，財務諸表よりも項目が集約して記載されることがあります。たとえば，財務諸表では「製品」，「仕掛品」，「原材料」などの棚卸資産項目は個別に記載されますが，連結財務諸表では「棚卸資産」として一括して記載されることがあります。この場合，その内訳は注記されます。

例題 2 - 4

　次の文章について，正誤の組み合わせとして正しいものを選びなさい。

（ア）連結財務諸表は，親会社と子会社のそれぞれが作成した財務諸表を基礎として作成されなければならない。

（イ）持分法の適用対象は，関連会社に限定される。

（選択肢）	① （ア）正（イ）正		② （ア）正（イ）誤
	③ （ア）誤（イ）正		④ （ア）誤（イ）誤

解答

　②

解説

　（イ）持分法は，関連会社だけでなく，非連結子会社にも適用される。

第5節　計算書の相互関係

　第1章で説明したように，金融商品取引法上の連結財務諸表と会社法上の連結計算書類とでは内容が若干異なりますが，本書では以下，連結貸借対照表（第3章），連結損益計算書（第4章），連結包括利益計算書（第5章），株主資本等変動計算書（第6章），連結キャッシュ・フロー計算書（第7章），附属明細表および注記（第8章）について説明します。

　これらの説明に先だって，ここでは，これらの計算書の相互関係（図表2－6）を確認しておきましょう。

　株主資本等変動計算書，損益計算書，およびキャッシュ・フロー計算書は，貸借対照表に記載される項目の一会計期間における変動（増減）の内訳明細を示します。

　貸借対照表は，期末日時点における資産・負債・純資産の金額を示します。株主資本等変動計算書は，貸借対照表の純資産の部に記載される項目の一会計期間における変動（増減）の内訳明細を示します。損益計算書は，一会計期間における収益・費用とその差額としての当期純利益（または当期純損失）を表示しますが，当期純利益（または当期純損失）は，純資産を変動（増減）させる要因として，株主資本等変動計算書に記載される項目です。キャッシュ・フロー計算書は，一会計期間における現金及び現金同等物の増減を表示します。現金及び現金同等物は，貸借対照表の資産の部に記載されます（「現金及び預金」と「有価証券」）。

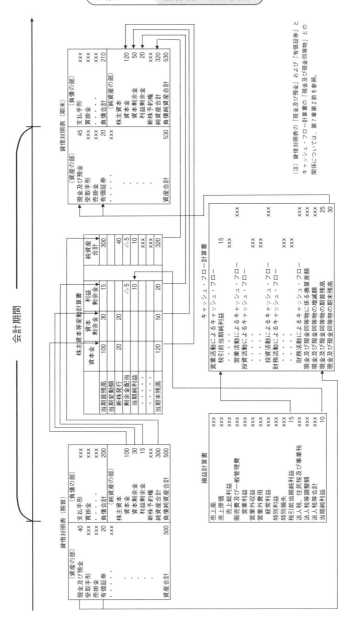

図表2-6　計算書の相互関係

第3章 貸借対照表

学習のポイント

　3級テキストでは，(1)貸借対照表が何を示す計算書であるか，(2)貸借対照表の構造・様式，(3)貸借対照表に示されている資産，負債および純資産とは何か，(4)資産，負債および純資産をそれぞれ構成している項目の内容を学びましたが，これらは個別財務諸表についての内容でした。

　本章では，この基礎の上に，2級テキストで新たに追加された範囲，そして，第1章および第2章で説明された連結財務諸表を中心に個別財務諸表との差異，すなわち，連結財務諸表の固有の項目などを十分に理解してください。

　さらに，これらの理解にもとづいて，連結財務諸表の具体的な読み方を学んでください。この知識は，最終的な目標である連結財務諸表の分析をするために必要不可欠となります。

第1節　連結貸借対照表とは

　本章では，連結財務諸表の1つである連結貸借対照表についてみていきましょう。まず，連結財務諸表規則による実際の連結貸借対照表の様式を示します（図表3－1）。財務諸表等規則による貸借対照表（個別）については3級テキストで学んでいますので，共通の基本事項については3級テキストを参照してください。

図表 3-1　連結貸借対照表の様式

（単位：円）

	前連結会計年度 （　　年　月　日）	当連結会計年度 （　　年　月　日）
資産の部		
流動資産		
現金及び預金	×××	×××
受取手形及び売掛金	×××	×××
貸倒引当金	△×××	△×××
受取手形及び売掛金（純額）	×××	×××
リース債権及びリース投資資産	×××	×××
貸倒引当金	△×××	△×××
リース債権及びリース投資資産（純額）	×××	×××
有価証券	×××	×××
商品及び製品	×××	×××
仕掛品	×××	×××
原材料及び貯蔵品	×××	×××
その他	×××	×××
流動資産合計	×××	×××
固定資産		
有形固定資産		
建物及び構築物	×××	×××
減価償却累計額	△×××	△×××
建物及び構築物（純額）	×××	×××
機械装置及び運搬具	×××	×××
減価償却累計額	△×××	△×××
機械装置及び運搬具（純額）	×××	×××
土地	×××	×××
リース資産	×××	×××
減価償却累計額	△×××	△×××
リース資産（純額）	×××	×××
建設仮勘定	×××	×××
その他	×××	×××
減価償却累計額	△×××	△×××
その他（純額）	×××	×××
有形固定資産合計	×××	×××
無形固定資産		
のれん	×××	×××
リース資産	×××	×××
公共施設等運営権	×××	×××
その他	×××	×××
無形固定資産合計	×××	×××
投資その他の資産		
投資有価証券	×××	×××
長期貸付金	×××	×××
貸倒引当金	△×××	△×××
長期貸付金（純額）	×××	×××
退職給付に係る資産	×××	×××
繰延税金資産	×××	×××
その他	×××	×××

投資その他の資産合計	×××	×××
固定資産合計	×××	×××
繰延資産		
創立費	×××	×××
開業費	×××	×××
株式交付費	×××	×××
社債発行費	×××	×××
開発費	×××	×××
繰延資産合計	×××	×××
資産合計	×××	×××
負債の部		
流動負債		
支払手形及び買掛金	×××	×××
短期借入金	×××	×××
リース債務	×××	×××
未払法人税等	×××	×××
××引当金	×××	×××
資産除去債務	×××	×××
その他	×××	×××
流動負債合計	×××	×××
固定負債		
社債	×××	×××
長期借入金	×××	×××
リース債務	×××	×××
繰延税金負債	×××	×××
××引当金	×××	×××
退職給付に係る負債	×××	×××
資産除去債務	×××	×××
その他	×××	×××
固定負債合計	×××	×××
負債合計	×××	×××
純資産の部		
株主資本		
資本金	×××	×××
資本剰余金	×××	×××
利益剰余金	×××	×××
自己株式	△×××	△×××
株主資本合計	×××	×××
その他の包括利益累計額		
その他有価証券評価差額金	×××	×××
繰延ヘッジ損益	×××	×××
土地再評価差額金	×××	×××
為替換算調整勘定	×××	×××
退職給付に係る調整累計額	×××	×××
…………………	×××	×××
その他の包括利益累計額合計	×××	×××
新株予約権	×××	×××
非支配株主持分	×××	×××
純資産合計	×××	×××
負債純資産合計	×××	×××

連結貸借対照表も貸借対照表としての性質，つまり資金の調達源泉と運用形態を対照表示した計算書である点は個別貸借対照表と同様ですが，企業集団を一体として表現するところが，連結の特質です。貸借対照表は資金の源泉と運用のバランス構造を示す計算書です。

第2節　資産とは

 資産の意義と分類

　資産とは，過去の取引や事象の結果として企業が支配している経済的資源やその同等物で，貨幣額で合理的に測定することができ，その企業に価値をもたらすものをいいます。したがって，たとえば，他企業から賃借しているリース資産のように，所有していなくてもその企業が経済的資源を利用し，それから生み出される便益を享受できる（支配している）のであれば，その企業の資産として取り扱われます。

　資産は金融資産と事業用資産に分類されます。金融資産は現金や他の企業から現金などを受け取る権利，他の企業の株式などの将来の支払手段として待機中の資金であり，事業用資産は生産や販売など本来の企業活動に利用する資産で，将来の収益獲得を目的としてすでに投下されている資金をいいます。

　金融資産の典型は現金や預金で，そのほか，受取手形，売掛金，貸付金，未収入金，有価証券などがあります。事業用資産には，棚卸資産，建物，車両運搬具，特許権，繰延資産などがあります。

② 資産の評価基準

　貸借対照表に記載する資産・負債などの金額（貸借対照表価額）を決定することを評価といいます。ここでは資産の評価を取り上げます。

　資産についてはいくつかの評価基準がありますが，それぞれの内容は図表3−2のとおりです。

　原則として，事業用資産については取得原価で，金融資産については時価で評価されます。売買目的有価証券に代表されるような金融資産はいつでも証券市場で売却することが可能なものが多く，またそれらは刻々とその価額が変動しているため，時価で評価することが妥当と考えられ，事業用資産は時価の変動による利益の獲得を目的としていないので，取得原価で評価することが妥当だと考えられています。

図表 3 - 2　資産の評価基準

評価基準		評価基準の内容
取得原価		資産が取得された時点での支出もしくは現金等価物の金額，または取得のために犠牲にされた財やサービスの公正な金額。 資産取得時の取得原価は特に「原始取得原価」と呼ばれる。また，固定資産について減価償却累計額の控除後の額は「未償却原価」とも呼ばれ，これも広い意味で取得原価に含まれる。 取得原価は，購入価額または製造原価に付随費用（引取運賃，買入手数料，荷役費，関税，据付費，試運転費など）を加えた額で，購入に際して値引きまたは割戻しを受けた場合は，これを購入代金から直接控除する。
時価	再調達原価	同一の資産を現時点で再取得する場合に必要な支出。取替原価とも呼ばれる。
	正味売却価額	資産の現在の売価から見積追加製造原価および見積販売直接経費を控除した額。正味実現可能価額とも呼ばれる。
現在価値		資産の利用から得られる将来キャッシュ・フローの見積額を，何らかの割引率によって測定時点まで割り引いた額。時価の１つとして説明される場合もある。 たとえば利子率（割引率の１つの指標）が年５％であるとすると，１年後に得られる10,000円の現在価値は9,524円（10,000÷1.05），また，２年後に得られる10,000円の現在価値は9,070円（10,000÷1.05÷1.05）となる。

9,070　9,524　10,000

現在　1年後　2年後

42

③ 流動資産

　流動資産は，資産のうち正常営業循環基準を満たす資産またはワンイヤー・ルールにより流動資産に分類されることになる資産です。流動資産には図表3－3のような項目が含まれます。なお，3級テキストにおいて学んだことについては詳細な説明文を省いています（以下同様）。個別財務諸表と比べると，連結財務諸表では項目は集約して表示されています。

コラム　重要性の原則

　企業は日々相当な量の取引を行っており，また，企業活動も多岐にわたります。このような取引の詳細を財務諸表にすべて表示すると，財務諸表にあまりにも多くの情報が掲載されることになってしまい，かえって重要な部分がわかりにくくなってしまいます。そこで，項目の性質や金額から判断して，重要性の乏しいものは簡潔に記載してもよいことになっています。

第1章　企業会計の意義と制度
第2章　財務諸表
第3章　貸借対照表
第4章　損益計算書
第5章　連結包括利益計算書
第6章　株主資本等変動計算書
第7章　連結キャッシュ・フロー計算書
第8章　附属明細表と注記
第9章　財務諸表分析

43

図表 3-3   主な流動資産の項目

項　　目	説　　明
現金及び預金	現金は通貨，金融機関などで発行される通貨代用証券，預金は各種の預金・貯金，金銭信託など。
受取手形及び売掛金	受取手形は取引先との通常の取引にもとづいて受け取った手形債権，売掛金は得意先との通常の取引にもとづいて生じた営業上の未収入金。
電子記録債権	売掛金などに代わり，「電子記録機関」（電子記録債権の記録・管理を中心になって行う機関）に電子的に記録することによって発生した債権。
リース債権及びリース投資資産	リース債権は，所有権移転ファイナンス・リース取引（pp.45-46 リース取引のコラム参照）にもとづいてリース取引の貸手側に生じる項目。 貸借対照表価額は，企業の主目的である営業取引により発生したものについてはその金額，主目的以外の取引により発生したもので貸借対照表日の翌日から起算して1年以内に入金の期限が到来する額。 ------- リース投資資産は，所有権移転外ファイナンス・リース取引（pp.45-46 リース取引のコラム参照）にもとづいてリース取引の貸手側に生じる項目。 貸借対照表価額は，企業の主目的である営業取引により発生したものについてはその金額，主目的以外の取引により発生したもので貸借対照表日の翌日から起算して1年以内に入金の期限が到来する額。
有価証券	他社の株式，国債・地方債・他社の社債などのうち売買目的有価証券および決算日の翌日から起算して1年以内に満期の到来するもの。 貸借対照表価額はp.47を参照。
棚卸資産	製造・販売する目的で保有する財貨で，商品・製品・原材料・仕掛品・貯蔵品など。 詳細はp.48を参照。

コラム　貸倒引当金の設定

売上債権（受取手形および売掛金）から貸倒見積高である貸倒引当金を控除することはよく知られていますが，貸倒れは売上債権だけに対してではなく，金銭債権全般に対して生じる可能性があります。

また，会計基準では，債権を①一般債権（経営状態に重大な問題が生じていない債務者に対する債権），②貸倒懸念債権（経営破綻の状況に至っていないが，債務の弁済に重大な問題が生じているか，または生じる可能性が高い債務者に対する債権），③破産更生債権等（経営破綻または実質経営破綻に陥っている債務者に対する債権）の3つに区分し，各区分に対応した貸倒引当金の算定方法を規定しています。

コラム　リース取引

リース取引は特定の物件の所有者である貸手が当該物件の借手に対し，合意された期間（リース期間）にわたりこれを使用する権利を与え，借手はこれによって収益活動を行い，合意された使用料（リース料）を貸手に支払う取引をいいます。

わが国では1963年に初めてリース会社が設立されて以降，機械設備などの取得時に多額の資金が不要であること，リース会社にメンテナンスや事務処理などの代行を依頼できることなどを背景にその取扱高は1963年の7億円から拡大し1991年には8.8兆円となりましたが，景気後退の影響を受け2005年7.9兆円，最近は会計基準の変更，リーマンショック，消費税引き上げの影響もあり5兆円と低迷しています。

リース取引は，会計上，次のように分類されます。

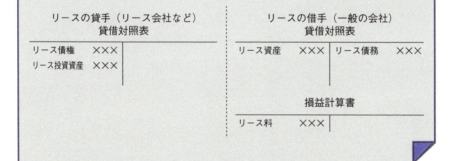

ファイナンス・リース取引は，さらに，所有権移転ファイナンス・リース取引（リース物件の所有権が借手側に移転すると認められる取引）と所有権移転外ファイナンス・リース取引（リース物件の所有権が借手側に移転すると認められない取引）に区分されます。

リース取引に関連して財務諸表に表示される項目としては，リース債権，リース投資資産，リース資産，リース債務，リース料などがありますが，リースの貸手の貸借対照表，および借手の貸借対照表と損益計算書に記載される項目については次のようになります。

(1) 有価証券

有価証券について，種類ごとに貸借対照表価額および評価差額の処理についてまとめると，図表3-4のとおりになります。

図表 3 - 4 　有価証券の種類と貸借対照表価額

有価証券の種類	貸借対照表価額	評価差額の処理
売買目的有価証券（時価の変動により利益を得ることを目的として保有する有価証券）	時価	損益計算書に当期の損益として計上する。
満期保有目的の債券（満期まで保有する意図を持って保有する社債その他の債券）	取得原価。ただし，債券を債券額面額より低いもしくは高い価格で取得した場合，その差額が金利の調整と認められるときは，償却原価法によって算定された価額。	取得原価の場合には評価差額は生じない。償却原価法の適用によって生じた差額は，当期の損益に計上する。
子会社株式（他の会社を支配することを目的として保有する株式）および関連会社株式（他の会社に影響力を及ぼすことを目的として保有する株式）	取得原価	取得原価での評価のため評価差額は生じない。
その他有価証券（上に記載のもの以外の持ち合い株式など）	時価	(a)純資産の部に計上するか，あるいは，(b)評価益の場合には純資産の部に計上し，評価損は当期の損失に計上する。

　ここで，**償却原価法**とは，金融資産・金融負債を債権・債務額と異なる金額で計上した場合において，当該差額に相当する金額を弁済期または償還期に至るまで毎期一定の方法で取得原価に加減する方法をいいます。この処理については利息法と定額法の 2 つがありますが，簡便な方法である定額法によれば次のような計算が行われます。

　2 年後（× 3 年 3 月31日）に弁済される230万円の債権を× 1 年 4 月 1 日に200万円で取得し，取得後 1 年（× 2 年 3 月31日）を経て決算日を迎えたとすると，貸借対照表に示されるこの債権の金額は215万円（取得原価200万円＋増

47

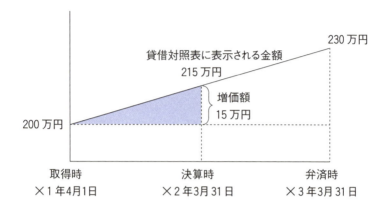

図表 3-5　償却原価法（定額法）

価額15万円）となります。なお、この増価額15万円は当期（×1年4月1日～×2年3月31日）の収益として処理されます。

(2) 棚卸資産

棚卸資産は次のものから構成されています。

① 商品
② 製品，副産物および作業くず
③ 半製品（自製部分品を含む）
④ 原料および材料（購入部分品を含む）
⑤ 仕掛品（半成工事を含む）
⑥ 貯蔵品（消耗品，消耗工具，器具および備品その他の貯蔵品）

　棚卸資産の貸借対照表価額は以下の例示のような手続きによって決定されます。期首に在庫として残っていた商品（棚卸資産）（100）と当期に新たに仕入れた商品（700）は，当期中に売り上げた商品の原価（600）と期末に在庫として残った商品（200）に分けられます。このように棚卸資産の取得原価総額（100＋700）を売上原価部分（600）と次期に繰り越す資産部分（次期以降に売上原価となる部分200）に分けます（図表3-6参照）。資産の取得原価を各会

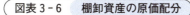

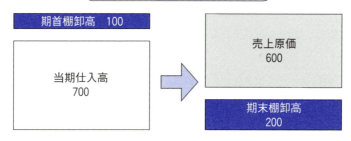

計期間の費用として配分する手続きを原価配分（あるいは費用配分）と呼び，固定資産の減価償却もその典型です。

棚卸資産の主な原価配分の方法には次のようなものがあります。一般的に，買い入れた順に出庫するのが通例ですが，採用された方法と実際の棚卸資産の動きとの結びつきはなく，下記の方法であればどの方法でも採用できることになっています。ただし，恣意的に方法を変更することは利益操作に結びつくおそれがあるため，一旦採用した方法を継続して適用することが求められています（継続性の原則）。また，資産の受入単価が取得のたびに異なる場合には，選択した方法によって利益の計算と期末評価額に相違が生じることに注意が必要です。なお，この選択した方法は，注記において明示されます。

① 個別法――棚卸資産を受け入れたときに，それぞれの取得原価を別個に把握し，個々の棚卸資産を払い出すつど，その資産の実際の取得原価を払出単価とする方法。期末評価額は，在庫として残っている資産の実際の取得原価になります。

② 先入先出法――もっとも古く取得されたものから順次払出しが行われ，期末棚卸高は新しく取得されたものからなるとみなして，払出単価を計算する方法。期末棚卸高は期末の時価に近い金額で示されます。

③ 移動平均法――棚卸資産を受け入れるつど，その時点の在庫分と取得した棚卸資産の取得原価を合算し，平均単価を計算して，次の棚卸資産の受入れまでの間の払出単価として利用する方法。

④　総平均法——期首の繰越額と期中に取得した棚卸資産の取得原価の合計額を期首棚卸高の数量と期中の受入数量の合計で割り，単位当たりの平均原価を払出単価とする方法。なお，この期間については，1カ月あるいは1年がその単位です。

⑤　売価還元法——値入率などの類似性にもとづく棚卸資産のグループごとの期末の売価合計額に，原価率を乗じて求めた金額を期末棚卸資産の価額とする方法。取扱品種の極めて多い小売業などにおける棚卸資産の評価に適用される。

　なお，期末棚卸高から，さらに次の金額を控除した金額が，最終的な貸借対照表価額（次期繰越原価）となります。

図表 3-7　棚卸減耗損と商品評価損

項　　目	説　　明
棚卸減耗損	実地棚卸によって判明した実際の在庫数量が帳簿上の期末在庫数量より少ない場合，その差額を棚卸減耗損といい，原価性がある場合（毎期経常的に発生し，正常な発生数量である場合）は，原材料などに関連するものは製造原価に算入し，商・製品に関連するものは売上原価の内訳項目または販売費として処理される。
商品評価損	期末の正味売却価額が取得原価（帳簿価額・簿価）より下落している場合の差額を商品評価損といい，原材料・仕掛品に関連するものは製造原価，商・製品に関連するものは売上原価として処理される。

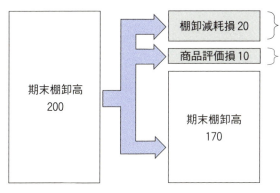

図表3-8　次期繰越原価の算定

4　固定資産

　固定資産は，企業がその活動を行うために必要な長期にわたって利用する事業用資産，そして資金化されるまでの期間が決算日の翌日から起算して1年を超える金融資産から構成され，その特徴に従って，(1)有形固定資産，(2)無形固定資産および(3)投資その他の資産の3つに分類して表示されています。

(1)　有形固定資産

　主な有形固定資産には図表3-9のような項目が含まれます。

　土地，建設仮勘定を除く有形固定資産の貸借対照表価額はその取得原価から減価償却累計額を控除した金額（未償却残高）で示されます。減価償却は固定資産の価値の下落を毎期の損益計算に反映させるために，固定資産の取得原価を各会計期間の費用として適正に配分するために行われます。このような減価償却の手続きも原価配分（費用配分）の1つです。

　なお，この価値の下落は，物理的原因や機能的原因によって生じます。

①	物理的原因——使用に伴う摩滅や損耗，時の経過による減退。
②	機能的原因——その資産を未だ使用できるが，機能的な利用価値の下落（たとえば，新発明などにより，既存の資産の利用が経済的に不利になる陳腐化，生産方法の変更などによるその資産の不適応化）。

図表 3 - 9　主な有形固定資産の項目

項　　目	説　　明
建物及び構築物	建物は店舗・工場・事務所などの建造物，構築物は橋・下水道・道路など，土地に定着した土木設備や工作物（建物を除く）。貸借対照表価額は取得原価から減価償却累計額を控除した額。
機械装置及び運搬具	機械装置は各種の機械および装置とそれに付属する設備（コンベヤー・起重機など），運搬具は鉄道車両・自動車・船舶など。貸借対照表価額は取得原価から減価償却累計額を控除した額。
土地	自己所有の土地，貸借対照表価額は取得原価。
リース資産	ファイナンス・リース取引（pp.45-46リース取引のコラム参照）にもとづいて生じる借手が使用しているリース物件。貸借対照表価額は，原則として，リース契約締結時に合意されたリース料総額からこれに含まれている利息相当額の合理的な見積額を控除した価額。
建設仮勘定	建物などの有形固定資産の建設に際して，建設業者に支払った金銭など，工事の完成・引渡しまでに要する支出を集計するための勘定。貸借対照表価額はその支出額。

① 正規の減価償却

減価償却は，毎期継続して規則的に行われるので正規の減価償却と呼ばれ，正規の減価償却費の計算方法には，主なものとして①定額法と②定率法があります。取得原価，使用可能期間である耐用年数，耐用年数を経過した際の売却可能価額である残存価額が減価償却費の計算の基礎となります。税法上，平成19年4月1日以降に新規に購入した有形固定資産については，残存価額をゼロとして計算することが認められています。

① 定額法による減価償却費＝（取得原価－残存価額）÷耐用年数
毎期の減価償却費は均等額となる。
② 定率法による減価償却費＝（取得原価－減価償却累計額）×償却率
初期の減価償却費は大きく，順次逓減する。

② 固定資産の減損

企業は，投資から回収される金額がその投資額を超えることを期待して，固定資産に投資します。しかし，技術革新や市場環境の変化によってその期待が裏切られることがあります。このように，投資対象の収益性の低下によって投資の回収が見込めなくなった場合，減損の状態にあり，この状態を明らかにするために，一定の条件のもとで，投資の回収可能性を反映するようにその固定資産の帳簿価額を減額する減損処理をします。そのために，次ページの「図表3-10　減損の手続き」のようなステップを踏みます。

なお，複数の資産が一体となって独立したキャッシュ・フローを生み出す場合には，減損損失を認識するかどうかの判定およびその測定に際して，合理的な範囲で資産のグルーピングが行われます。

第1章　企業会計の意義と制度
第2章　財務諸表
第3章　貸借対照表
第4章　損益計算書
第5章　連結包括利益計算書
第6章　株主資本等変動計算書
第7章　連結キャッシュ・フロー計算書
第8章　附属明細表と注記
第9章　財務諸表分析

> 図表3-10　減損の手続き

ステップ1

　個別資産または資産グループごとに減損の兆候（減損が生じている可能性を示す事象）の存在を検討する。

減損の兆候の例

以下のような状況が生じた場合

(a) 営業損益やキャッシュ・フローの継続的なマイナス

(b) 事業再編（リストラクチャリング）の実施

(c) 経営環境の著しい悪化

(d) 当該資産の市場価格の著しい下落

ステップ2

　ステップ1のような兆候が生じた場合には、当該資産または資産グループから生み出される将来キャッシュ・フローの合計額を見積り、その額が簿価を下回る場合には減損損失を認識する。その際、その簿価を回収可能価額まで減額して、その減額分（減損損失）を当期の特別損失に計上する。

　この回収可能価額は正味売却価額（売却による回収額＝売却時価から処分費用見込額を控除した額）と使用価値（継続使用による回収額＝将来キャッシュ・フローの割引現在価値）のうちのいずれか高い金額とする。

(2) 無形固定資産

すでに3級テキストで学んだように，無形固定資産には特許権や商標権のような法律上の権利や，のれん，ソフトウェアが含まれます。また，無形固定資産としてのリース資産（図表3-9参照）もあります。無形固定資産の取得原価は，原価（費用）配分の原則によって，当該資産の有効期間にわたり，一定の減価償却の方法によって，各会計年度に配分されます。未償却残高（取得原価−償却累計額）が貸借対照表価額となります。無形固定資産の原価（費用）配分は単に「償却」とも呼ばれ，残存価額はゼロとして計算されます。

図表3-11　主な無形固定資産の項目

項　　目	説　　明
のれん	連結財務諸表の場合，親会社の投資（子会社株式）の金額とこれに対応する子会社の資本（株主資本，評価・換算差額等および評価差額）の時価評価額を相殺消去する際に生じる差額で，親会社の投資額が子会社の資本（株主資本，評価・換算差額等および評価差額）の時価評価額を超過する場合における，その差額。 個別財務諸表の場合，のれんはある企業やその一部の事業を取得した場合に生じ，この場合は，取得原価（支出額）が取得した資産および引き受けた負債に配分された純額を超過する額。
ソフトウェア	自社利用を目的とした購入費や制作費で，将来の収益獲得や費用削減が確実なものや，ソフトウェアの制作会社が行うバージョンアップに要した費用。
リース資産	有形固定資産参照（p.52）。
公共施設等運営権	「民間資金等の活用による公共施設等の整備等の促進に関する法律」にもとづいて対価を支払って取得した公共施設の管理運営の権利。

(3) 投資その他の資産

投資その他の資産は長期的余裕資金の運用のための資産および非連結子会社，関連会社などに対する投資とそれら以外のその他の資産から構成されます。

図表3-12　主な投資その他の資産の項目

項　目	説　明
投資有価証券	売買目的有価証券および決算日の翌日から起算して1年以内に満期の到来する国債・地方債・他社の社債以外の有価証券。 なお、非連結子会社および関連会社に対する投資は別記または注記される。
長期貸付金	決算日の翌日から起算して1年を超えて期限が到来する貸付金。
長期前払費用	前払費用のうち、決算日の翌日から起算して1年を超える期間を経て費用となるもの。
繰延税金資産	税効果会計（pp.101-102の税効果会計のコラム参照）の適用により生じる繰延税金資産のうち、将来解消されると見込まれるもの。

5　繰延資産

繰延資産はすでに代価の支払いが完了しているか支払義務が確定し、これに対応する役務の提供を受けたにもかかわらず、その効果が将来にわたって発現すると期待されるため、その支出額を将来の期間に費用として合理的に配分するために、経過的に貸借対照表に資産として計上されることがある項目です。ただし、発生時に費用処理し、貸借対照表には計上しないことが原則となっています。

繰延資産には図表3-13のようなものが含まれ、貸借対照表に計上される場合には、未償却残高が貸借対照表価額となります。

株式交付費は株式交付の時から3年以内に、社債発行費は当該社債の償還までの期間にわたって、創立費は会社成立の時から5年以内に、開業費は開業の時から5年以内に、開発費は支出の時から5年以内に定額法などによって規則的に償却されます。なお、償却額は損益計算書に計上されます。

図表 3-13　主な繰延資産の項目

項　　目	説　　明
創立費	定款などの作成のための費用，株式募集などのための広告費など，会社の負担に帰すべき設立費用。
開業費	土地，建物などの賃借料，広告宣伝費などで，会社成立後営業開始時までに支出した開業準備のための費用で，開業準備のために支出したものに限定される。
株式交付費	株式募集のための広告費，金融機関の取扱手数料など，株式の交付のために直接支出した費用。
社債発行費	社債募集のための広告費，金融機関の取扱手数料など，社債発行のために直接支出した費用。
開発費	新技術または新経営組織の採用，資源の開発，新市場の開拓などのために支出した費用。

例題 3 - 1

　次の文章の空欄（　ア　）から（　ウ　）に当てはまる語句の適切な組み合わせを選びなさい。

　資産は金融資産と事業用資産に分類される。金融資産は将来の（　ア　）として待機中の（　イ　）であり，事業用資産とは本来の企業活動に利用する資産で，将来の（　ウ　）を目的としてすでに投下されている（　イ　）をいう。

① （ア）支払手段　　（イ）固定資産　　（ウ）原材料獲得
② （ア）支払手段　　（イ）資金　　　　（ウ）支払い
③ （ア）支払手段　　（イ）資金　　　　（ウ）収益獲得
④ （ア）販売手段　　（イ）資金　　　　（ウ）支払い
⑤ （ア）販売手段　　（イ）固定資産　　（ウ）収益獲得

解答

③

解説

40ページ参照。

例題 3 - 2

次の組み合わせのうち誤っているものを選びなさい。

（資産の種類）　　　　　　　　　（貸借対照表価額）

①売買目的有価証券　　　――　　時価

②満期保有目的の債券　　――　　取得原価または償却原価

③子会社株式・関連会社株式　――　　時価

解答

③

解説

③子会社・関連会社株式の貸借対照表価額は取得原価。

第3節　負債とは

 負債の意義と分類

　企業の経済的負担で，貨幣額で測定可能なものを**負債**といいます。負債は，財貨または用役を提供すべき義務を示し，その義務となっている額を貨幣額によって合理的に測定したものが，貸借対照表の負債の部に示されます。
　負債は，それが法律上の債務であるか否かによって次の2つに分類されます。
① 法的債務である負債
② 法的債務でない負債
「法的債務である負債」には支払手形や買掛金のような債務履行の期日，相手方，金額が確定している確定債務と，退職給付に係る負債などのような期日，相手方，金額の少なくとも1つが確定していない条件付債務が含まれます。「法的債務でない負債」には修繕引当金などの負債性引当金の一部が含まれています。このように，会計上の負債は法律上の債務と一致していないことに注意が必要です。

 流動負債

　流動負債は，負債のうち正常営業循環基準を満たす負債またはワンイヤー・ルールにより流動負債に分類されることになる負債です。流動負債には図表3-14のようなものが含まれます。なお，3級テキストにおいて学んだことについては詳細な説明文を省いています。

（図表 3 -14　　主な流動負債の項目）

項　　目	説　　明
支払手形及び買掛金	支払手形は取引先との通常の取引にもとづいた支払義務のある手形債務で，買掛金は仕入先との通常の取引にもとづいた営業上の未払金。 貸借対照表価額は，原則として，要支払額。
電子記録債務	買掛金などに代わり，「電子記録機関」（電子記録債権の記録・管理を中心になって行う機関）に電子的に記録することによって発生した債務。
短期借入金	決算日の翌日から起算して 1 年以内に返済期限の到来する借入金。 貸借対照表価額は，原則として，要支払額。
リース債務	ファイナンス・リース取引（pp.45-46リース取引のコラム参照）にもとづいて生じる借手が負っている支払義務。 貸借対照表価額は，原則として，リース契約締結時に合意されたリース料総額からこれに含まれている利息相当額の合理的な見積額を控除した価額で，貸借対照表日の翌日から起算して 1 年以内に支払日が到来する額。
未払法人税等	法人税，住民税，事業税の未払額。 貸借対照表価額は，原則として，要支払額。
引当金	引当金のうち，決算日の翌日から起算して 1 年以内に引当金の取崩しの事由が発生すると予想されるもの（p.61引当金のコラム参照）。
社債（1 年以内償還）	社債のうち，決算日の翌日から起算して 1 年以内に償還期日が到来するもの。 貸借対照表価額は原則として額面金額。ただし，額面金額よりも低い価額（割引発行），または，高い価額（打歩発行）で発行された場合には，償却原価法（テキストpp.47-48参照）によって，満期日に額面金額となるように発行価額に加減算して計算される。
コマーシャル・ペーパー（CP）	企業が資金を調達するために国内で発行する無担保，短期の約束手形。 貸借対照表価額は原則として，券面額。

引当金について

引当金を設定する目的は、まず、適正な期間損益計算を行うために、当期の収益に対応する費用を計上すると同時に、当該部分の経済的負担を計上することがあげられます（第4章の「費用収益の対応」参照）。たとえば、製品保証引当金がこの例で、販売した製品について、保証書において一定期間無償で修繕を行うことが明記されている場合、期末に当期の売上高に係わる修繕費を見積もり、将来の支出に備えるものです。また、当該資産の決算日における貸借対照表価額を明らかにするために、当該企業の資産価額の減少額を見積計上します。たとえば、貸倒引当金がこの例です。

引当金は、以下の条件を満たす場合に計上されます。

① 将来の特定の費用または損失（資産の減少）であること
② その費用・損失の発生が当期以前の事象に起因すること
③ その費用・損失の発生の可能性が高いこと
④ その金額を合理的に見積もることが可能であること

引当金はその性質にもとづいて、次のように分類・表示されます。

引当金の種類	例	表　　示
評価性引当金	貸倒引当金、投資評価引当金	資産の部で、資産の実質価値を表示するため、当該資産から控除する形式で表示
負債性引当金	製品保証引当金、賞与引当金、工事補償引当金、修繕引当金	負債の部に当該科目で表示

評価性引当金として、金銭債権の回収可能性を表示する貸倒引当金がよく知られていますが、個別財務諸表上、いくつかの企業が投資評価引当金または投資損失引当金を計上しています。これらの引当金は関係会社（子会社及び関連会社）に対する投資の価値の低下による損失に備えるために、投資先の資産内容などを検討し、投資額から引当金を控除して投資の実質

価値を表示するための評価性引当金です。なお，投資評価引当金（または投資損失引当金）繰入額は特別損失に計上されます。

　負債性引当金には，当期の売上に起因し，製品販売後の無償保証契約などによって発生する補修コストに対する引当金である製品保証引当金，工事引渡し後の無償保証契約などによって発生する補修コストに対する引当金である工事補償引当金，従業員などに支払う賞与（ボーナス）に対する引当金である賞与引当金などが含まれますが，先の4つの条件を満たさなければ計上することができません。

③　固定負債

　負債のうち，正常営業循環基準およびワンイヤー・ルールを満たさないため固定負債に分類されることになる負債が**固定負債**です。固定負債には，図表3-15のようなものが含まれます。

図表3-15　主な固定負債の項目

項　　　目	説　　　明
社債	発行企業がその社債の購入者に定期的に所定の金利の支払いをし，満期日に当該社債を償還して額面額の返済を行うことを約束した債務である普通社債，普通社債の性格に加えてその所有者の請求によって一定の条件で株式に転換可能となる権利を付加した転換社債型新株予約権付社債，その保有者があらかじめ決められた金額を払い込むことによって新株式を購入できる権利を付与した新株予約権付社債などがある。 貸借対照表価額については，図表3-14の社債参照。
長期借入金	決算日の翌日から起算して1年を超えて返済期限の到来する借入金。

	貸借対照表価額は原則として，要支払額。
リース債務	ファイナンス・リース取引（pp.45-46リース取引のコラム参照）にもとづいて生じる借手が負っている支払義務。 貸借対照表価額は，原則として，リース契約締結時に合意されたリース料総額からこれに含まれている利息相当額の合理的な見積額を控除した価額で，貸借対照表日の翌日から起算して1年を超えて支払日が到来する額。
繰延税金負債	税効果会計（pp.101-102税効果会計のコラム参照）の適用により生じる繰延税金負債のうち，将来解消されると見込まれるもの。 貸借対照表価額は計算された税金の未払額あるいは増額分。
製品保証引当金	製品の販売に際して，販売後，製品保証契約などによって，翌期以降の保証期間に発生する保証費用に備えたもの。 貸借対照表価額は見積予想額。
特別修繕引当金	船舶や溶鉱炉のような周期的に大規模な修繕が必要とされる有形固定資産について，その修繕費用の発生に備えるために計上される負債性引当金。 貸借対照表価額は当期末までの引当累計額。
退職給付に係る負債	退職給付に係る負債は退職給付債務から年金資金（退職給付制度のために企業と従業員との契約などにもとづき積み立てられた資産）を控除した額をいう。退職給付債務は退職後支払われる退職給付のうち，現在までに発生していると認められるものをいい，その測定においては退職時に見込まれる退職給付の総額のうち，期末までに発生していると認められる額を現在価値に割り引いて計算される。この際，種々の仮定による計算が行われたり，制度変更による再計算が行われることがある。その主なものには，未認識数理計算上の差異や未認識過去勤務費用がある。用いられた仮定にもとづく予測値と実績値の差，またその仮定自体の変更により発生した差を数理計算上の差異といい，この差異のうち，期末時点で費用処理されていない額を未認識数理計算上の差異という。また，退職給付制度の変更などにより発生した退職給付債務の増加または減少を過去勤務費用といい，この過去勤務費用のうち，期末時点で費用処理されていない額を未認識過去勤務費用という。
	有形固定資産の取得，建設や使用から生じ，法令または契約で要求される資産の除去に関する法律上の義務（例，土地の汚染

| 資産除去債務 | 除去の義務）。
貸借対照表価額は，資産除去債務発生時における除去に要すると予想される将来キャッシュ・フローを現在価値に割り引いた金額。 |

コラム　有利子負債

　有利子負債とは，負債の中でも利子の支払いが必要となるものを意味します。主要な有利子負債としては，銀行からの借入れである短期と長期の借入金，コマーシャル・ペーパーおよび社債などがこれに該当します。同じ負債でも，金利負担がない買掛金や支払手形とは区分されます。ただし，リース取引に関する会計基準により計上されるリース債務については，有利子負債として取り扱われます。

　有利子負債への依存度が極端に高いと，金利負担の増加により資金繰りが悪化し，財政状態を悪化させる可能性がありますので注意が必要です。

例題 3 - 3

次の（　a　）から（　g　）に入る選択肢を選びなさい。

負債とは企業が負っている（　a　）で，（　b　）で測定可能なものをいう。

負債は，それが（　c　）の債務であるか否かによって 2 つに分類される。「（　d　）負債」には支払手形や買掛金のような（　e　）や退職給付に係る負債などの（　f　）が含まれ，「（　g　）負債」には修繕引当金などの負債性引当金の一部が含まれている。

（選択肢）	① 費用	② 法的債務である	③ 収益
	④ 確定債務	⑤ 経済的負担	⑥ 貨幣額
	⑦ 法律上	⑧ 条件付債務	⑨ 法的債務でない
	⑩ 引当金	⑪ 合理的	

解答

a . ⑤　　b . ⑥　　c . ⑦　　d . ②　　e . ④　　f . ⑧　　g . ⑨

第4節　純資産とは

1　純資産の意義と分類

　純資産とは，貸借対照表上，資産および負債のいずれにも該当しないものを資産と負債の差額として記載するもので，貸借対照表上，資産総額から負債総額を控除した差額を意味します。純資産は，株主資本，その他の包括利益累計額，新株予約権，および非支配株主持分に分類されます。**株主資本**は株主が出資した部分である**払込資本**と，利益のうち株主に分配されずに会社に留保されている**留保利益**といった，株主に直接帰属する項目です。**その他の包括利益累計額**はその他有価証券評価差額金などの，資産または負債に関する評価差額を当期の損益として処理していない場合の評価差額です。**新株予約権**とは新株予約権を有する者が会社に対してその権利を行使した場合，会社が新株を発行し，または会社の有する自己株式を移転する義務を負うことを示すものです。

2　株主資本

　株主資本は，資本金，資本剰余金，利益剰余金および自己株式に区分されます。このうち，資本金と資本剰余金は株主から出資を受けた部分であるという意味で払込資本と呼ばれます。利益剰余金は留保利益に当たります。

(1) 資本金

　会社の設立または株式発行の際，株主となるものが払込みを行った金額です。ただし，払込みを受けた金額のうち1／2を超えない額は資本金に組み入れず，資本準備金とすることもできます。株主から払込みを受けた金額のうち，資本金に組み入れた金額が貸借対照表価額です。

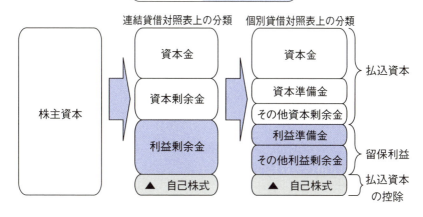

図表 3-16　株主資本の分類

(2) 資本剰余金

資本剰余金は，資本準備金とその他資本剰余金に分類されます。

会社の設立または株式発行の際，株主となるものからの払込額のうち，資本金に組み入れなかった部分は株式払込剰余金と呼ばれ，資本準備金として積み立てます。他にも，吸収合併や新設合併で生じた資本準備金，株式交換や株式移転で生じた資本準備金，吸収分割や新設分割で生じた資本準備金もあります。

また，資本金の減少により生じた資本金減少差益（資本金の減少手続である減資を行った際に，払戻し・消却・欠損填補を超える資本金の減少額のこと）や資本準備金の取崩し，自己株式をその取得原価以上の金額で処分した場合に生ずる処分差益は資本準備金に類似する性格をもっており，その他資本剰余金として示されます。

これらの項目は株主からの資本の払込みと類似する性格を有しているために，資本金と合わせて払込資本と呼ばれます。

(3) 利益剰余金

利益剰余金は留保利益とも呼ばれ，企業が稼得した利益のうち分配されずに企業内に蓄積されたものをいいます。利益剰余金は利益準備金とその他利益剰

余金に分類されます。利益準備金は会社法によって設定が強制されるもので，その他利益剰余金は，企業が経営上必要と認めた場合に設定する任意積立金（たとえば将来の配当を安定させるための配当平均積立金や特定の使途目的のない別途積立金など）と，当期純利益と前期からの繰越利益から期中の配当額等の変動額を控除した額との合計である繰越利益剰余金から構成されます。

(4) 自己株式

会社が自社の発行済株式を保有している場合，この株式を自己株式といい，金庫株とも呼ばれます。自己株式は，株主総会の承認を得て，分配可能額の限度内で取得可能です。取得された自己株式は，第三者への売却や転換社債・新株予約権付社債などの新株予約権の行使をする者への交付，M&Aの対価など種々の用途に利用されます。

自己株式を取得することは実質的に資本の払戻しであるため，株主資本の算定にあたって控除項目として表示され，取得するために要した金額が貸借対照表価額となります。自己株式の処分（売却）は増資に準じるので，自己株式を処分した際に生じた処分差益（自己株式処分差益）は資本剰余金の性格を有しており，その他資本剰余金に含まれます。

 その他の包括利益累計額

売買目的でない資産の評価にあたってその評価額が時価によることとされている場合や，「土地の再評価に関する法律」に従って土地が再評価された場合などには，その評価差額を損益計算書を経由させずに，直接，貸借対照表の純資産のその他の包括利益累計額に計上します。評価差額を損益として認識することは，収益の実現主義の原則に反することになり，また，これらの損益は金額も大きく，当期純利益に算入すると，利益数値の解釈が混乱するおそれがあるために，これらの損益を当期純利益から除外するとともに，貸借対照表のその他の包括利益累計額に表示するのです。

これらの項目には，**その他有価証券評価差額金，繰延ヘッジ損益，土地再評価差額金，為替換算調整勘定**などが含まれます。為替換算調整勘定以外の項目については，第5章第2節（p.105　図表5－2）および3級テキストを参照してください。

為替換算調整勘定	外国通貨で表示された在外子会社の財務諸表を換算（外国通貨から円への表示換え）するにあたって，資産および負債の換算に用いる為替相場と純資産の換算に用いる為替相場とが異なることによって生ずる換算差額。 下表のように，原則として，資産および負債は決算日の為替相場で換算されるが，純資産はその項目を取得した日あるいは発生した日の為替相場で換算される。このため，換算後の連結貸借対照表はそのままでは「資産＝負債＋純資産」とはならないので，その差額を為替換算調整勘定とする。 連結貸借対照表（換算後） <table><tr><td rowspan="3">資　産</td><td rowspan="3">決算日の為替相場で換算</td><td>負　債</td><td>決算日の為替相場で換算</td></tr><tr><td>純資産</td><td>発生日の為替相場で換算</td></tr><tr><td colspan="2">為替換算調整勘定（差額）</td></tr></table>

　新株予約権

　新株予約権とは，新株予約権を有する者が，会社に対してその権利を行使した場合，会社が新株を発行し，または会社の有する自己株式を移転する義務を負うものをいいます。

　これには，労働サービスの提供の対価として会社の従業員・役員などに対して付与されるストック・オプションも含まれます。

> **コラム** ストック・オプション
>
> 　ストック・オプションとは，会社が従業員や役員に対して，将来の一定期間にあらかじめ決められた価格で，一定数の株式を取得することのできる権利を付与する制度です。このストック・オプションを付与された取締役や従業員は，株価が上昇した時点で権利を行使することによってその会社の株式を取得し，売却することにより，株価の上昇分の利益を得ることができます。当初の決められた価格（権利行使価格）で購入することができるため，株価の上昇が大きくなればなるほど，より多くの利益を得ることができ，ストック・オプション制度はインセンティブ報酬といえます。
>
> 　「ストック・オプション等に関する会計基準」では，ストック・オプションとは自己株式オプションのうち，特に企業がその従業員等に報酬として付与するものと定義されています。ここでいう自己株式オプションとは，自社の株式を原資産とするコール・オプション（一定の金額の支払いにより原資産である自社の株式を取得する権利）であり，新株予約権はこれに該当します。

 非支配株主持分

　親会社が子会社のすべての発行済株式を所有していない場合，子会社には親会社（いわば，多数株主）以外の株主が存在し，この株主を非支配株主といいます。この場合，子会社の資本（株主資本，評価・換算差額等および評価差額）は親会社と非支配株主の持株比率に応じて親会社に帰属する部分と非支配株主に帰属する部分に分かれ，この場合の非支配株主に帰属する部分を非支配株主持分といいます。非支配株主持分は連結貸借対照表の純資産の部の末尾に記載されます（p.39図表3－1参照）。

例題 3 - 4

次の文章について，正誤の組み合わせとして正しいものを選びなさい。

（ア）連結貸借対照表の負債の部は，流動負債，固定負債および非支配株主持分の3つに区分表示される。

（イ）連結貸借対照表の純資産の部は，払込資本と留保利益の2つに区分表示される。

① （ア）正 （イ）正　　② （ア）正 （イ）誤
③ （ア）誤 （イ）正　　④ （ア）誤 （イ）誤

解答

④

解説

（ア）連結貸借対照表の負債の部は，流動負債と固定負債に区分される。

（イ）連結貸借対照表の純資産の部は，株主資本，その他の包括利益累計額，新株予約権および非支配株主持分に区分される。

例題 3 - 5

次の（ a ）から（ e ）に入る選択肢を選びなさい。

発行済の自社株式を買い戻して保有しているものを（ a ）といい，（ b ）とも呼ばれる。この取得は実質的には株主に対する資本の払戻しに相当するので，（ c ）の合計から控除する形で示される。

原則として取得原価で評価される土地などの資産の評価にあたって時価による評価が認められる場合，それによって生じた（ d ）は（ e ）を経由させずに貸借対照表の純資産の部に計上する。

（選択肢）　①　金庫株　　②　株主資本　　③　自己株式
　　　　　　④　評価差額　　⑤　損益計算書

解答

a. ③　　b. ①　　c. ②　　d. ④　　e. ⑤

解説

❷株主資本⑷自己株式と❸その他の包括利益累計額の項を確認すること。

72

第4章 損益計算書

学習のポイント

　連結損益計算書とは，企業集団の経営成績を示す計算書です。連結損益計算書では，上から順に，売上総利益，営業利益，経常利益，税金等調整前当期純利益，当期純利益，非支配株主に帰属する当期純利益，親会社株主に帰属する当期純利益が表示されます。

　本章では，損益計算書のルールを理解した上で，①売上総利益，②営業利益，③経常利益，④税金等調整前当期純利益，⑤当期純利益と親会社株主に帰属する当期純利益，のそれぞれの計算方法と，主な収益・費用の項目などについて学びます。3級での損益計算書の内容に加えて，連結損益計算書に特有の項目がありますので，それらを学習しましょう。

　連結損益計算書と，次章で扱う連結包括利益計算書は一連の内容になっていますので，あわせて理解しましょう。

第1節　連結損益計算書とは

　本章では，連結財務諸表の1つである連結損益計算書についてみていきましょう。そこで，まず連結財務諸表規則による実際の連結損益計算書の様式を示します（図表4−1）。財務諸表等規則による損益計算書（個別）については3級テキストで学んでいますので，共通の基本事項については3級テキスト

を参照してください。

　1年間の個別企業の経営成績を示したものを損益計算書といい，企業集団の経営成績を示す損益計算書を連結損益計算書といいます。図表4－1をみると，連結損益計算書では，売上総利益，営業利益，経常利益，税金等調整前当期純利益，当期純利益，非支配株主に帰属する当期純利益，親会社株主に帰属する当期純利益が上から順に計算されていることがわかります。図表4－1は，損益計算書と包括利益計算書を分けて表示している**2計算書方式**にもとづきますが，これを1つの計算書にまとめて「損益及び包括利益計算書」とする**1計算書方式**も認められています（第5章第3節参照。本章は2計算書方式にもとづき解説しています）。

　以下では，第2節で損益計算書のルールについて学んでから，第3節以降で損益計算書の各利益がどのように計算されるのかについてみていきます。

（図表 4 - 1　　連結損益計算書の様式）

（単位：円）

	前連結会計年度 自 年 月 日 至 年 月 日	当連結会計年度 自 年 月 日 至 年 月 日
売上高	×××	×××
売上原価	×××	×××
売上総利益（又は売上総損失）	×××	×××
販売費及び一般管理費		
………………	×××	×××
………………	×××	×××
………………	×××	×××
販売費及び一般管理費合計	×××	×××
営業利益（又は営業損失）	×××	×××
営業外収益		
受取利息	×××	×××
受取配当金	×××	×××
有価証券売却益	×××	×××
持分法による投資利益	×××	×××
………………	×××	×××
………………	×××	×××
営業外収益合計	×××	×××
営業外費用		
支払利息	×××	×××
有価証券売却損	×××	×××
持分法による投資損失	×××	×××
………………	×××	×××
………………	×××	×××
営業外費用合計	×××	×××
経常利益（又は経常損失）	×××	×××
特別利益		
固定資産売却益	×××	×××
負ののれん発生益	×××	×××
………………	×××	×××
………………	×××	×××
特別利益合計	×××	×××
特別損失		
固定資産売却損	×××	×××
減損損失	×××	×××
災害による損失	×××	×××
………………	×××	×××
………………	×××	×××
特別損失合計	×××	×××
税金等調整前当期純利益（又は税金等調整前当期純損失）	×××	×××
法人税、住民税及び事業税	×××	×××
法人税等調整額	×××	×××
法人税等合計	×××	×××
当期純利益（又は当期純損失）	×××	×××
非支配株主に帰属する当期純利益（又は非支配株主に帰属する当期純損失）	×××	×××
親会社株主に帰属する当期純利益（又は親会社株主に帰属する当期純損失）	×××	×××

第2節　損益計算書のルール

❶ 損益計算のルール

企業の経営成績を示すには，期間損益を適切に計算する必要があります。そのため，損益計算には，(1)発生主義の原則，(2)実現主義の原則，(3)費用収益対応の原則，の3つのルールがあります。

(1) **発生主義の原則**

費用（一部の収益）計上のルール。損益計算書におけるすべての費用（と収益）をその支出（と収入）にもとづいて計上し，その発生した期間に正しく割り当てるよう処理することをいいます。

(2) **実現主義の原則**

収益計上のルール。売上高を，商品等の販売または役務の給付によって，対価の受取りが確実になった時点（実現した時点）で計上することをいいます。

(3) **費用収益対応の原則**

費用と収益の期間対応のルール。実現主義にもとづいて計上した収益に，発生主義にもとづいて計上した費用を対応させ，費用と収益の期間帰属を決定し，当期の利益を計算することをいいます。収益と費用の対応には，個別的対応と期間的対応があります。

❷ 損益計算書の表示ルール

損益計算書には，企業の経営成績がわかりやすく表示されていなければなりません（**明瞭性の原則**）。そのため，(1)総額主義の原則，(2)費用収益の対応表示，(3)区分表示，という3つの表示ルールがあります。

(1) 総額主義の原則

損益計算書では，収益と費用を相殺して差額だけを記載するのではなく，収益と費用の両方の総額をそれぞれ記載しなければなりません。損益計算書に収益と費用の各項目の総額が記載されていなければ，事業の規模やその内容がわからないからです。このことを**総額主義の原則**といいます。

(2) 費用収益の対応表示

損益計算のルールに費用収益対応の原則がありましたが，表示にあたっても，収益と費用を発生源泉に従って分類し，収益とそれに関連する費用の各項目を損益計算書に対応表示しなければなりません。このことを**費用収益の対応表示**といいます。

(3) 区分表示

損益計算書では，企業が利益を稼いだプロセスがわかるように，収益や費用がその発生源泉別に区分して記載されており，このことを**区分表示**といいます。収益や費用の発生源泉は，当期の営業活動，当期の財務活動，そして，その他の臨時的な経済活動・事象に大きく区分されます（図表4-2）。

図表4-2　収益や費用の発生源泉の区分

営業活動	仕入活動や生産活動，および，販売活動や経営管理活動
財務活動	資金を調達するために，銀行からの借入れや社債の発行を行い，また，その利息を支払うこと，余剰資金を運用するために，投資したり貸し付けたりし，配当や利息を得ることなど
その他の臨時的な経済活動・事象	保有していた固定資産の売却や，投資有価証券の売却などで得た利益または損失，地震や火事などの災害によって生じた損失で，臨時的に発生するもの

たとえば，営業活動から得た利益である営業利益は，企業が同じような活動

を続けるなら来年も期待できますが，その他の臨時的な経済活動・事象によって得た利益である特別利益などはその年限りのもので，来年以降は期待できません。そのため，区分表示されている収益や費用をみて，企業がどのような活動から利益を獲得したのかを知ることが重要になるのです。

例題 4 - 1

損益計算書に関する次の文章のうち，誤っているものを選びなさい。

① 損益計算書には，一会計期間に属するすべての収益とこれに対応するすべての費用を記載しなければならない。

② 費用および収益は，総額によって記載することを原則とし，費用の項目と収益の項目を直接に相殺することによってその全部または一部を損益計算書から除去してはならない。

③ 損益計算書は，企業の一会計期間における経営成績を明らかにするために作成される財務報告書である。

④ 期間損益計算における費用収益の対応とは，発生した期間収益に実現した期間費用を対応させることをいう。

⑤ 費用および収益は，その発生源泉に従って明瞭に分類し，各収益項目とそれに関連する費用項目を損益計算書に対応表示しなければならない。

解答

④

解説

④は誤り。実現主義にもとづいて計上した収益に，発生主義にもとづいて計上した費用を対応させる。

第3節　売上総利益の計算

❶ 売上総利益

　売上総利益は，企業が本業で扱う商品・サービスや製品を販売することによって得られる利益で，粗利益ともいいます。

　売上総利益は，売上高から売上原価を差し引いて求められます（マイナスの場合は売上総損失となります）。売上高と売上原価，そして売上総利益の関係をみると，企業の商品・サービスや製品がどのくらいの利益を稼ぎ出しているかがわかります。売上高に比べて売上原価の割合が小さいと，高い利益率を確保できる商品・サービスを扱っていることがわかりますが，逆に大きいと，熾烈な競争のなかで苦戦していることがうかがえます。製造業の場合，売上原価は製造原価を表すため，売上高に比べて売上原価が低いと，製品の生産コストが低く，競争力が高いことを示しますが，逆であれば競争力が弱いことを示します。

❷ 売上高

　売上高は，商品・サービスや製品などの販売代金の総額です。売上は，商品などの販売やサービスの提供にもとづき，取引の実態に応じて計上されます。なお，連結損益計算書では，連結会社間取引を相殺消去した後の金額が載っています。

(1) 収益の認識

　収益の認識（いつの時点で記録するか）は，実現主義（販売基準）にもとづいて行われます。通常の販売形態である現金販売や信用販売では，売上は販売

をした時点で認識されます。しかし，どの時点で販売をしたとみなすかについては，いくつかの考え方があります。

図表4-3の上半分は販売プロセスを示しています。売上は，販売プロセスのどの時点で計上すべきでしょうか。販売プロセスのどの時点を実現と考えるかによって，出荷基準，積載基準，引渡基準，入荷基準，検収基準の5つがあります。収益の計上について複数の会計処理の適用が考えられる場合には，取引の実態をもっとも適切に表す方法を選択します。そして，いったん選択した方法は，毎期継続して適用し，正当な理由がない限りは変更が認められません。

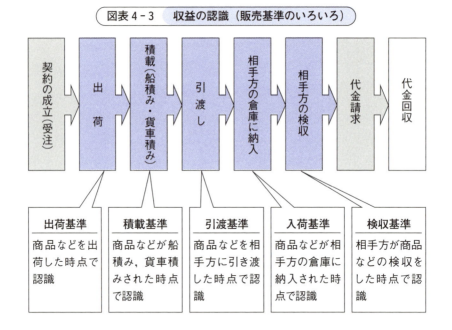

(2) 工事進行基準

工事契約（道路・建物・船舶などの請負工事契約）のように契約の締結から完成・引渡しまでの期間が長期にわたる場合に，完成までの期間にまったく収益を計上せず，工事が完成して引渡しをした時点ですべての収益を計上すると，

各期間の経営努力の成果が適切に反映されません。そこで，工事契約では，工事の進行途上であっても，その進捗部分について成果の確実性が認められる場合には，工事進捗度に応じて当期の工事収益と工事原価を認識します。これを**工事進行基準**（「工事契約に関する会計基準」第9項）といいます。

> 工事収益＝工事収益総額*1×当期末工事進捗度*2
> 当期工事収益＝工事収益（上式）－前年度までの工事収益
> *1　工事契約価格
> *2　工事原価発生額累計 ／ 工事原価総額

上の式の各要素について，信頼性をもって見積もることができない場合は，工事の完成・引渡し時点で工事収益全額を計上する**工事完成基準**を用います。

 売上原価

(1) 商業における売上原価

商業（小売業や卸売業）における売上原価は，販売した商品の仕入値です。当期の売上原価は，期首の商品在庫（商品期首棚卸高）に，当期に仕入れた商品の仕入金額（当期商品仕入高）を加算し，期末の商品在庫（商品期末棚卸高）を減算して求めます。

(2) 製造業における売上原価

商業の場合は，仕入値があるため売上原価は比較的容易にわかりますが，製造業では，材料を仕入れて製品を製造しているため，まず，当期に製造した製品にどれだけ原価がかかったかを計算（原価計算）しなければなりません。

製造原価の計算は複雑になりますし，その製造原価の変動は，企業の業績に大きく影響する重要な情報です。そこで，当期に製造した製品にかかった製造

原価（**当期製品製造原価**）の計算内容を詳しく示すために**製造原価明細書**が作成されます。製造業は，個別財務諸表で，損益計算書の次にこの製造原価明細書を添付しなければならないことになっています（連結財務諸表にセグメント情報を注記している場合は添付されません）。製造原価明細書の事例を図表4－4に示します。

（ 図表4-4　**製造原価明細書の事例** ）

製造原価明細書

X社　　（自　X2年4月1日　至　X3年3月31日）

区　　　分	金額（百万円）
Ⅰ　材料費	339,485
Ⅱ　労務費	37,616
Ⅲ　経費	
減価償却費	43,343
業務委託費	33,577
修繕費	28,573
電力料	10,918
その他	21,873
計	138,284
当期総製造費用	515,385
仕掛品期首棚卸高	2,009
合計	517,394
他勘定振替高	47,297
仕掛品期末棚卸高	1,595
当期製品製造原価	468,502

　図表4－4のように，製造原価明細書では，まず，当期の製造活動に投入した製造費用である**材料費，労務費，経費**（間接費）が示されています。材料費，労務費，経費（間接費）とは，図表4－5に示すような費用です。

82

図表4-5　製造費用の分類

項目	説明
材料費	製造活動に投入した原材料の総額（原料費，買入部品費，工場消耗品費，燃料費など）
労務費	製造活動に従事した従業員の賃金，給料，賞与，福利厚生費など
経費 （間接費）	材料費・労務費以外で製造活動に要した一切の費用（外注加工費，業務委託費，減価償却費，賃借料，修繕費，電力料，ガス代，水道料，旅費交通費，通信費，保管料，雑費など）

　図表4-4の製造原価明細書では，当期製造費用のうち材料費の占める割合が高いことがわかります。なお，製造費用のなかの経費（間接費）には，販売費及び一般管理費に含まれる費用と同じ性格のものがありますが，本社などの販売または管理部門でかかる費用が販売費及び一般管理費となり，工場などの製造現場で消費される費用が製造原価明細書中の経費（間接費）となります。

　この材料費，労務費，経費（間接費）を合計したものが，**当期総製造費用**となります。そして，期首時点に生産途中で未完成のもの（**仕掛品期首棚卸高**）があれば，それは当期の生産活動に投入されていますから，これを当期総製造費用に加算します。さらにそこから，期末時点に生産途中で未完成のもの（**仕掛品期末棚卸高**）を差し引くと，完成品の**当期製品製造原価**が求められます。製造原価明細書では，この当期製品製造原価の計算プロセスが示されているの

図表4-6　当期製品製造原価の算定（製造原価明細書の内容）

当期製品製造原価＝仕掛品期首棚卸高＋当期総製造費用－仕掛品期末棚卸高

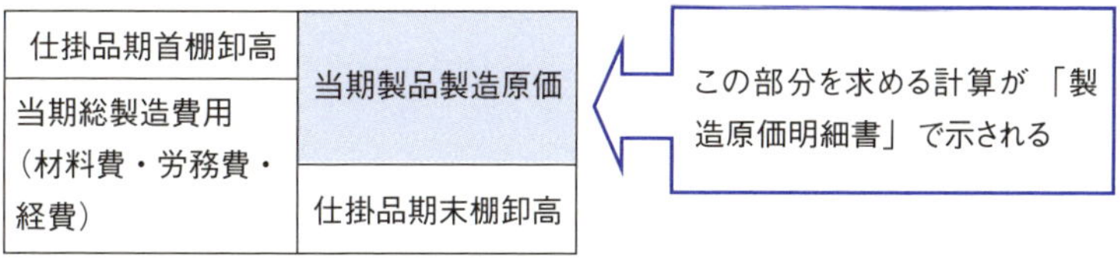

仕掛品期首棚卸高	当期製品製造原価	←	この部分を求める計算が「製造原価明細書」で示される
当期総製造費用 （材料費・労務費・経費）			
	仕掛品期末棚卸高		

です（図表4-6）。

　当期製品製造原価が計算できたら，次に，当期に販売した製品の売上原価を求めます。製造業における売上原価は，商業における売上原価の計算と同じように，当期の製造原価の金額に，期首と期末の在庫を調整して計算します。つまり，図表4-7のように，期首の製品在庫（**製品期首棚卸高**）に，当期に生産した製品の製造原価(当期製品製造原価←製造原価明細書で計算された金額)を加算し，期末の製品在庫（**製品期末棚卸高**）を減算すると，当期の売上原価が求められるのです。なお，仕掛品棚卸高や製品棚卸高などの残高は，貸借対照表の棚卸資産に含められます。

　これらの売上原価の内容は，個別財務諸表の損益計算書では，図表4-8のように，売上原価の内訳として開示されています（図表4-8は商業と製造業の両方を手がける会社の事例です）。図表4-8の「当期製品製造原価468,502」は，図表4-4の製造原価明細書で計算された金額です。

> 図表 4 - 8　　個別損益計算書の事例（部分，一部修正）

個別損益計算書

X社	（自　X2年 4 月 1 日　至　X3年 3 月31日）	
区　　分	金額（百万円）	
売上高		789,942
売上原価		
商品及び製品期首棚卸高	145,197	
当期商品及び製品仕入高	214,358	
当期製品製造原価	468,502	
合計	828,057	
商品及び製品期末棚卸高	158,941	669,116
売上総利益		120,826

85

例題 4 - 2

次の文章のうち正しいものの個数を選びなさい。

ア．連結損益計算書に記載される売上高は，連結会社間取引を相殺消去する前の金額である。

イ．収益の認識は実現主義にもとづいて行われ，売上は販売をした時点で認識される。

ウ．工事の完成・引渡し時点で工事収益全額を計上することを工事進行基準という。

エ．製造原価明細書では，当期総製造費用を算定し，それに仕掛品期首棚卸高を加算し，仕掛品期末棚卸高を差し引き，当期製品製造原価を求めるまでの過程が示されている。

オ．製品期首棚卸高に，当期製品製造原価を加算し，製品期末棚卸高を減算すると，当期の売上原価が求められる。

（選択肢）　①　1つ　　②　2つ　　③　3つ　　④　4つ　　⑤　5つ

解答

③

解説

イとエとオが正しい。

ア．連結損益計算書に記載される売上高は，連結会社間取引を相殺消去した後の金額である。

イ．（補足）実現主義の原則の具体的な適用基準である販売基準には，出荷基準，積載基準，引渡基準，入荷基準，検収基準がある。

ウ．工事の完成・引渡し時点で工事収益全額を計上するのは工事完成基準である。

86

例題 4 - 3

次の資料から売上原価を計算し，正しい数値を選びなさい。

製品期首棚卸高　3,000　　製品期末棚卸高　4,000

仕掛品期首棚卸高　2,000　　仕掛品期末棚卸高　3,000　　原料費　8,000

工場従業員賃金　5,000　　工場事務員給料　2,000　　役員報酬　2,000

外注加工費　1,000　　買入部品費　2,000　　工場減価償却費　3,000

工場電力料　1,000

（選択肢）　①　19,000　　②　20,000　　③　21,000　　④　22,000　　⑤　23,000

解答

②

解説

材料費＝原料費（8,000）＋買入部品費（2,000）＝10,000

労務費＝工場従業員賃金（5,000）＋工場事務員給料（2,000）＝7,000

経費（間接費）＝外注加工費（1,000）＋工場電力料（1,000）＋工場減価償却費（3,000）＝5,000

当期総製造費用＝材料費（10,000）＋労務費（7,000）＋経費（間接費）（5,000）＝22,000

当期製品製造原価＝仕掛品期首棚卸高（2,000）＋当期総製造費用（22,000）－仕掛品期末棚卸高（3,000）＝21,000

売上原価＝製品期首棚卸高（3,000）＋当期製品製造原価（21,000）－製品期末棚卸高（4,000）＝20,000

役員報酬は販売費及び一般管理費。

図表 4 - 4，図表 4 - 5，図表 4 - 6，図表 4 - 7 参照。

第4節　営業利益の計算

 営業利益

　営業利益とは，商品や製品そのもののもうけである売上総利益から，商品や製品の販売のために要した費用（販売費）や，営業部門や管理部門でかかったさまざまな費用（一般管理費）を差し引いた，本業で稼いだ利益のことをいいます（マイナスの場合は営業損失となります）。

　売上総利益で充分な利益を上げていても，販売費及び一般管理費がかかりすぎていると，あまり営業利益が残らないことになってしまいます。そこで，販売費及び一般管理費がかかりすぎていないか，また，増加傾向にないか，などをチェックすることが大切です。販売費及び一般管理費の中では人件費が大きな割合を占めることが多く，業績を改善するために，リストラによって人件費を減らそうとする企業もあります。

 販売費及び一般管理費

　販売費及び一般管理費とは，本業を行うためにかかった販売や事務などのさまざまな費用の総称です。具体的には図表4－9のようなものがあげられますが，販売や一般管理業務に関連する費用に限ります。こうした費目の中には，製造原価の中の経費に含まれる費用と同じ性格のものがありますが，工場などの製造現場で消費される費用が製造経費（製造間接費）で，本社などの販売または管理部門でかかる費用が販売費及び一般管理費となります。

図表 4 - 9   主な販売費及び一般管理費

項　　目		説　　明
販売手数料		商品や製品を販売してもらうために販売受託者や仲介者に支払う手数料
荷造費		出荷する際に荷造梱包作業にかかる費用
運搬費		商品や製品を販売するために発送する費用（荷造費も含むことがある）
広告宣伝費		商品や製品を広く一般に売り込むための広告や宣伝にかかる費用
見本費		商品や製品の見本の提供にかかる費用
保管費		商品や製品の保管にかかる費用
人件費	給料	販売や一般管理業務に従事する従業員に支払う給料，賃金，手当
	賞与	販売や一般管理業務に従事する従業員に支払うボーナス
	役員報酬	役員に支払う給料，賞与など
	福利厚生費	従業員の福利厚生のための費用
交際費		営業上の接待や渉外活動などにかかる費用
旅費交通費		業務上の出張に必要な交通費・宿泊料
通信費		郵便・電話などの費用
水道光熱費		水道・電気・ガス代
消耗品費		少額の事務用品の購入費用
租税公課		固定資産税，都市計画税，印紙税，事業所税など費用として処理される税金や行政手数料などの公課
減価償却費		固定資産の使用に伴う価値の減少を認識して費用として処理された額
修繕費		有形固定資産の維持管理や原状回復のための修理などにかかる費用
保険料		火災保険・損害保険などの保険料
不動産賃借料		建物・土地などの賃借料
研究開発費		研究や開発にかかる費用
退職給付費用		退職給付にかかる費用（当期の退職給付に係る負債の増加額（p.63参照））
貸倒引当金繰入額		受取手形・売掛金などの営業債権に対する回収不能見込額（貸倒見積高）である貸倒引当金を計上する費用
のれん償却額		のれん（営業譲渡や会社買収の際，受け入れた純資産の額より買収額が高い場合のその差額）の償却額

第5節　経常利益の計算

 経常利益

　経常利益とは，営業利益に，本業以外で継続的に生じる投資収益や資金調達コストなどを加味した利益で，経営努力の成果を示すものです。この経常利益は，会社の経常的な業績を判断する数値としてもっとも重視されています。企業の業績の推移をみるときや，他の企業と比較するときなどは，この経常利益が一般的に用いられます。

　経常利益は，営業利益に営業外収益を加算し，営業外費用を減算して求められます（マイナスの場合は経常損失となります）。営業外収益が営業外費用より大きいか小さいかで，企業の財務体質がある程度わかります。借入金が多いと支払利息も多くなりますから，営業外費用は金利負担の大きさも示しているともいえます。営業外費用が大きく，経常利益が営業利益を大きく下回る企業は，財務体質があまりよくないといえるでしょう。

　以下では，営業外収益，営業外費用について順に説明します。

2 営業外収益

営業外収益とは，本業以外の財務活動などによりもたらされる経常的な収益です。主な営業外収益は，図表4－10のとおりです。なお，持分法による投資利益は連結損益計算書にのみ現れる項目です。

図表4-10　主な営業外収益

項　　目	説　　明
受取利息	預貯金，貸付金，所有する公社債，債券などから生ずる利息
受取配当金	所有する株式や出資金に係る配当の受取額
仕入割引	買掛金を期日前に決済することによる割引額（早期支払による利息相当額）
有価証券売却益	売買目的有価証券を売却して得た利益
有価証券評価益	決算時に売買目的有価証券の時価が帳簿価額より上昇した分の価値増加額
投資不動産賃貸料	土地や建物を貸して受け取る賃貸料
為替差益	外貨建債権・債務について為替レートが変動することによって発生する利益
持分法による投資利益*	非連結子会社や関連会社に持分法を適用して生じた利益

＊持分法とは，非連結子会社や関連会社の純資産および損益のうち，親会社に帰属する部分の変動に応じて親会社の投資の金額を毎期修正する方法（第2章第3節参照）。

❸ 営業外費用

営業外費用とは，本業以外の財務活動などによる経常的な費用をいいます。主な営業外費用は，図表4-11のとおりです。なお，持分法による投資損失は連結損益計算書にのみ現れる項目です。

図表4-11　主な営業外費用

項　目	説　明
支払利息	借入金や社債に対して支払う利息
売上割引	期日前に売掛金を回収したときの売上代金の割引額（早期回収にかかる金融上の費用）
コマーシャル・ペーパー利息	コマーシャル・ペーパー（短期の資金調達のために発行する無担保の約束手形）に対して支払う利息
社債発行費償却	社債発行のために要した諸費用の償却額
有価証券売却損	売買目的有価証券の売却によって生じた損失
有価証券評価損	決算時に売買目的有価証券の時価が帳簿価額より下落した分の価値減少額
手形売却損	満期日前に受取手形を銀行で現金化した場合（手形の割引）に差し引かれる金利相当分
為替差損	外貨建債権・債務について為替レートが変動することによって発生する損失
持分法による投資損失	非連結子会社や関連会社に持分法を適用して生じた損失

例題 4 - 4

次の資料から経常利益を計算し，正しい数値を選びなさい。

売上原価　23,000　　売上総利益　14,000　　為替差損　1,000

研究開発費　1,000　　賞与　2,000　　受取配当金　2,000

投資不動産賃貸料　2,000　　支払利息　3,000　　給料　5,000

仕入割引　1,000　　広告宣伝費　3,000

（選択肢）　① 3,000　② 4,000　③ 5,000　④ 6,000　⑤ 7,000

解答

②

解説

売上総利益（14,000）－販売費及び一般管理費（広告宣伝費3,000＋給料
5,000＋研究開発費1,000＋賞与2,000）＝営業利益（3,000）

営業利益（3,000）＋営業外収益（受取配当金2,000＋投資不動産賃貸料
2,000＋仕入割引1,000）－営業外費用（支払利息3,000＋為替差損
1,000）＝経常利益（4,000）

第6節　税金等調整前当期純利益の計算

税金等調整前当期純利益

　税金等調整前当期純利益（個別損益計算書の「**税引前当期純利益**」に相当）とは，経常利益に特別利益を加算し，特別損失を減算して求められる利益で，税金等を控除する前の1年間に会社がもうけた利益を示しています（マイナスの場合は税金等調整前当期純損失となります）。

　特別利益や特別損失はその年限りの臨時的な項目ですが，これらの項目をみることで，たとえば，リストラが進行中であるとか，固定資産が処分されたなどの内容を読みとることができます。なかには，経常損失が出てしまったために，特別利益を計上してなんとか黒字にしようとする企業もあるかもしれませんので要チェックです。以下では，特別利益，特別損失について順に説明します。

❷ 特別利益

　特別利益とは，企業の経常的な活動とは直接関係しない，臨時的に発生した利益です。主な特別利益は図表4－12のとおりです。

図表 4 -12　主な特別利益

項　　目	説　　明
固定資産売却益	固定資産（土地・建物など）を売却して生じた利益
投資有価証券売却益	その他有価証券を売却したときの売却益
負ののれん発生益	負ののれん（会社買収などの際，受け入れた純資産の額より買収額が低い場合のその差額）の発生額

❸　特別損失

　特別損失とは，企業の経常的な活動とは直接関係しない，臨時的に発生した損失です。主な特別損失は図表4 −13のとおりです。

図表 4 -13　主な特別損失

項　　目	説　　明
固定資産売却損	固定資産（土地・建物など）を売却して生じた損失
固定資産除却損	固定資産を取り除き処分する際に生じた損失
投資有価証券売却損	その他有価証券を売却したときの売却損
投資有価証券評価損	その他有価証券の（時価が著しく下落し，回復が見込めないものについて）減損処理によって生じた評価損失
減損損失	収益性の低下により固定資産の価値が大幅に下落したことによる帳簿価額の減額分
災害による損失	天災・火災などによって生じた損失

例題 4 - 5

次の資料から税金等調整前当期純利益を計算し，正しい数値を選びなさい。

売上高　140,000　　固定資産除却損　4,000　　売上割引　1,000

持分法による投資利益　2,000　　減損損失 3,000　　固定資産売却益 1,000

投資有価証券売却益　3,000　　売上高経常利益率　10%

（選択肢）　① 9,000　② 10,000　③ 11,000　④ 12,000　⑤ 13,000

解答

③

解説

売上高（140,000）×売上高経常利益率（10%）＝経常利益（14,000）

経常利益（14,000）＋特別利益（固定資産売却益1,000＋投資有価証券売却益3,000）－特別損失（固定資産除却損4,000＋減損損失3,000）＝税金等調整前当期純利益（11,000）

持分法による投資利益は営業外収益，売上割引は営業外費用。

第7節　当期純利益と親会社株主に帰属する当期純利益の計算

 当期純利益と親会社株主に帰属する当期純利益

　当期純利益は，一会計期間中に企業が稼得したすべての収益から，支払ったさまざまな費用や税金のすべてを差し引いた後の利益です。配当原資にもなりますから，株主にとって重要な利益といえます。この当期純利益は，税金等調整前当期純利益から，法人税，住民税及び事業税（この合計額を**法人税等**という），ならびに，法人税等調整額を控除して求めます（マイナスの場合は当期純損失となります）。

　当期純利益には，非支配株主にかかる利益も含まれています。親会社の株主にとっては，親会社株主にかかる利益が重要です。そこで，当期純利益から非支配株主に帰属する当期純利益を控除し，**親会社株主に帰属する当期純利益**を求めます（マイナスの場合は末尾が当期純損失となります）。

　以下では，法人税，住民税及び事業税，法人税等調整額，親会社株主に帰属する当期純利益について順に説明します。

 法人税，住民税及び事業税

　企業は活動をする上でさまざまな税金を支払わなければなりません。そのうち，とくに中心となるのが法人税，住民税，事業税です。**法人税**は，会社の利益の金額にもとづいて，法人税法の規定によって課される税金（国税）です。法人税の金額に連動して，**住民税**と**事業税**（事業所所在地において課せられる地方税）も課税されます。このような利益の金額に課税される税金は，損益計算書では税金等調整前当期純利益の下に記載されます。

❸ 法人税等調整額

　法人税，住民税，事業税は税法の規定にもとづいて計算した項目ですから，会計上の利益の金額に単純に税率を掛けた金額とは異なります。そこで，税法上の課税額を，会計上の利益にもとづき計算される税額に調整して，当期純利益と法人税等の金額を合理的に対応させる会計処理をします（これを税効果会計といいます。pp.101-102コラム参照）。この場合の税務上と会計上の税額の差額を調整する項目が**法人税等調整額**です。会計上で支払い過ぎとなっている税金は減算し，支払い不足となっている税金は加算します。

❹ 親会社株主に帰属する当期純利益

　税金等調整前当期純利益から，法人税，住民税及び事業税ならびに法人税等調整額（これらの合計額は法人税等合計として表示される）を控除して**当期純利益**（または当期純損失）を算定します。この当期純利益（または当期純損失）は，連結グループ全体の株主に帰属する利益です。

　この当期純利益（または当期純損失）には，親会社が子会社株式を100％所有していない場合に，子会社の利益（または損失）のうち親会社以外の非支配株主に帰属する利益（または損失）も含まれています。そこで当期純利益（または当期純損失）について，その下に**非支配株主に帰属する当期純利益**（または非支配株主に帰属する当期純損失）と，**親会社株主に帰属する当期純利益**（または親会社株主に帰属する当期純損失）とを分けて表記します。ROEを計算する際の分子の利益や1株当たり当期純利益の計算には，この親会社株主に帰属する当期純利益が用いられます（第9章第4節・第9節参照）。

例題 4 - 6

連結損益計算書に関する次の文章のうち，正しいものの個数を選びなさい。

ア．連結損益計算書とは，連結財務諸表の１つで，企業集団を１つの組織とみなしてその経営成績を示すものである。

イ．非連結子会社と関連会社に対する投資に適用される会計処理方法を持分法といい，被投資会社の損益のうち，投資会社に帰属する部分の変動に応じて，投資の額を毎期修正する。

ウ．持分法による投資利益は，営業外収益である。

エ．非支配株主に帰属する当期純利益とは，親会社が子会社株式を100％所有していない場合に，子会社の利益のうち親会社以外の非支配株主に帰属する利益のことをいう。

オ．当期純利益とは，親会社の株主に帰属する利益のことをいう。

（選択肢）　①　１つ　　②　２つ　　③　３つ　　④　４つ　　⑤　５つ

解答

④

解説

オ以外は正しい。当期純利益には，親会社以外の非支配株主に帰属する利益も含む。

例題 4 - 7

次の資料から親会社株主に帰属する当期純利益を計算し，正しい数値を選びなさい。

税金等調整前当期純利益　6,000　　　法人税，住民税及び事業税　3,000

租税公課　1,000　　　非支配株主に帰属する当期純利益　2,000

法人税等調整額　△1,000

（選択肢）　①　1,000　②　2,000　③　3,000　④　4,000　⑤　5,000

解答

②

解説

税金等調整前当期純利益（6,000）－（法人税，住民税及び事業税3,000＋
法人税等調整額△1,000）＝当期純利益（4,000）

当期純利益（4,000）－非支配株主に帰属する当期純利益（2,000）＝親会
社株主に帰属する当期純利益（2,000）

租税公課は販売費及び一般管理費。

コラム　税効果会計

　会計では収益から費用を控除して利益を計算します。法人税等は，会計上で確定した決算数値であるこの利益の金額をもとにして税額を計算します（確定決算主義）が，課税の公平という観点から，会計上の収益・費用と法人税法上で収益・費用に相当する益金・損金には扱いの異なるものがあります。収益と益金，費用と損金は，次のような関係にあります。

収益－費用＝会計上の利益

益金－損金＝法人税法上の課税所得

収益であるが益金とならないもの→益金不算入

益金であるが収益とならないもの→益金算入

費用であるが損金とならないもの→損金不算入

損金であるが費用とならないもの→損金算入

　会計上の利益から，これらの項目（益金不算入，益金算入，損金不算入，損金算入）を調整して課税所得を計算し，その金額に対して法人税等が課されるのです。この金額は，会計上の税金等調整前当期純利益（個別の場合は税引前当期純利益）に税率を掛けた金額とは異なります。この差異を調整するのが**税効果会計**です。また，会計上認識された取引が法人税等の支払額に及ぼす影響を**税効果**といいます。

　たとえば，会計上の費用として減価償却費5,000千円を計上しましたが，このうち3,000千円は税法上の限度額を上回る早期償却額であるため損金算入が否認されたとします。税金等調整前当期純利益を8,000千円，法定

実効税率を30％とすると，課税所得は11,000千円（税金等調整前当期純利益8,000千円＋損金不算入となった3,000千円）で，支払うべき法人税は3,300千円（11,000千円×30％）です。

①税効果会計を適用しない場合		②税効果会計を適用する場合	
税金等調整前当期純利益	8,000	税金等調整前当期純利益	8,000
法人税等	3,300	法人税等	3,300
当期純利益	4,700	法人税等調整額	△900
		当期純利益	5,600

　税務計算上の実際の法人税等は3,300千円ですが，会計利益を基礎として法人税等を計算すると2,400千円（税金等調整前当期純利益8,000千円×30％）となります。この差額900千円を損益計算書上で法人税等調整額という項目で調整します。このように，税効果会計を適用した場合，税金等調整前当期純利益8,000千円と当期純利益5,600千円（8,000千円×（1－30％））とが適切に対応することになります。

　なお，会計上と税務上の差異には，会計上は費用となっても税務計算上は損金とは認められない交際費のように，永久に解消しない差異（永久差異）と，例示の減価償却費のように，収益・益金，費用・損金の認識されるタイミングのずれによって生じる差異（一時差異）がありますが，税効果会計は一時差異のみが対象となります。

　その後，この減価償却費が損金に算入される期には，会計上の利益額と比べその期の税金の額は少なくなります。法人税等調整額900千円は，翌期以降の損益計算書上に計上されるべき税金を先払いしたものと考えることができます。したがって，貸借対照表上に，この差額を繰延税金資産として計上します。反対に，損金算入や益金不算入の場合は，繰延税金負債が貸借対照表に計上されます。繰延税金負債は，次期以降に支払いが見込まれる税金の繰り延べ分です。繰延税金資産や繰延税金負債は，次期以降の差異が解消されたときに取り崩されます。

第5章

連結包括利益計算書

学習のポイント

　　連結包括利益計算書とは，連結財務諸表の1つで，期中の純資産の変動（持分所有者との直接的な取引を除く）である包括利益を報告する計算書です。

　　本章では，①包括利益の概念と構成（当期純利益，その他の包括利益，包括利益の関係），その他の包括利益の主な項目，②連結包括利益計算書の様式（2計算書方式と1計算書方式）について学習します。

　　包括利益をみることで，損益計算書上の利益ではわからない，資産・負債価値の市場価格などの変動分を加味した企業の包括的な利益の情報がわかります。

第1節　連結包括利益計算書とは

　本章では，連結財務諸表の1つである連結包括利益計算書についてみていきましょう。わが国では「包括利益の表示に関する会計基準」が包括利益計算書の基礎にあり，基準では包括利益計算書と連結包括利益計算書が扱われています。ところが，今のところ財務諸表等規則では包括利益計算書を取り上げておらず，連結財務諸表規則で連結包括利益計算書を取り上げています。したがって，現状では，連結財務諸表の連結包括利益計算書だけが開示されることになります。連結財務諸表規則による実際の連結包括利益計算書には2つの様式が

103

あるため，本章では様式は後に述べることにします。

連結包括利益計算書とは，期中に認識された取引および経済的事象（持分所有者との直接的な資本取引を除く）により生じた純資産の変動である包括利益を報告する計算書です。以下で，包括利益の概念や構成項目，ならびに計算書の様式について学びます。

第2節　包括利益の概念

 包括利益とは

包括利益とは，特定期間の財務諸表において認識された純資産の変動額のうち，純資産に対する持分所有者との直接的な取引によらない部分をいいます。連結包括利益計算書における包括利益は，当該企業グループの純資産の変動額のうち，持分所有者すなわち親会社株主，新株予約権の所有者および子会社の非支配株主との資本取引を除いた部分のことです。

包括利益は，資産と負債に関して認識された市場価格などの公正価値の変動を含む利益であり，企業の最終的な儲けである当期純利益に，資産・負債価値の変動分を加味した包括的な利益です。

 包括利益の構成

包括利益は，当期純利益とその他の包括利益（期中増減額）から構成されます。連結損益計算書に計上される当期純利益は企業グループ全体の株主に帰属する利益です。

そこで，連結財務諸表における包括利益は，図表5－1のような構成になります。

図表 5-1 連結包括利益計算書の包括利益の構成

連結包括利益計算書の包括利益 ── 当期純利益
                              └─ その他の包括利益

包括利益＝当期純利益＋その他の包括利益

3 その他の包括利益

　包括利益のうち，当期純利益（すなわち親会社株主に帰属する当期純利益と非支配株主に帰属する当期純利益の合計額）に含まれない部分のことを**その他の包括利益**といいます。連結包括利益計算書におけるその他の包括利益には，親会社株主にかかる部分と非支配株主にかかる部分が含まれます。その他の包括利益は，期中の認識額が連結包括利益計算書の「その他の包括利益」の計算に含められるとともに，その累計額（ストック）が連結貸借対照表の純資産の部の「その他の包括利益累計額」（pp.68-69参照）に表示されることになります。

　その他の包括利益の主な構成項目は図表5-2のとおりです。これらは税効果（pp.101-102コラム税効果会計参照）を適用した後の金額で表示されます。

図表 5-2 その他の包括利益の主な項目

項　目	説　明
その他有価証券評価差額金	投資有価証券に含まれる「その他有価証券」を時価評価した際の取得原価と時価との差額
繰延ヘッジ損益	時価評価しない資産・負債のリスクヘッジのために時価評価する金融商品などを保有している場合に，ヘッジ対象の損益が確定するまで繰り延べられるヘッジ手段の時価評価差額
為替換算調整勘定	在外子会社等の為替換算により発生する貸借差額
退職給付に係る調整額	その他の包括利益累計額（pp.68-69参照）に含まれる退職給付に係る未認識項目のうち，当期に費用処理した部分
持分法適用会社に対する持分相当額	持分法を適用する被投資会社のその他の包括利益に対する投資会社の持分相当額

105

なお，すでにその他の包括利益として包括利益計算書上で認識され，貸借対照表のその他の包括利益累計額に含められていた項目について，当期に損益が確定すれば，当期純利益に含められます。そこで，前期以前のその他の包括利益と，当期の当期純利益を通した包括利益への利益の二重計上を避けるため，その金額をその他の包括利益から控除する**組替調整**をします（この金額を**組替調整額**といい，注記します）。たとえば，「その他有価証券」を当期に売却した際に生じた損益は組替調整をします。また，図表5－2の退職給付に係る調整額もこれに該当します。

第3節　連結包括利益計算書の様式

連結包括利益計算書の様式には，2計算書方式と1計算書方式の2つがあります。

2計算書方式

2計算書方式とは，**連結包括利益計算書**が連結損益計算書とは別に独立して表示される方式をいい，図表5－3のような計算書になります。連結財務諸表規則の連結財務諸表体系（p.7参照）では連結損益計算書と連結包括利益計算書を別々に記載していることから，2計算書方式を採る会社のほうが多い状況です。

連結包括利益計算書では，当期純利益にその他の包括利益を加算して，包括利益が表示されます。当期純利益は連結損益計算書で計算・表示された金額です。また，その他の包括利益はそれを構成する項目も記載されます。

なお，連結包括利益計算書の包括利益は，企業グループ全体の株主に帰属する利益であり，包括利益のうち親会社株主に係る金額と非支配株主に係る金額が内訳として付記されます。

図表5-3　2計算書方式による様式

連結包括利益計算書　　　　　　　　　　（単位：円）

	前連結会計年度 （自　　年月日 至　　年月日）	当連結会計年度 （自　　年月日 至　　年月日）
当期純利益（又は当期純損失）	×××	×××
その他の包括利益		
その他有価証券評価差額金	×××	×××
繰延ヘッジ損益	×××	×××
為替換算調整勘定	×××	×××
退職給付に係る調整額	×××	×××
持分法適用会社に対する持分相当額	×××	×××
………………	×××	×××
その他の包括利益合計	×××	×××
包括利益	×××	×××
（内訳）		
親会社株主に係る包括利益	×××	×××
非支配株主に係る包括利益	×××	×××

2　1計算書方式

1計算書方式とは，連結損益計算に引き続いて連結包括利益の計算を行い，**連結損益及び包括利益計算書**として表示する方式をいい，図表5-4のような計算書になります。売上高から当期純利益までは前章で扱った連結損益計算書の計算部分であり，スペースの関係で大部分を省略してあります。

107

図表 5-4　1計算書方式による様式（一部略）

連結損益及び包括利益計算書　　　　　　（単位：円）

	前連結会計年度 （自　　年月日 至　　年月日）	当連結会計年度 （自　　年月日 至　　年月日）
売上高	×××	×××
売上原価	×××	×××
売上総利益	×××	×××
（省略）		
当期純利益（又は当期純損失） 　（内訳）	×××	×××
親会社株主に帰属する当期純利益（又は親 会社株主に帰属する当期純損失）	×××	×××
非支配株主に帰属する当期純利益（又は非 支配株主に帰属する当期純損失）	×××	×××
その他の包括利益	×××	×××
その他有価証券評価差額金	×××	×××
繰延ヘッジ損益	×××	×××
為替換算調整勘定	×××	×××
退職給付に係る調整額	×××	×××
持分法適用会社に対する持分相当額	×××	×××
………………	×××	×××
その他の包括利益合計	×××	×××
包括利益	×××	×××
（内訳）		
親会社株主に係る包括利益	×××	×××
非支配株主に係る包括利益	×××	×××

　当期純利益までの計算・表示は連結損益計算書にほかなりません。繰り返し述べているように，連結損益計算書における当期純利益には親会社株主に帰属する当期純利益と非支配株主に帰属する当期純利益が含まれていますので，当期純利益の下にはその内訳が付記されます。内訳に続いて，その他の包括利益を当期純利益に加算して包括利益を計算・表示します。2計算書方式と同様に，親会社株主に係る包括利益と非支配株主に係る包括利益が内訳として表示され

ます。

例題 5 - 1

次の資料から連結包括利益計算書を作成し，（ア）と（イ）に該当する数値の正しい組み合わせを選びなさい。

当期純利益　10,000　　親会社株主に帰属する当期純利益　9,000

非支配株主に帰属する当期純利益　1,000

その他有価証券評価差額金　1,000　　繰延ヘッジ損益　1,000

為替換算調整勘定　2,000　　退職給付に係る調整額　△500

持分法適用会社に対する持分相当額　500

＜連結包括利益計算書＞

当期純利益	（　ア　）
その他の包括利益	
その他有価証券評価差額金	（　　　）
繰延ヘッジ損益	（　　　）
為替換算調整勘定	（　　　）
退職給付に係る調整額	（　　　）
持分法適用会社に対する持分相当額	（　　　）
その他の包括利益合計	（　　　）
包括利益	（　イ　）

（選択肢）　① （ア）　9,000　（イ）12,000

　　　　　② （ア）　9,000　（イ）14,000

　　　　　③ （ア）10,000　（イ）　6,000

　　　　　④ （ア）10,000　（イ）12,000

　　　　　⑤ （ア）10,000　（イ）14,000

解答

⑤

解説

　次の計算書になります。

＜連結包括利益計算書＞

当期純利益	（ 10,000	）
その他の包括利益		
その他有価証券評価差額金	（ 1,000	）
繰延ヘッジ損益	（ 1,000	）
為替換算調整勘定	（ 2,000	）
退職給付に係る調整額	（ △500	）
持分法適用会社に対する持分相当額	（ 500	）
その他の包括利益合計	（ 4,000	）
包括利益	（ 14,000	）

例題5-2

【例題5-1】の資料から連結損益及び包括利益計算書を作成し，（ア）と（イ）に該当する数値の正しい組み合わせを選びなさい。

＜連結損益及び包括利益計算書＞

（省略）

当期純利益	（　　　　）
（内訳）	
親会社株主に帰属する当期純利益	（　ア　）
非支配株主に帰属する当期純利益	（　　　　）
その他の包括利益	
その他有価証券評価差額金	（　　　　）
繰延ヘッジ損益	（　　　　）
為替換算調整勘定	（　　　　）
退職給付に係る調整額	（　　　　）
持分法適用会社に対する持分相当額	（　　　　）
その他の包括利益合計	（　　　　）
包括利益	（　イ　）

（選択肢）
① （ア）　9,000　（イ）12,000
② （ア）　9,000　（イ）14,000
③ （ア）10,000　（イ）　6,000
④ （ア）10,000　（イ）12,000
⑤ （ア）10,000　（イ）14,000

解答

②

解説

次の計算書になります。

＜連結損益及び包括利益計算書＞

(省略)

当期純利益	(10,000)
(内訳)	
親会社株主に帰属する当期純利益	(9,000)
非支配株主に帰属する当期純利益	(1,000)
その他の包括利益	
その他有価証券評価差額金	(1,000)
繰延ヘッジ損益	(1,000)
為替換算調整勘定	(2,000)
退職給付に係る調整額	(△500)
持分法適用会社に対する持分相当額	(500)
その他の包括利益合計	(4,000)
包括利益	(14,000)

112

第6章

株主資本等変動計算書

学習のポイント

　会社法制定とともに，個別ベースでは利益処分計算書（または損失処理計算書）に代わって株主資本等変動計算書が，連結ベースでは連結剰余金計算書に代わって連結株主資本等変動計算書が財務諸表の1つとして登場することになりました。本章では，このようにして財務諸表の1つとなった株主資本等変動計算書について学ぶことにします。

　株主資本等変動計算書では，貸借対照表の純資産の部の一会計期間における変動額を開示します。

　純資産の部に開示される項目は多様です。株主資本等変動計算書の主な狙いは，株主の持分の変動に関する情報を開示することですから，株主資本に属する項目と株主資本以外の項目とでは，変動額の表示方法が異なることに注意が必要です。株主資本に属する項目の変動については，変動事由ごとにその金額の表示が必要なのに対して，株主資本以外の項目については，原則として，当期変動額の純額表示で足りることを学びましょう。

　また，株主資本等変動計算書は貸借対照表と損益計算書をつなぐ役割を果たしていることを学びましょう。

第1節　株主資本等変動計算書とは

株主資本等変動計算書とは，貸借対照表の純資産の部の一会計期間における変動額を報告する計算書です。

会社法によれば，株式会社は株主総会の決議により，剰余金の分配をいつでも決定することができますし，また，株主資本の計数をいつでも変動させることができますので，資本金，準備金および剰余金の数値の連続性を把握するために，株主資本等変動計算書が作成されるのです。

株主資本等変動計算書で開示される項目の範囲は，国際的収斂などの観点から貸借対照表の純資産の部のすべての項目とされています。ただし，株主資本とそれ以外の項目とでは一会計期間における変動事由ごとの金額に関する情報の有用性に差異がありますので，株主資本の各項目は，変動事由ごとにその金額を表示しますが，株主資本以外の各項目については，原則として，当期変動額を純額で表示すれば足りることになっています。

第2節　連結環として働く株主資本等変動計算書

株主資本等変動計算書は，貸借対照表と損益計算書をつなぐ役割を果たしています。

株主資本等変動計算書は，前期末の貸借対照表の純資産の部に記載されている各項目の残高から始めて，期中の変動額を記載し，各項目の当期末残高が算出されます。算出された各項目の当期末残高は，当期末の貸借対照表の純資産の部に記載された各項目の残高と一致することになります。その際，期中の変動事由の1つに親会社株主に帰属する当期純利益（損失）が含まれている点が重要です。というのは，親会社株主に帰属する当期純利益（損失）が利益剰余金を変動させる事由として記載されることによって，貸借対照表と損益計算書との連携が成立するからです。

ここに，株主資本等変動計算書が前期末貸借対照表と当期末貸借対照表を接続した上で，当期末貸借対照表と当期の損益計算書をつなぐ連結環の役割を果たしていることがわかります。

　以上の株主資本等変動計算書と貸借対照表および損益計算書との間の関係を図示したのが，図表6−1です。

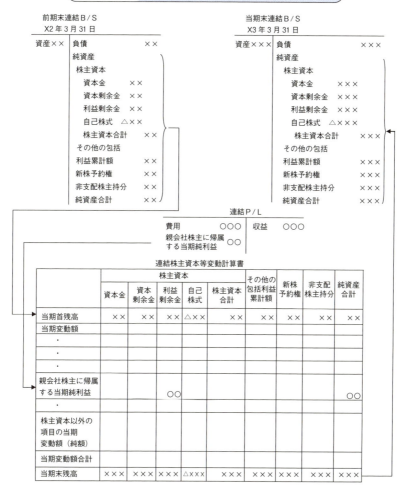

図表6−1　連結環としての株主資本等変動計算書

第3節　区分と記載内容

　連結株主資本等変動計算書の表示形式は，連結貸借対照表の純資産の部の表示区分に従って，株主資本の区分と株主資本以外の区分に分け，株主資本以外の区分はその他の包括利益累計額，新株予約権および非支配株主持分に分けます。純資産の部の表示区分については，第3章第4節を参照してください。

　それぞれの区分に属する各項目について，当期首残高，当期変動額および当期末残高を分別表示するのは共通していますが，当期変動額については，株主資本に属する項目は変動事由ごとにその金額を表示し，株主資本以外の項目は，当期変動額を純額表示します。

株主資本の各項目の変動事由には，たとえば以下のものが含まれます。

① 　親会社株主に帰属する当期純利益または当期純損失

② 　新株の発行または自己株式の処分

③ 　剰余金の配当

④ 　自己株式の取得

⑤ 　自己株式の消却

⑥ 　企業結合による増加または分割型の会社分割による減少

⑦ 　株主資本の計数の変動

　　a) 　資本金から準備金または剰余金への振替

　　b) 　準備金から資本金または剰余金への振替

　　c) 　剰余金から資本金または準備金への振替

　　d) 　剰余金の内訳科目間の振替

変動事由を各株主資本項目と関係づけると図表6－2のようになります。

図表 6-2　株主資本項目と変動事由

株主資本項目	変動事由
資本金	②，⑥，⑦a)，b)，c)
資本剰余金	②，③，⑤，⑥，⑦a)，b)，c)，d)
利益剰余金	①，③，⑥，⑦b)，c)，d)
自己株式	②，④，⑤

　連結株主資本等変動計算書の場合には，資本剰余金と利益剰余金のそれぞれ
の内訳表示の必要はなく，連結情報固有の項目として，その他の包括利益累計
額の区分に為替換算調整勘定が加わり，さらに，非支配株主持分が新たに独立
区分として加わります。

　簡単な設例をもとに，B社の連結株主資本等変動計算書（自　X2年4月1
日　至　X3年3月31日）を示しておきます。

資料A　前期末連結貸借対照表「純資産の部」　　　　　　　　　（単位：百万円）

　　株主資本
　　　資本金　　　　　　　　　　　　　25,122
　　　資本剰余金　　　　　　　　　　　48,416
　　　利益剰余金　　　　　　　　　　 263,585
　　　自己株式　　　　　　　　　　　△ 21,710
　　　　株主資本合計　　　　　　　　　　　　　　　315,413
　　その他の包括利益累計額
　　　その他有価証券評価差額金　　　　17,562
　　　繰延ヘッジ損益　　　　　　　　　　　 38
　　　土地再評価差額金　　　　　　　　△ 5,898
　　　為替換算調整勘定　　　　　　　　 5,214
　　　退職給付に係る調整累計額　　　　　　409
　　　　その他の包括利益累計額合計　　　　　　　 17,325
　　新株予約権　　　　　　　　　　　　 1,180
　　非支配株主持分　　　　　　　　　　 8,381
　　　　純資産合計　　　　　　　　　　　　　　　 342,299

117

| 資料B | 当期変動額 | （単位：百万円） |

株主資本項目の変動事由

剰余金の配当	△8,267
親会社株主に帰属する当期純利益	18,505
自己株式の取得	△9
自己株式の処分	36（内，資本剰余金1,自己株式35）
その他	△504（内，利益剰余金△504）

株主資本以外の項目の当期変動額（純額）

その他有価証券評価差額金	17,540
繰延ヘッジ損益	19
土地再評価差額金	159
為替換算調整勘定	802
退職給付に係る調整累計額	760
新株予約権	337
非支配株主持分	△1,829

　上記資料AおよびBをもとに連結株主資本等変動計算書を作成すると，図表6-3のようになります。なお，当期末残高の金額が，巻末のB社の連結貸借対照表の純資産の金額との間に若干の誤差が生じているのは，巻末の財務諸表における百万円未満の丸め誤差によります。

図表 6 - 3　連結株主資本等変動計算書

当連結会計年度（自　X2年4月1日　至　X3年3月31日）

（単位：百万円）

	株主資本				
	資本金	資本剰余金	利益剰余金	自己株式	株主資本合計
当期首残高	25,122	48,416	263,585	△21,710	315,413
会計方針の変更による累積的影響額					
会計方針の変更を反映した当期首残高	25,122	48,416	263,585	△21,710	315,413
当期変動額					
剰余金の配当			△8,267		△8,267
親会社株主に帰属する当期純利益			18,505		18,505
自己株式の取得				△9	△9
自己株式の処分		1		35	36
その他			△504		△504
株主資本以外の項目の当期変動額（純額）					－
当期変動額合計	－	1	9,734	26	9,761
当期末残高	25,122	48,417	273,319	△21,684	325,174

	その他の包括利益累計額						新株予約権	非支配株主持分	純資産合計
	その他有価証券評価差額金	繰延ヘッジ損益	土地再評価差額金	為替換算調整勘定	退職給付に係る調整累計額	その他の包括利益累計額合計			
当期首残高	17,562	38	△5,898	5,214	409	17,325	1,180	8,381	342,299
会計方針の変更による累積的影響額									
会計方針の変更を反映した当期首残高	17,562	38	△5,898	5,214	409	17,325	1,180	8,381	342,299
当期変動額									
剰余金の配当									△8,267
親会社株主に帰属する当期純利益									18,505
自己株式の取得									△9
自己株式の処分									36
その他									△504
株主資本以外の項目の当期変動額（純額）	17,540	19	159	802	760	19,280	337	△1,829	17,788
当期変動額合計	17,540	19	159	802	760	19,280	337	△1,829	27,549
当期末残高	35,102	57	△5,739	6,016	1,169	36,605	1,517	6,552	369,848

第4節　株主資本等変動計算書情報の活用

　株主資本等変動計算書は，個別ベースの場合の利益処分計算書（または損失処理計算書）や連結ベースの場合の連結剰余金計算書に代わって導入された財務諸表の1つです。会社法制定に伴う株主資本の計数の変更や剰余金分配の弾力化によって，同計算書の情報は投資者にとって当該企業の財務政策や資本政策の方向を判断するのに重要な情報となりました。そこで，本節では，株主資本等変動計算書の活用を検討してみましょう。

(1)　個別情報の活用

　①　株主資本（資本金，準備金，剰余金）の計数の変動

　株主資本の計数の変動とは，会社財産の流出や流入を伴わない株主資本項目間の変動と剰余金の項目内における振替えをいいますが，分配可能額との関係で，株主と債権者との間にこれらの計数に関して利害の対立があります。株主にとっては，資本金より準備金，準備金より剰余金のほうが多ければ多いほど都合が良く，債権者にとっては全くその逆です。したがって，株主資本の計数の変動には，株主・債権者間の利害を調整するために，株主総会決議および債権者保護手続きを要しますので，株主資本の計数に変動がある場合には，そうした手続きが執行されているかどうかを確認する必要があります。

　②　自己株式の変動

　平成13年6月の「金庫株」解禁によって自己株式の用途が大幅に拡大し，平成18年5月1日に施行された会社法によって，自己株式取得が利益配当とともに会社の資本政策遂行の重要な手段となりました。前節に示しているように，自己株式の変動は，当期純損益，剰余金の配当とともに株主資本変動の重要な事由です。自己株式の主要な活用法として，次のケースが考えられます。

- 財務構成の変更
- 安定株主対策

- 役員・従業員へのインセンティブ措置
- 合併，株式交換，株式移転の際の代用自己株
- 資本提携への活用
- 自己株式の処分による分配可能額の拡大
- 自己株式の消却による1株当たり指標の上昇など

(2)　連結情報の活用

配当金と自社株買いの金額の合計額の連結当期純利益に対する割合で示される総還元性向（総配分性向）の動向から，当該企業の資本政策が株主還元の充実にのみあるのか，あるいはそれにとどまらず，さらに株価上昇を介した買収防衛に狙いがあるのかを推測しえます。

総還元性向は，企業の株主還元の度合いを示す指標の1つです。

株主資本等変動計算書情報に関する上記の活用法は一例にすぎませんが，少なくとも，上記の例から，同計算書の情報が投資者にとって投資対象企業の財務・資本政策に関する判断を形成するのに非常に重要であることが理解し得るでしょう。

例題 6 - 1

　株主資本等変動計算書の役割に関する次の文章のうち，正しい文章を選びなさい。

① 株主資本等変動計算書は，前期の損益計算書と当期末貸借対照表をつなぐ役割を果たす。

② 株主資本等変動計算書は，前期末貸借対照表と当期の損益計算書をつなぐ役割を果たす。

③ 株主資本等変動計算書は，当期末貸借対照表と次期末貸借対照表をつなぐ役割を果たす。

④ 株主資本等変動計算書は，前期末貸借対照表と当期末貸借対照表をつなぎ，当期末貸借対照表と当期の損益計算書をつなぐ役割を果たす。

⑤ 株主資本等変動計算書は，前期の損益計算書と当期の損益計算書をつなぐ役割を果たす。

解答

④

解説

第 2 節参照。

例題 6 - 2

連結株主資本等変動計算書における表示区分について，次の問いに答えなさい。

(1) 表示上の区分に関する次の説明のうち，誤っているものを選びなさい。

① 資本金，資本剰余金，利益剰余金に分ける。

② 株主資本，株主資本以外に分ける。

③ 株主資本，その他の包括利益累計額，新株予約権および非支配株主持分に分ける。

(2) 各区分における変動事由の表示に関する次の文章のうち，正しいものを選びなさい。

① 項目が属する区分に関係なく，変動事由ごとに金額を表示する。

② 項目が属する区分に関係なく，変動額を純額で表示する。

③ 株主資本に属する項目については，変動事由ごとに金額を表示するが，それ以外の項目については，変動額を純額で表示する。

解答

(1) ①　　(2) ③

解説

第3節参照。

例題 6 - 3

次の資料から当期末の利益剰余金を計算し，正しい数値を選びなさい。

親会社株主に帰属する当期純利益　750

利益剰余金からの当期中の配当額　　1,000

当期の利益剰余金の配当に伴う利益準備金の積立額　　100

当期首の任意積立金　3,250　　当期首の利益剰余金　　6,250

（選択肢）　①　5,250　②　5,350　③　6,000　④　7,000　⑤　9,350

解答

③

解説

当期首の利益剰余金6,250 − 利益剰余金からの当期中の配当額1,000 ＋ 親会社株主に帰属する当期純利益750 ＝ 当期末の利益剰余金6,000

当期の利益剰余金の配当に伴う利益準備金の積立は，利益剰余金の内訳項目であるその他利益剰余金から同じく利益剰余金の内訳項目である利益準備金への振替であるため，利益剰余金の計数は変動しない。当期首の任意積立金は当期首の利益剰余金の内訳項目である。

第7章 連結キャッシュ・フロー計算書

学習のポイント

　本章では，連結キャッシュ・フロー計算書について説明します。キャッシュ・フロー計算書とは，一会計期間におけるキャッシュ・フロー（キャッシュの流入出）の状況を表示する計算書です。キャッシュ・フロー計算書は，その会計期間において実際にどれだけの資金が事業活動に投下され，どれだけの資金が回収されたのかという情報を提供します。

　まず，キャッシュ・フロー計算書が対象とするキャッシュの範囲と，キャッシュ・フロー計算書の構造を理解してください。次に，営業活動，投資活動，財務活動というキャッシュ・フロー計算書の3つの区分について，具体的な内容を理解してください。とくに，営業活動によるキャッシュ・フローの区分については，間接法による表示内容の読み方を理解することが重要です。最終的には，活動区分別のキャッシュ・フローの循環から，キャッシュ・フローがどの活動から生み出され，どの活動に使用されているのかを読み解けるようになることを目標としてください。

　なお，財務諸表等規則によるキャッシュ・フロー計算書（個別）については3級テキストで学んでいますので，共通の基本事項については3級テキストを参照してください。

第1節　連結キャッシュ・フロー計算書とは

連結キャッシュ・フロー計算書とは，一会計期間におけるキャッシュ・フローの状況，つまり，企業集団が1年間にどれだけキャッシュを生み出し，どれだけ使用し，その結果としてどれだけキャッシュの残高が増減したかを表示する計算書です。キャッシュ・フローとは，資金の増加または減少を意味します。

図表7－1は，連結財務諸表規則による連結キャッシュ・フロー計算書の様式です。

第2節　キャッシュの範囲

キャッシュ・フロー計算書が対象とするキャッシュ（資金）とは何でしょうか。キャッシュ・フロー計算書におけるキャッシュは，現金及び現金同等物と定義され，貸借対照表に記載される「現金及び預金」とは必ずしも一致しません。

図表7-1 連結キャッシュ・フロー計算書の様式（間接法）

（単位：円）

	前連結会計年度 （自　　年月日 　至　　年月日）	当連結会計年度 （自　　年月日 　至　　年月日）
営業活動によるキャッシュ・フロー		
税金等調整前当期純利益（又は税金等調整前当期純損失）	×××	×××
減価償却費	×××	×××
減損損失	×××	×××
のれん償却額	×××	×××
貸倒引当金の増減額（△は減少）	×××	×××
受取利息及び受取配当金	△×××	△×××
支払利息	×××	×××
為替差損益（△は益）	×××	×××
持分法による投資損益（△は益）	×××	×××
有形固定資産売却損益（△は益）	×××	×××
損害賠償損失	×××	×××
売上債権の増減額（△は増加）	×××	×××
たな卸資産の増減額（△は増加）	×××	×××
仕入債務の増減額（△は減少）	×××	×××
………………	×××	×××
小計	×××	×××
利息及び配当金の受取額	×××	×××
利息の支払額	△×××	△×××
損害賠償金の支払額	△×××	△×××
………………	×××	×××
法人税等の支払額	△×××	△×××
営業活動によるキャッシュ・フロー	×××	×××
投資活動によるキャッシュ・フロー		
有価証券の取得による支出	△×××	△×××
有価証券の売却による収入	×××	×××
有形固定資産の取得による支出	△×××	△×××
有形固定資産の売却による収入	×××	×××
投資有価証券の取得による支出	△×××	△×××
投資有価証券の売却による収入	×××	×××
連結の範囲の変更を伴う子会社株式の取得による支出	△×××	△×××
連結の範囲の変更を伴う子会社株式の売却による収入	×××	×××
貸付けによる支出	△×××	△×××
貸付金の回収による収入	×××	×××
………………	×××	×××
投資活動によるキャッシュ・フロー	×××	×××
財務活動によるキャッシュ・フロー		
短期借入れによる収入	×××	×××
短期借入金の返済による支出	△×××	△×××
長期借入れによる収入	×××	×××
長期借入金の返済による支出	△×××	△×××

社債の発行による収入	×××	×××
社債の償還による支出	△×××	△×××
株式の発行による収入	×××	×××
自己株式の取得による支出	△×××	△×××
配当金の支払額	△×××	△×××
非支配株主への配当金の支払額	△×××	△×××
連結の範囲の変更を伴わない子会社株式の取得による支出	△×××	△×××
連結の範囲の変更を伴わない子会社株式の売却による収入	×××	×××
………………	×××	×××
財務活動によるキャッシュ・フロー	×××	×××
現金及び現金同等物に係る換算差額	×××	×××
現金及び現金同等物の増減額（△は減少）	×××	×××
現金及び現金同等物の期首残高	×××	×××
現金及び現金同等物の期末残高	×××	×××

❶ 現金の範囲

　現金とは，手許現金および**要求払預金**をいいます。要求払預金とは，事前の通知なしで，または数日の事前通知により，元本を引き出せる，期限の定めのない預金をいいます。要求払預金には，たとえば，当座預金，普通預金，通知預金が含まれます。

　企業は，通常，手元に多額の現金を保有することから生じるリスクを回避するために，普通預金や当座預金などを利用して資金決済を行います。そのため，キャッシュ・フロー計算書において，これらの要求払預金を手許現金と区別する理由はないと考えられます。ただし，預入期間に定めのある定期預金のように運用期間が比較的長期のものは，通常，短期の支払資金準備のためというよりは，利殖の獲得のために運用されていると考えられるので，現金には含まれません。

❷ 現金同等物の範囲

　現金同等物は，容易に換金可能であり，かつ，価値の変動についてわずかなリスクしか負わない短期の投資をいいます。現金同等物には，たとえば，取得

日から満期日または償還日までの期間が3カ月以内の短期投資である定期預金，譲渡性預金，コマーシャル・ペーパー，売戻条件付現先，公社債投資信託が含まれます。このうち，定期預金は貸借対照表では「現金及び預金」に含まれ，譲渡性預金，コマーシャル・ペーパー，売戻条件付現先，公社債投資信託は「有価証券」に含まれています。

　企業は，日常の事業活動で必要とする金額を超える手許現金がある場合，遊休資金の効率活用を目的として，短期で流動性の高い上記のような金融商品に投資することがあります。こうした短期的な運用は，企業の資金管理上，実質的に現金と同じ性質を有していると考えられるので，現金同等物としてキャッシュに含められます。なお，「3カ月以内」という基準はあくまでも目安で，各企業の資金管理の実態に合わせて決定することが望ましいと考えられています。

コラム　譲渡性預金，コマーシャル・ペーパー，売戻条件付現先

　譲渡性預金とは，他人への譲渡が可能な特別な種類の定期預金です。銀行が無記名の預金証書を発行するので，預金者はその証書を金融市場で自由に譲渡することができます。

　コマーシャル・ペーパー（CPと略称されることもあります）とは，企業が資金調達を行うために発行する無担保の約束手形であり，発行体は優良企業に限られます。運転資金の調達手段としては譲渡性預金と同様の性質を有していますが，譲渡性預金市場との競合を避けるため，コマーシャル・ペーパーの償還期限は30日以内となっていることが多いようです。

　売戻条件付現先とは，あらかじめ定められた期間が経過すると一定の価格で売り戻すことを条件として，債券を買うという取引です。買うのが先なので買い現先と呼ばれることもあります。

❸ 負の現金同等物

現金及び現金同等物の範囲に関しては，**当座借越**の取扱いに注意しなければなりません。当座借越契約は，通常，当座預金の一時的な資金不足を回避することを目的としています。企業によっては，この当座借越契約にもとづき，当座借越限度枠を現金及び現金同等物と同様に利用している場合があります。こうした当座借越の利用は，現金同等物である当座預金による支払決済機能を補う性質をもつものと考えられます。そこで，たとえ当座借越の残高が貸借対照表上は「借入金」に含まれている場合でも，当座借越の金額を**負の現金同等物**とみなして，現金及び現金同等物から控除します。

コラム　当座預金と当座借越

当座預金は，銀行と当座取引契約を結ぶことにより，残高の範囲内で小切手や手形を振り出すことができる預金です。利息はつきません。通帳はなく，毎月銀行から計算書が送られてきます。当座預金の残高が不足し，振り出した小切手や支払期限のきた手形が決済できなくなることを不渡りといい，2回不渡りになると全国の銀行との取引が停止となり，企業経営は困難となります。しかし，銀行に担保を差し出して当座借越契約を結んでいる場合には，契約した金額（借越限度額）までは決済を行うことができます。当座預金の残高を超えて預金を引き出すことを当座借越といい，その金額だけ銀行からお金を借りていることを意味します。

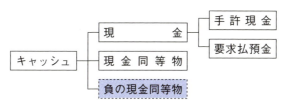

図表7-2　キャッシュの範囲

4 注　記

　先に述べましたが，キャッシュ・フロー計算書の「現金及び現金同等物」と貸借対照表の「現金及び預金」の金額は一致しないことが多いと考えられます。また，現金及び現金同等物に何を含めるかは，最終的には経営者の判断に委ねられています。

　そこで，企業は，①資金の範囲に含めた現金及び現金同等物の内容と，②現金及び現金同等物の期末残高と貸借対照表に表示されている項目の金額との関係を，注記に開示しなければなりません。図表7－3は，A社の連結キャッシュ・フロー計算書（巻末付録）の現金及び現金同等物に関する注記です（A社の有価証券報告書より抜粋）。この注記自体は巻末付録には収録されていません。

> **図表 7 - 3　　現金及び現金同等物に関する注記（A社の事例）**

連結財務諸表作成のための基本となる重要な事項

（8）連結キャッシュ・フロー計算書における資金の範囲
　手許現金，要求払預金及び取得日から３カ月以内に満期日の到来する流動性の高い，容易に換金可能であり，かつ，価値の変動について僅少なリスクしか負わない短期的な投資であります。

注記事項（連結キャッシュ・フロー計算書関係）

※現金及び現金同等物の期末残高と連結貸借対照表に掲記されている科目の金額との関係		
	前連結会計年度 （自 X1年4月1日 至 X2年3月31日）	当連結会計年度 （自 X2年4月1日 至 X3年3月31日）
現金及び預金勘定	54,082百万円	68,331百万円
取得日から３カ月以内に償還期限の到来する短期投資（有価証券）	17,500	2,500
預入期間が３カ月を超える定期預金	△24,161	△37,151
現金及び現金同等物	47,420	33,680

　A社の連結貸借対照表（巻末付録）には，現金及び預金68,331百万円，有価証券38,000百万円と記載されています（いずれも当期の金額）。図表７－３の注記は，現金及び預金68,331百万円のうち預入期間が３カ月を超える定期預金37,151百万円を差し引いた31,180百万円と，有価証券38,000百万円のうち短期投資に該当する2,500百万円を足した33,680百万円が，連結キャッシュ・フロー計算書の現金及び現金同等物の期末残高であることを示しています。

例題 7 - 1

　キャッシュ・フロー計算書におけるキャッシュの範囲に関する次の文章
のうち，正しいものの個数を選びなさい。

ア．現金とは，手許現金に加えて，普通預金，当座預金，通知預金などの
　　要求払預金を指す。

イ．預入期間に定めのある定期預金は，現金同等物には含まれない。

ウ．現金同等物とは，容易に換金可能であるか，または価値の変動につい
　　てわずかなリスクしか負わない短期の投資を指す。

エ．当座借越の金額は，負の現金同等物とみなして，現金及び現金同等物
　　から控除する。

（選択肢）　①　1つ　　②　2つ　　③　3つ　　④　4つ　　⑤　なし

解答

②

解説

アとエが正しい。

イ：預入期間に定めのある定期預金でも，短期投資（たとえば，取得日か
　　ら満期日までの期間が3カ月以内）である場合には，現金同等物に含
　　まれる。

ウ：現金同等物は，容易に換金可能であることと価値変動のリスクが少な
　　いことの両方の条件を満たさなければならない。

133

例題 7 - 2

次の資料から現金及び現金同等物に該当するものの合計額を計算し，正しい数値を選びなさい。（金額単位：省略）

現金　50　　普通預金　80　　通知預金　100　　譲渡性預金　90

売買目的有価証券　120　　当座借越　20

売戻条件付現先　40　　公社債投資信託　30　　受取手形　15

（選択肢）　① 280　　② 300　　③ 340　　④ 370　　⑤ 390

解答

④

解説

現金50＋普通預金80＋通知預金100＋譲渡性預金90＋売戻条件付現先40＋公社債投資信託30－当座借越20＝370

売買目的有価証券と受取手形は，現金及び現金同等物には含まれない。当座借越の金額を減算することに注意すること。

第3節　連結キャッシュ・フロー計算書のしくみ

　ここでは，キャッシュ・フロー計算書において現金及び現金同等物の増減がどのように計算，表示されるかを確認しましょう。図表7－4は，連結キャッシュ・フロー計算書の基本的なしくみを示しています。ただし，説明の便宜上，正式な表示項目とは異なっている部分があります。

図表7－4　連結キャッシュ・フロー計算書のしくみ

```
Ⅰ　営業活動によるキャッシュ・フローの区分
　1．税金等調整前当期純利益（A）
　2．現金及び現金同等物の変動を伴わない項目（B）
　3．投資活動および財務活動に関連する項目（C）
　4．営業活動に係る資産および負債の増減額（D）
　　　　小　　計（E＝A±B±C±D）
　5．投資活動および財務活動以外の活動による現金及び現金同等物の増減額（F）
　　営業活動によるキャッシュ・フロー（G＝E±F）
Ⅱ　投資活動によるキャッシュ・フローの区分
　1．投資活動からの収入（H）
　2．投資活動への支出（I）
　　投資活動によるキャッシュ・フロー（J＝H－I）
Ⅲ　財務活動によるキャッシュ・フローの区分
　1．財務活動からの収入（K）
　2．財務活動への支出（L）
　　財務活動によるキャッシュ・フロー（M＝K－L）
Ⅳ　現金及び現金同等物に係る換算差額（N）
Ⅴ　現金及び現金同等物の期中増減額（O＝G＋J＋M±N）
Ⅵ　現金及び現金同等物の期首残高（P）
Ⅶ　現金及び現金同等物の期末残高（Q＝O＋P）
```

　キャッシュ・フロー計算書において，現金及び現金同等物の期末残高（Q）は，期首残高（P）に期中増減額（O）を加算することによって計算されます。

現金及び現金同等物の期中増減額（正味のキャッシュ・フロー）は，企業の主要な3つの活動区分（営業活動，投資活動，財務活動）に対応して，営業活動によるキャッシュ・フロー（G），投資活動によるキャッシュ・フロー（J），および財務活動によるキャッシュ・フロー（M）を加算し，為替相場の変動が現金及び現金同等物に与える影響額（N）を加減して，計算されます（図表7－5）。

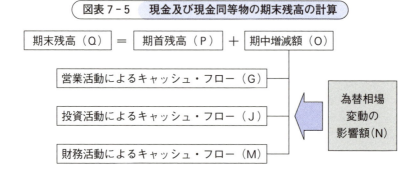

営業活動によるキャッシュ・フローの区分，投資活動によるキャッシュ・フローの区分，および財務活動によるキャッシュ・フローの区分の具体的な記載内容については後述します。

例題 7 - 3

　次の項目がキャッシュ・フロー計算書に記載される順番として正しいものを選びなさい。

ア．現金及び現金同等物に係る換算差額

イ．現金及び現金同等物の期末残高

ウ．財務活動によるキャッシュ・フロー

エ．投資活動によるキャッシュ・フロー

オ．現金及び現金同等物の期首残高

カ．営業活動によるキャッシュ・フロー

キ．現金及び現金同等物の期中増減額

（選択肢）	①	オ→カ→エ→ウ→キ→ア→イ
	②	オ→カ→エ→ウ→ア→キ→イ
	③	カ→エ→ウ→オ→キ→ア→イ
	④	カ→エ→ウ→ア→キ→オ→イ
	⑤	カ→エ→ウ→ア→オ→キ→イ

解答

④

解説

　図表 7 - 4 参照。

第4節　連結キャッシュ・フロー計算書の表示方法

　連結キャッシュ・フロー計算書の表示については，営業活動によるキャッシュ・フローの区分の表示方法である直接法および間接法と，投資活動によるキャッシュ・フローの区分および財務活動によるキャッシュ・フローの区分の表示方法に関する総額主義の原則を理解することが重要です。

 直接法と間接法

　営業活動によるキャッシュ・フローの区分の表示方法については，継続適用を条件として，直接法と間接法の選択が認められています。
　直接法とは，営業収入，原材料または商品の仕入れのための支出など，営業活動によるキャッシュ・フローを主要な取引ごとに総額で表示する方法です。**間接法**とは，連結損益計算書の税金等調整前当期純利益（または税金等調整前当期純損失，以下同じ）にいくつかの調整項目を加減して営業活動によるキャッシュ・フローを表示する方法です。図表7－1と図表7－4は間接法を採用した様式です。直接法を採用した様式を図表7－6に示します。

図表 7-6　連結キャッシュ・フロー計算書の様式（直接法）

（単位：円）

	前連結会計年度 （自　　年月日 　至　　年月日）	当連結会計年度 （自　　年月日 　至　　年月日）
営業活動によるキャッシュ・フロー		
営業収入	×××	×××
原材料又は商品の仕入れによる支出	△×××	△×××
人件費の支出	△×××	△×××
その他の営業支出	△×××	△×××
小計	×××	×××
利息及び配当金の受取額	×××	×××
利息の支払額	△×××	△×××
損害賠償金の支払額	△×××	△×××
………………	×××	×××
法人税等の支払額	△×××	△×××
営業活動によるキャッシュ・フロー	×××	×××

間接法によるキャッシュ・フロー計算書は，税金等調整前当期純利益と営業活動によるキャッシュ・フローとの差異を一覧表示するため，損益計算（収益・費用）と資金収支（収入・支出）との関連を明らかにし，損益計算書の最終利益がどれほどのキャッシュの裏づけをもつのかを示すことができます。また，間接法は直接法と比較して作成が容易であるという利点もあります。なぜなら，直接法による場合，現金及び現金同等物の増減を個別に記録しなければなりませんが，間接法による場合には，従来どおりの記録にもとづく調整計算で作成できるからです。そのため，実務においては，ほとんどの会社が間接法を採用しています。

直接法と間接法のいずれを採用しても，営業活動によるキャッシュ・フローの増減額は同じです。実務では間接法を採用している企業がほとんどですので，ここからは，間接法による表示を前提として説明します。

 総額主義の原則

投資活動によるキャッシュ・フローの区分と財務活動によるキャッシュ・フ

ローの区分では，原則として，主要な取引ごとにキャッシュ・フローを総額で表示することになっています。これを**総額主義の原則**といいます。たとえば，有価証券の取得と売却による支出と収入（投資活動によるキャッシュ・フローの区分に表示される項目）は，相殺せずにそれぞれ総額で表示されます。ただし，期間が短く，かつ回転が速い項目に係るキャッシュ・フローについては，純額で表示することがあります。たとえば，一会計期間を通じた短期借入金の借入れと返済（財務活動によるキャッシュ・フローの区分に表示される項目）が連続して行われている場合がこれに該当します。

③ 法人税等および利息・配当金の取扱い

　営業活動・投資活動・財務活動という3つの活動区分の境界線上にある項目（取引）として，法人税等の支出，利息の受払いによる収入と支出，配当金の受取収入があります。それぞれの取引がどの活動とより強く関連しているかによって，キャッシュ・フロー計算書の表示区分を決定するというのが原則的な考え方です。

⑴　法人税等の支出

　法人税等の支出は，営業活動のみによって生じるキャッシュ・フローではありませんが，営業活動・投資活動・財務活動ごとに生じる課税所得を算定し，それに関連する支出額を活動別に按分することは困難です。そのため，主要な課税源泉を生み出すと考えられる営業活動によるキャッシュ・フローの区分に表示することになっています。

⑵　利息および配当金に関連する収入と支出

　利息および配当金に関連する収入と支出のうち，配当金の支出は，株式の発行による資金調達の見返りに支払うものと考えられますので，財務活動によるキャッシュ・フローの区分に表示されます。

利息の収入と支出および配当金の収入についての表示区分は，継続適用を条件として，次の2つの方法を選択適用することが認められています。

① 利息の収入および支出，ならびに配当金の収入を，すべて営業活動によるキャッシュ・フローの区分に表示する方法

② 利息と配当金の収入は投資活動によるキャッシュ・フローの区分に，利息の支出は財務活動によるキャッシュ・フローの区分に，それぞれ表示する方法

図表7－1は①の方法を採用しています。①の方法で表示する場合でも，利息の収入額と支出額は総額で表示されるので，②の方法に組み替えることができますから，分析にあたって問題は生じません。

なお，上記の内容は，次の第5節(2)と(6)に関連していますので，併せて確認してください。

例題 7 - 4

キャッシュ・フロー計算書の表示方法に関する次の文章のうち，誤っているものの個数を選びなさい。

ア．営業活動によるキャッシュ・フローの表示方法には，直接法と間接法があるが，原則的な表示方法は間接法である。

イ．投資活動によるキャッシュ・フローおよび財務活動によるキャッシュ・フローの区分では，原則として，主要な取引ごとにキャッシュ・フローを総額で表示する。

ウ．投資活動によるキャッシュ・フローおよび財務活動によるキャッシュ・フローのうち，一会計期間に連続して短期借入金の借換えが行われているなど，期間が短く，かつ回転が速い項目に係るキャッシュ・フローについては，純額で表示することができる。

エ．直接法と間接法のいずれを採用しても，営業活動によるキャッシュ・フローの増減額は同じである。

(選択肢) ① 1つ ② 2つ ③ 3つ ④ 4つ ⑤ なし

解答

①

解説

アが誤り。継続適用を条件として，直接法と間接法の選択が認められている。

第5節　営業活動によるキャッシュ・フロー

　以下では，営業活動，投資活動，財務活動の順に，キャッシュ・フロー計算書の具体的な記載内容について説明します。図表7－1（連結キャッシュ・フロー計算書の様式（間接法）），図表7－4（連結キャッシュ・フロー計算書のしくみ），および巻末の付録（連結キャッシュ・フロー計算書の実例）を参照してください。

　まずは，営業活動によるキャッシュ・フローの区分を見てみましょう。営業活動とは，企業のいわゆる本業のことであり，商業を営んでいる企業であれば商品売買に関連する活動を，製造業を営んでいる企業であれば製品の製造・販売に関連する活動を，サービス業を営んでいる企業であればサービスの提供に関連する活動を，それぞれ意味します。

　間接法による営業活動によるキャッシュ・フローの区分では，連結損益計算書で計算された税金等調整前当期純利益を営業活動によるキャッシュ・フローへと調整します。この区分には，連結損益計算書の税金等調整前当期純利益（A），現金及び現金同等物の変動を伴わない損益（B），投資活動および財務活動に関連する損益（C），営業活動に係る資産および負債の増減額（D）の4つの内容が表示されます。文中のアルファベットは，図表7－4に対応しています（以下，同じ）。

(1)　税金等調整前当期純利益

　間接法による営業活動によるキャッシュ・フローの区分は，連結損益計算書の税金等調整前当期純利益（A）から始まります。税金等調整前当期純利益から営業活動によるキャッシュ・フローを導くために必要な調整が行われるということを，しっかり押さえておいてください。

143

⑵ 投資活動および財務活動に関連する項目

　営業活動によるキャッシュ・フローの区分における表示の順序とは異なりますが，まず，投資活動および財務活動に関連する項目（C）から説明します。投資活動および財務活動に関連する項目には，おおむね損益計算書における営業外損益項目および特別損益項目が該当します。これらの項目は営業活動とは関係ありませんので，損益計算で加算される収益はキャッシュ・フロー計算では減算し，損益計算で減算される費用はキャッシュ・フロー計算では加算します（図表7－7）。図表7－7では，利息の収入および支出，ならびに配当金の収入を，すべて営業活動によるキャッシュ・フローの区分に表示する方法を想定しています。

図表7-7　投資活動および財務活動に関連する項目の調整

損益計算書		キャッシュ・フロー計算書	
		税金等調整前当期純利益	
営業外収益	受取利息	—	減算
	受取配当金	—	減算
	為替差益	—	減算
営業外費用	支払利息	加算	—
	為替差損	加算	—
特別利益	投資有価証券売却益	—	減算
	有形固定資産売却益	—	減算
特別損失	投資有価証券売却損	加算	—
	有形固定資産売却損	加算	—
	損害賠償損失	加算	—

　後述する「小計」の下で，実際の利息受取額および配当金受取額を加算し，実際の利息支払額を減算するために，ここでは，受取利息および配当金は減算し，支払利息は加算します。

　また，「投資有価証券売却損益」や「有形固定資産売却損益」については，

144

損益計算書には売却益または売却損のみが表示されますが、キャッシュ・フロー計算書では、売却代金の総額が投資活動によるキャッシュ・フローの区分に表示されます。

たとえば、帳簿価額100百万円の土地を130百万円で売却し、その代金を現金で受け取った場合、損益計算書に有形固定資産売却益30百万円だけが計上されます。しかし、キャッシュ・フローの観点からは、売却代金の130百万円をキャッシュ・インフローとして計上する必要があります。そこで、有形固定資産売却益30百万円を営業活動によるキャッシュ・フローの区分で減算するとともに、売却代金130百万円を投資活動によるキャッシュ・フローの区分で加算するのです（図表7-8参照）。

図表7-8　有形固定資産売却益とキャッシュ・フロー

有形固定資産の売却代金　130	−	有形固定資産の帳簿価額　100	=	有形固定資産売却益　30
⇧				⇧
投資活動によるキャッシュ・フローの区分で加算				営業活動によるキャッシュ・フローの区分で減算

(3) 現金及び現金同等物の変動を伴わない項目

連結損益計算書に記載される収益・費用の中には、図表7-9のように現金及び現金同等物の変動を伴わない項目（B）があります。

たとえば、「減価償却費」は損益計算にあたって減算されていますが、実際には支出を伴いません。そこで、減価償却費の金額を税金等調整前当期純利益に加算します。つまり、損益計算で減算される費用のうち実際の支出を伴わないものはキャッシュ・フロー計算では加算され、損益計算で加算される収益のうち実際の収入を伴わないものはキャッシュ・フロー計算では減算されます。なお、減価償却の対象である有形固定資産の取得のために支出された金額は、投資活動によるキャッシュ・フローの区分で減算されます（後述）。

図表7-9	現金及び現金同等物の変動を伴わない項目の調整

損益計算書／貸借対照表	キャッシュ・フロー計算書
減価償却費	利益に加算
減損損失	利益に加算
のれん償却額	利益に加算
持分法による投資利益	利益から減算
持分法による投資損失	利益に加算
貸倒引当金の増加額（貸倒引当金繰入）	利益に加算
貸倒引当金の減少額（貸倒引当金戻入）	利益から減算

　減損損失，のれん償却額，持分法による投資損失および貸倒引当金の増加額（貸倒引当金繰入）も減価償却費と同じく税金等調整前当期純利益に加算します。

　逆に，持分法による投資利益および貸倒引当金の減少額（貸倒引当金戻入）のように，損益計算にあたって加算されているが，実際の収入を伴わない項目は，その金額だけ減算します。

⑷　営業活動に係る資産および負債の増減額

　営業活動に係る資産および負債の増減額（Ｄ）には，図表7-10のようなものがあります。

図表7-10	営業活動に係る資産および負債の増減額の調整

貸借対照表		キャッシュ・フロー計算書	
		税金等調整前当期純利益	
		加算	減算
資産	売上債権	減少時	増加時
	棚卸資産	減少時	増加時
負債	仕入債務	増加時	減少時

たとえば，売掛金は売上高とともに計上され，売上高は，連結損益計算書における損益計算に収益項目として含まれています。前期末に比べて売掛金が増加している場合には，その増加分だけ，売上代金が回収されていない（キャッシュの流入がない）売上高があることを意味します。つまり，税金等調整前当期純利益は，売掛金の増加分だけ多く計上されているので，「売上債権の増加額」が減算されるのです。図表7－11を参照してください。

図表7-11　売掛金の増減とキャッシュ・フロー

| 当期掛売上高＋期首売掛金－期末売掛金＝当期回収（入金）額 |
| 期首売掛金（加算）＞期末売掛金（減算）　➡　売掛金減少（加算） |
| 期首売掛金（加算）＜期末売掛金（減算）　➡　売掛金増加（減算） |

また，「仕入債務の増減額」の調整は，売上債権の調整とは逆に，増加した場合には支払いが行われていない費用が増加していることになりますから加算され，逆に減少した場合には減算されます。

| 当期掛仕入高＋期首買掛金－期末買掛金＝当期支払（出金）額 |
| 期首買掛金（減算）＞期末買掛金（加算）　➡　買掛金減少（減算） |
| 期首買掛金（減算）＜期末買掛金（加算）　➡　買掛金増加（加算） |

最後に，棚卸資産は売上原価の計算に登場します。期首棚卸資産は売上原価に含まれて売上高から減算され，したがって，税金等調整前当期純利益を減らす要因ですが，前期に購入されたものであるため当期にキャッシュの流出はあ

りません。そのため，税金等調整前当期純利益に加算されます。逆に，期末棚卸資産は売上原価には含まれず，したがって，税金等調整前当期純利益の計算に含まれていませんが，その購入にあたり当期にキャッシュの流出があります。そのため，税金等調整前当期純利益から減算されます（図表7－12）。

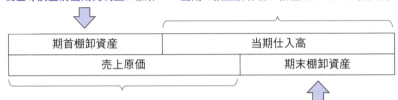

(5) 小　計

ここまでの調整により，本業としての営業活動による現金及び現金同等物の増減額である小計（E）が表示されます。この小計の金額はおおむね，損益計算書の営業利益に対応するキャッシュ・フローを示していると考えられます。そのため，営業利益よりも小計の金額が小さい場合には，営業利益の中にキャッシュ・フローの裏づけのない利益が含まれていることになります。

(6) 投資活動および財務活動以外の活動によるキャッシュ・フロー

小計の下には，投資活動および財務活動以外の活動による現金及び現金同等物の増減額（F）が表示され，最終的に，営業活動によるキャッシュ・フロー

（G）が表示されます。

　投資活動および財務活動以外の活動による現金及び現金同等物の増減額には，次のような項目があります。これらの項目は，他に記載する区分がないため，営業活動によるキャッシュ・フローの区分の末尾に記載されます。

　（ア）利息及び配当金の受取額（＋）

　（イ）利息の支払額（－）

　（ウ）損害賠償金の支払額（－）

　（エ）法人税等の支払額（－）

　（ア）「利息及び配当金の受取額」と（イ）「利息の支払額」は，損益計算書に記載されている当期の発生額ではなく，当期における実際の受払額が表示されます。連結損益計算書に計上される受取利息と受取配当金は未収分を含むことがあるので，実際の収入額と一致しないことがあります。そこで，小計の上の部分でいったん損益計算書の受取利息と受取配当金を減算し，小計の下の部分で実際に受け取った利息および配当金を加算します。支払利息についても同様の考え方で処理されます。本節の「(2)投資活動および財務活動に関連する項目」で学んだ内容とあわせて理解してください。

　（ウ）「損害賠償金の支払額」と（エ）「法人税等の支払額」も実際の支払額が表示されます。

(7)　直接法による場合

　直接法により表示する場合に，営業活動によるキャッシュ・フローの区分に記載される項目については，図表7－6を参照してください。営業活動によるキャッシュ・フローが生じる主要な取引には次のようなものがあります。

　（ア）商品および役務の販売による収入（＋）

　（イ）商品および役務の購入による支出（－）

　（ウ）従業員および役員に対する報酬の支出（－）

　営業活動によるキャッシュ・フローの区分では，企業の本業である営業活動

149

からどれだけのキャッシュ・フローを生み出したのかが表示され，経営者のそれまでの意思決定の成果がキャッシュ・フローの面でどのように結実したのかを知ることができます。

間接法の長所は，損益計算書に示される利益の金額と営業活動によるキャッシュ・フローの小計の金額との差額が明らかになるところにあります。これにより，利益の質を評価し，その原因分析をすることができます。キャッシュ・フローの裏づけのない利益は質が低いと考えられています。

例題7-5

次の項目のうち，営業活動によるキャッシュ・フローの区分（間接法）において，税金等調整前当期純利益から減算されるものの個数を選びなさい。

（ア）受取配当金

（イ）投資有価証券売却益

（ウ）持分法による投資利益

（エ）為替差損

（オ）損害賠償損失

（選択肢）　①　1つ　　②　2つ　　③　3つ　　④　4つ　　⑤　5つ

解答

③

解説

（ア），（イ），（ウ）が減算される項目である。

投資活動および財務活動に関連する項目は，営業活動とは関係ないので，損益計算で加算される収益はキャッシュ・フロー計算では減算し，損益計算で減算される費用はキャッシュ・フロー計算では加算する。

例題 7 - 6

　営業活動によるキャッシュ・フローの区分（間接法）に関する次の文章について，正誤の組み合わせとして正しいものを選びなさい。

（ア）のれんの償却額は，税金等調整前当期純利益に加算する。

（イ）貸倒引当金の減少額は，税金等調整前当期純利益から減算する。

（選択肢）　①（ア）正（イ）正　　②（ア）正（イ）誤
　　　　　　③（ア）誤（イ）正　　④（ア）誤（イ）誤

解答

①

解説

　損益計算で減算される費用のうち実際の支出を伴わないものはキャッシュ・フロー計算では加算され，損益計算で加算される収益のうち実際の収入を伴わないものはキャッシュ・フロー計算では減算される。

例題 7 - 7

　営業活動によるキャッシュ・フローの区分（間接法）に関する次の文章について，正誤の組み合わせとして正しいものを選びなさい。

（ア）仕入債務が前期末よりも増加している場合，その増加額は税金等調整前当期純利益から減算される。

（イ）棚卸資産が前期末よりも増加している場合，その増加額は税金等調整前当期純利益に加算される。

（選択肢）　①（ア）正（イ）正　　②（ア）正（イ）誤
　　　　　　③（ア）誤（イ）正　　④（ア）誤（イ）誤

解答

④

解説

（ア）仕入債務が前期末よりも増加している場合，支払いが行われていない費用が増加しているので，税金等調整前当期純利益に加算される。

（イ）棚卸資産が前期末よりも増加している場合，在庫を積み増していることになるため，支払い（キャッシュ・アウトフロー）の追加，すなわち税金等調整前当期純利益からの減算が必要となる。

例題 7 - 8

次の資料により，間接法によって表示された営業活動によるキャッシュ・フローの増減額を計算し，正しい数値を選びなさい。投資活動および財務活動以外の活動による現金及び現金同等物の増減額はないものとする。

減価償却費　40　　貸倒引当金の増加額　15　　のれん償却額　20

税金等調整前当期純利益　400　　棚卸資産の増加額　80

仕入債務の増加額　70

（選択肢）　①　295　　②　345　　③　435　　④　465　　⑤　485

解答

④

解説

営業活動によるキャッシュ・フローの増加額（465）＝税金等調整前当期

152

純利益（400）＋減価償却費（40）＋貸倒引当金の増加（15）＋のれん償却額（20）－棚卸資産の増加額（80）＋仕入債務の増加額（70）

例題 7 - 9

次の資料により，間接法によって表示された営業活動によるキャッシュ・フローの増減額を計算し，正しい数値を選びなさい。

税金等調整前当期純利益　500　　貸倒引当金の減少額　30

棚卸資産の減少額　60　　投資有価証券売却損　50

有形固定資産売却益　80　　受取利息　50　　支払利息　60

利息の受取額　30　　利息の支払額　50　　法人税等の支払額　120

（選択肢）　① 250　　② 310　　③ 370　　④ 390　　⑤ 430

解答

③

解説

営業活動によるキャッシュ・フローの増加額（370）＝税金等調整前当期純利益（500）－貸倒引当金の減少額（30）＋棚卸資産の減少額（60）－受取利息（50）＋支払利息（60）＋投資有価証券売却損（50）－有形固定資産売却益（80）＋利息の受取額（30）－利息の支払額（50）－法人税等の支払額（120）

第6節　投資活動によるキャッシュ・フロー

　投資活動とは，企業の営業能力を維持・拡張するための投資（設備投資）に関連する活動，資金の運用を目的とした株式や社債などの金融商品への投資（証券投資）に関連する活動，第三者に対する貸付けという形で行われる投資（融資）に関連する活動などをいいます。

　投資活動によるキャッシュ・フローの区分には，投資活動に伴う収入（H）と支出（I）の差額として，投資活動によるキャッシュ・フロー（J）が表示されます（前掲図表7－4参照）。図表7－13は，この区分に表示される主な項目を示しています。支出項目は減算され，収入項目は加算されます。

図表7-13　投資活動によるキャッシュ・フローの内容

投資活動によるキャッシュ・フロー	証券投資	有価証券の売却による収入（＋）
		有価証券の取得による支出（－）
		投資有価証券の売却による収入（＋）
		投資有価証券の取得による支出（－）
	設備投資	有形固定資産の売却による収入（＋）
		有形固定資産の取得による支出（－）
	融資	貸付金の回収による収入（＋）
		貸付けによる支出（－）
	その他	連結の範囲の変更を伴う子会社株式の売却による収入（＋）
		連結の範囲の変更を伴う子会社株式の取得による支出（－）

なお，「有価証券の取得による支出」と「有価証券の売却による収入」には，その会社の現金同等物の範囲に含められている有価証券の取得や売却は含まれないことに注意してください。また，「連結の範囲の変更を伴う子会社株式の売却による収入」と「連結の範囲の変更を伴う子会社株式の取得による支出」は，個別のキャッシュ・フロー計算書にはなく，連結キャッシュ・フロー計算書に固有の投資活動によるキャッシュ・フローの項目です。

　投資活動によるキャッシュ・フローの区分には，将来の利益やキャッシュ・フローを生み出すために，どのような投資をどの程度行ったのかが表示されます。たとえば，企業は，長期的に営業活動からキャッシュ・フローを生み出すために，先行投資として適切な設備投資を行います。投資活動によるキャッシュ・フローの区分に示される項目のうち，設備投資に関係する「有形固定資産の取得による支出」と「有形固定資産の売却による収入」の金額をみれば，設備投資をどの程度行ったのか，あるいは設備をどの程度売却したのかを知ることができます。

例題 7 -10

　次の項目のうち，投資活動によるキャッシュ・フローの区分に表示されるものの個数を選びなさい。

ア．当座預金への預入れによる支出

イ．有形固定資産の取得による支出

ウ．貸付けによる支出

エ．取得日から満期日までの期間が2カ月の定期預金の取得による支出

オ．現金同等物を除く有価証券や投資有価証券の売却による収入

（選択肢）　①　1つ　　②　2つ　　③　3つ　　④　4つ　　⑤　5つ

解答

③

解説

アとエが表示されない。

ア：当座預金はキャッシュ・フロー計算書では現金そのものである。

エ：取得日から満期日までの期間が2カ月の定期預金は現金同等物に含まれる。

第7節　財務活動によるキャッシュ・フロー

　財務活動とは，企業経営に必要な資金の調達や返済，株主に対する配当金の支払いなどに関連する活動をいいます。この財務活動により貸借対照表の負債や株主資本が変動します。たとえば，銀行からの借入れや社債の発行によって資金調達すれば負債の金額が増加し，それらを返済・償還すれば負債が減少します。また，株式を発行して資金調達を行えば株主資本が増加し，自社株を買い入れれば株主資本が減少します。また，配当金を支払えば株主資本は減少します。

　財務活動によるキャッシュ・フローの区分には，財務活動に伴う収入（K）と支出（L）の差額として財務活動によるキャッシュ・フロー（M）が表示されます（前掲図表7－4参照）。図表7－14は，この区分に表示される主な項目を示しています。資金調達を示す項目は加算され，返済や払戻し，配当金の

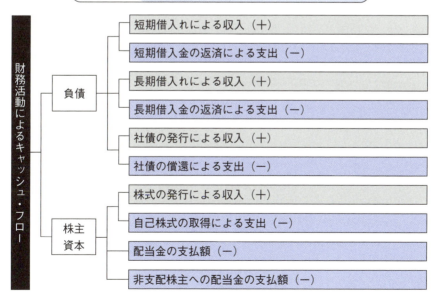

図表7-14　財務活動によるキャッシュ・フローの内容

支払いを示す項目は減算されます。

　これらのうち，「非支配株主への配当金の支払額」は，連結ベースでの株主資本を減少させる項目であり，連結キャッシュ・フロー計算書に固有の財務活動によるキャッシュ・フローの項目です。

　なお，企業が財務活動を行うと貸借対照表の負債や株主資本が変動するわけですから，資金の調達源泉を示す各項目について，当期と前期の金額の差額を計算すれば，正味の増減額を知ることができます。たとえば，貸借対照表の短期借入金，長期借入金，社債などの各項目について前期と比較して当期の残高が増加したのか減少したのかを把握することはできます。しかし，新たに調達した金額や返済した金額の総額については，貸借対照表から知ることはできません。

　これに対して，財務活動によるキャッシュ・フローの区分では，収入・支出ともに原則として総額で表示されますので，短期・長期の借入額や返済額，社債の発行による調達額や社債の償還額，株式の発行による調達額や自己株式の買入れによる株主への払戻額，配当による株主への還元額などを知ることができます。

例題 7 -11

次の項目のうち，財務活動によるキャッシュ・フローの区分に表示されないものの個数を選びなさい。

ア．非支配株主への配当金の支払額

イ．社債の発行による収入

ウ．借入金の返済による支出

エ．貸付金の回収による収入

オ．株式の発行による収入

(選択肢)　①　1つ　　②　2つ　　③　3つ　　④　4つ　　⑤　5つ

解答

①

解説

エの「貸付金の回収による収入」は，投資活動によるキャッシュ・フローの区分に表示される。

例題 7-12

次の資料から，現金及び現金同等物の期中増減額を計算し，正しい数値を選びなさい。現金及び現金同等物に係る換算差額はないものとする。なお，営業活動によるキャッシュ・フローの区分の表示方法は間接法による。

税金等調整前当期純利益　600　　有形固定資産の売却による収入　70

のれん償却額　50　　短期借入れによる収入　60　　受取配当金　90

為替差損　15　　持分法による投資利益　30　　配当金の支払額　30

有価証券の取得による支出　40　　株式の発行による収入　100

社債の償還による支出　80　　貸付けによる支出　20

（選択肢）　① 485　　② 505　　③ 585　　④ 605　　⑤ 715

解答　④

解説　現金及び現金同等物の期中増減額（605）＝税金等調整前当期純利益（600）＋のれん償却額（50）－受取配当金（90）＋為替差損（15）－持分法による投資利益（30）－有価証券の取得による支出（40）＋有形固定資産の売却による収入（70）－貸付けによる支出（20）＋短期借入れによる収入（60）－社債の償還による支出（80）＋株式の発行による収入（100）－配当金の支払額（30）

営業活動によるキャッシュ・フローの増減額は545，投資活動によるキャッシュ・フローの増減額は10，財務活動によるキャッシュ・フローの増減額は50である。

第8節　キャッシュ・フロー循環

　ここまで，営業活動，投資活動および財務活動に区分されたキャッシュ・フローの見方について説明してきました。しかし，企業全体をキャッシュ・フローの面からよりよく理解するためには，キャッシュ・フローの循環，すなわち企業全体としてキャッシュ・フローがどこから生み出され，どこに使用されているのかを見ることが重要です。キャッシュ・フローの循環は，3つの活動区分ごとのキャッシュ・フローがプラスであるかマイナスであるかによって，（あまり現実的ではないパターンも含めて）8つのパターンに分類することができます（図表7－15，詳細については3級テキスト参照）。営業活動によるキャッシュ・フロー，投資活動によるキャッシュ・フロー，財務活動によるキャッシュ・フローが，それぞれどのような意味をもっていたかを思い出してください。

図表7-15　活動別キャッシュ・フローの組み合わせ

活動	①	②	③	④	⑤	⑥	⑦	⑧
営業	＋	＋	＋	＋	－	－	－	－
投資	＋	－	＋	－	＋	－	＋	－
財務	＋	－	－	＋	＋	＋	－	－

　巻末の付録に収録されているA社とB社の連結キャッシュ・フロー計算書の数値にもとづいて，両社のキャッシュ・フロー循環を見てみましょう（図表7－16）。

図表7-16　キャッシュ・フローの循環		

(単位：百万円)

A社	前期	当期
営業活動によるキャッシュ・フロー	29,377	32,641
投資活動によるキャッシュ・フロー	△ 28,521	△ 39,976
財務活動によるキャッシュ・フロー	△ 6,238	△ 8,987
B社	前期	当期
営業活動によるキャッシュ・フロー	30,213	30,353
投資活動によるキャッシュ・フロー	△ 9,507	△ 4,840
財務活動によるキャッシュ・フロー	△ 8,525	△ 8,022

　図表7-16からは，A社とB社の2期とも同じキャッシュ・フロー循環であることがわかります。それは，営業活動から生み出したキャッシュを投資活動に投入し，余ったキャッシュを資金の返済などに充てるという循環パターンです。A社とB社のパターンは，健全な企業にみられるキャッシュ・フロー循環です。健全とはいえないキャッシュ・フロー循環のパターンには，たとえば，営業活動によるキャッシュ・フローはマイナスであるが，投資の縮小・中止などによって現金を回収し（投資活動によるキャッシュ・フローはプラス），資金の返済などに充てている（財務活動によるキャッシュ・フローはマイナス）パターン（図表7-15の⑦）があります。

　各種の比率や指標を用いたキャッシュ・フロー計算書の分析については，第9章第5節で詳しく説明します。

例題 7-13

キャッシュ・フロー計算書に関する次の文章のうち，誤っているものの個数を選びなさい。

ア．営業活動によるキャッシュ・フローの区分では，企業の本業である営業活動からどれだけのキャッシュ・フローを生み出したのかが示される。

イ．投資活動によるキャッシュ・フローの区分では，固定資産や株式などの購入や売却による支出や収入，貸付けや貸付金の回収による支出や収入が示される。

ウ．投資活動によるキャッシュ・フローの区分に示される情報によって，利益やキャッシュ・フローを得るためにどの程度の投資を行ったのかを知ることができる。

エ．財務活動によるキャッシュ・フローの区分では，企業外部からの資金調達に関連する活動から生じるキャッシュの増減に加えてキャッシュの増減を伴わない損益が示される。

（選択肢）　①　1つ　　②　2つ　　③　3つ　　④　4つ　　⑤　なし

解答

①

解説

エが誤り。キャッシュの増減を伴わない損益は，営業活動によるキャッシュ・フローの区分で示される。

163

第**8**章

附属明細表と注記

学習のポイント

　ここまで学習した貸借対照表，損益計算書，キャッシュ・フロー計算書などは，定められた様式や表示方法に従って作成される項目と金額からなる計算書でした。本章では，これらの計算書の簡潔性・明瞭性を損なうことなく，重要項目の詳細な情報を財務諸表の読者に提供するという役割を担っている附属明細表と注記について説明します。

　附属明細表とは，貸借対照表や損益計算書に記載されている項目のうち，重要な項目の期中における増減や期末残高の内訳明細を示した一覧表です。また，注記とは，貸借対照表や損益計算書に記載されている項目・金額に関する説明や，財務諸表を理解し，企業の財政状態，経営成績およびキャッシュ・フローの状況を判断するために必要と考えられる情報で，その多くは文章情報です。これらをあわせて読むことにより，財務諸表の理解が深まります。

　まず，附属明細表の意義・種類と，注記の意義と主な注記事項を理解してください。次に，有価証券報告書の現物で附属明細表と注記の実例を確認してください。とくに注記は会社ごとに異なりますので，実例を確認するのが理解の早道です。

　なお，3級テキストでは附属明細表と注記について説明していませんので，本章では，連結財務諸表と個別財務諸表の附属明細表および注記をあわせて説明します。

第1節　附属明細表とは

　附属明細表とは，貸借対照表や損益計算書などに記載されている項目のうち重要な項目の期中における増減や期末残高の内訳明細を示した書類をいいます。連結財務諸表規則および財務諸表等規則では附属明細表と呼ばれ，会社計算規則では計算書類に係る**附属明細書**と呼ばれています。附属明細表は，連結財務諸表・財務諸表の一部として有価証券報告書等によって開示されるのに対し，附属明細書は，本店や支店に備置し，株主や債権者から要求があった場合にのみ開示されます。

第2節　附属明細表の種類と様式

　連結財務諸表規則および財務諸表等規則による附属明細表の種類には，①有価証券明細表，②有形固定資産等明細表，③社債明細表，④借入金等明細表，⑤引当金明細表，⑥資産除去債務明細表があります。連結財務諸表を作成している会社は，個別の財務諸表について③④⑥を作成する必要はありません。図表8－1を参照してください。

図表8-1　連結財務諸表作成会社が作成する附属明細表

附属明細表	連結財務諸表	財務諸表
①有価証券明細表		○
②有形固定資産等明細表		○
③社債明細表	○	
④借入金等明細表	○	
⑤引当金明細表		○
⑥資産除去債務明細表	○	

会社計算規則では，①有形固定資産および無形固定資産の明細書，②引当金の明細書，③販売費及び一般管理費の明細書，および④その他の重要な事項に係る明細書の作成が求められています。

財務諸表等規則に定められている様式によれば，たとえば，有形固定資産等明細表には，有形固定資産と無形固定資産のそれぞれについて，資産の種類ごとに，当期首残高，当期における増減額と償却額，当期末残高，および減価償却累計額が記載されます。図表8－2は，A社の連結財務諸表（巻末付録参照）の有形固定資産等明細表（一部省略）です（A社の有価証券報告書より抜粋）。この明細表自体は巻末付録には収録されていません。

図表8－2　有形固定資産等明細表

区分	資産の種類	当期首残高	当期増加額	当期減少額	当期償却額	当期末残高	減価償却累計額
有形固定資産	建物	80,009	482	225	2,364 (1)	80,266	51,790
	構築物	4,655	63	13	159	4,706	3,722
	機械及び装置	46,738	1,010	424	2,878 (11)	47,324	36,793
	車両運搬具	336	61	58	45	338	275
	工具，器具及び備品	3,336	220	162	246 (11)	3,394	2,672
	土地	23,421	134	21 (11)	—	23,534	—
	リース資産	4,281	75	—	467	4,356	885
	建設仮勘定	205	1,444	344	—	1,304	
	計	162,985	3,491	1,249 (11)	6,161 (25)	165,227	96,140
無形固定資産	ソフトウェア	8,689	753	—	711	9,442	7,603
	その他	466	1,472	837	0	1,101	12
	計	9,155	2,225	837	711	10,542	7,615

（注）1　当期増加額のうち主なものは，福岡物流センター新設による建設仮勘定665百万円，関西工場新設による建設仮勘定325百万円，新会計システム構築によるその他（ソフトウェア仮勘定）703百万円であります。
　　　2　「当期減少額」欄の（　　）内は内書きで，減損損失の計上額であります。
　　　3　「当期償却額」欄の（　　）内は内書きで，減損損失の計上額であります。
　　　4　「減価償却累計額」には減損損失累計額が含まれております。
　　　5　「当期首残高」及び「当期末残高」は，取得価額で記載しております。

　有形固定資産等明細表を読むことにより，貸借対照表に計上されている有形固定資産および無形固定資産の増減理由や減価償却・減損損失に関する情報を得ることができます。

　また，連結財務諸表規則に定められている様式によれば，たとえば，借入金等明細表には，借入金等の区分ごとに，当期首残高，当期末残高，平均利率（％），返済期限が記載されます。図表8－3は，A社の連結財務諸表（巻末付録参照）の借入金等明細表（一部省略）です（A社の有価証券報告書より抜粋）。この明細表自体は巻末付録には収録されていません。

図表8-3　借入金等明細表

区　　分	当期首残高（百万円）	当期末残高（百万円）	平均利率（％）	返済期限
短期借入金	201	227	0.536	—
1年以内に返済予定の長期借入金	85	30	1.185	—
1年以内に返済予定のリース債務	237	275	7.283	—
長期借入金（1年以内に返済予定のものを除く）	30	—	—	—
リース債務（1年以内に返済予定のものを除く）	3,916	4,179	7.283	X4年〜X23年
その他の有利子負債	—	—	—	—
合　　計	4,469	4,711	—	—

（注）　1　「平均利率」については，借入金等の当期末残高に対する加重平均利率を記載しております。
　　　　2　リース料総額に含まれる利息相当額を控除する前の金額で連結貸借対照表に計上しているものについては，「平均利率」の計算に含めておりません。
　　　　3　リース債務（1年以内に返済予定のものを除く）の連結決算日後5年内における1年ごとの返済予定額は，次のとおりであります。

	1年超2年以内（百万円）	2年超3年以内（百万円）	3年超4年以内（百万円）	4年超5年以内（百万円）
リース債務	208	181	158	147

　借入金等明細表を読むことにより，A社の連結貸借対照表（巻末付録）に計上されている借入金とリース債務それぞれの平均利率や返済期限とその内訳を知ることができます。

第3節　注記とは

　注記とは，財務諸表に記載されている項目・金額に関する説明や，財務諸表を理解し，企業の財政状態，経営成績およびキャッシュ・フローの状況を判断

するために必要と考えられる情報を，項目と金額の一覧表形式で表示される財務諸表の本体とは別の箇所に記載したものです。

第4節　注記の内容と記載方法

 注記の内容

　注記の内容には，財務諸表作成の基本となる事項に関する説明（たとえば，連結の範囲や会計処理の方針），重要な項目または取引の理解に必要な補足説明（金融商品に関する注記やリース取引に関する注記），重要な項目または取引の内訳明細（たとえば，研究開発費の総額や関係会社に対する売上高の金額），財務諸表の本体に要約情報を記載する代わりの明細情報（たとえば，引当金，減価償却累計額，販売費及び一般管理費の表示）などがあります。

　連結財務諸表規則および財務諸表等規則に規定されている注記事項のうち主なものを分類・整理すると，図表8－4のようになります。

図表8－4　主な注記事項

(1) 財務諸表全般にかかわる注記	(3) 貸借対照表関係
①　連結財務諸表作成のための基本となる重要な事項	①　関係会社に対する資産，負債
②　重要な会計方針	②　固定資産の再評価
③　会計方針の変更	③　事業用土地の再評価
④　表示方法の変更	④　担保資産
⑤　会計上の見積りの変更	⑤　偶発債務
⑥　修正再表示	⑥　手形割引高及び裏書譲渡高
⑦　重要な後発事象	⑦　一株当たり純資産額
⑧　継続企業の前提	(4) 損益計算書・包括利益計算書関係
(2) 特定の項目・取引に関する注記	①　関係会社に対する売上高
①　セグメント情報	②　工事損失引当金繰入額
②　リース取引	③　研究開発費
	④　関係会社に係る営業費用

③	関連当事者との取引	⑤	関係会社に係る営業外収益，営業外費用
④	親会社又は重要な関連会社	⑥	減損損失
⑤	税効果会計	⑦	一株当たり当期純損益金額
⑥	金融商品	⑧	その他の包括利益
⑦	有価証券	(5)	キャッシュ・フロー計算書関係
⑧	デリバティブ取引	①	現金及び現金同等物の期末残高
⑨	持分法損益等	②	重要な非資金取引の内容
⑩	退職給付	(6)	株主資本等変動計算書関係
⑪	ストック・オプション	①	発行済株式
⑫	企業結合，事業分離	②	自己株式
⑬	資産除去債務	③	新株予約権等
⑭	賃貸等不動産	④	配当
		(7)	その他
		①	附属明細表の作成の省略
		②	会計基準の特例

　また，図表8－4のように特に定めのある事項のほかに，利害関係者が会社の財政状態，経営成績およびキャッシュ・フローの状況に関する適正な判断を行うために必要と認められる事項は，会社の判断で注記しなければならないことになっています。

注記の方法

　注記の方法には，一般に，当該注記に関連する項目に併記する方法，当該注記に関連する項目が記載されている計算書の末尾に記載（脚注）する方法，キャッシュ・フロー計算書の次に一括して記載する方法があります。連結財務諸表規則および財務諸表等規則は，キャッシュ・フロー計算書の次に一括して記載することを原則とし，併記または脚注によることも認めています。

　会社法では，計算書類・連結計算書類の1つとして個別注記表・連結注記表

を作成することが要求されています（第1章参照）。ただし，必ずしも「注記表」と題した独立の計算書類として作成しなければならないというものではなく，貸借対照表や損益計算書などの計算書類ごとに注記を記載することも認められています。

なお，特定の項目または金額に関係する注記を記載する場合には，当該項目・金額に記号を付記する方法その他これに類する方法によって，当該項目・金額と注記との関連を明らかにすることが求められています。

第5節　具体的な注記事項

ここでは，図表8-4に列挙した注記事項のうち，財務諸表全般にかかわる8つの注記事項と，特定の項目または取引に関する注記である「セグメント情報に関する注記」について説明します。その他の注記のうち重要なものについては，本書の関連箇所で説明します。

連結財務諸表作成のための基本となる重要な事項

連結財務諸表作成のための基本となる重要な事項には，①連結の範囲，②持分法の適用，③会計処理基準に関する事項などがあります（図表8-5参照）。この注記は，連結財務諸表において連結キャッシュ・フロー計算書の次に記載されます。

図表 8 - 5　　連結財務諸表作成のための基本となる重要な事項

連結の範囲	連結子会社の数および主要な連結子会社の名称，非連結子会社がある場合には，主要な非連結子会社の名称および連結の範囲から除いた理由など。
持分法の適用	持分法を適用した非連結子会社または関連会社の数およびこれらのうち主要な会社等の名称，持分法を適用しない非連結子会社または関連会社がある場合には，これらのうち主要な会社等の名称など。
会計処理基準	重要な資産の評価基準および評価方法，重要な減価償却資産の減価償却の方法，重要な引当金の計上基準，重要な収益および費用の計上基準，重要なヘッジ会計の方法，のれんの償却方法および償却期間，連結キャッシュ・フロー計算書における資金の範囲など。

2　重要な会計方針の注記

　会計方針とは，財務諸表の作成にあたって採用した会計処理の原則および手続きのことです。この注記は，個別の財務諸表においてキャッシュ・フロー計算書の次に記載されます。

　重要な会計方針として，①有価証券の評価基準および評価方法（第 3 章第 2 節❸(1)参照），②棚卸資産の評価基準および評価方法（第 3 章第 2 節❸(2)参照），③固定資産の減価償却の方法（第 3 章第 2 節❹），④繰延資産の処理方法（第 3 章第 2 節❺），⑤外貨建の資産および負債の本邦通貨への換算基準，⑥引当金の計上基準（第 3 章第 3 節❷❸），⑦収益および費用の計上基準，⑧ヘッジ会計の方法，⑨キャッシュ・フロー計算書における資金の範囲（第 7 章第 2 節❹），⑩その他財務諸表作成のための基本となる重要な事項が注記されます。

173

❸ 会計方針の変更に関する注記

　会計基準その他の規則の改正または廃止，および新たな会計基準その他の規則の設定に伴って**会計方針の変更**を行った場合，原則として，新しい会計方針を過年度に遡って適用し，その影響を財務諸表に反映するとともに，①当該会計基準等の名称，②当該会計方針の変更の内容，③財務諸表の主な科目に対する前事業年度における影響額，④前事業年度に係る一株当たり情報に対する影響額，⑤前事業年度の期首における純資産額に対する累積的影響額が注記されます。

　また，会計基準その他の規則の改正等以外の正当な理由によって会計方針の変更を行った場合には，①当該会計方針の変更の内容，②当該会計方針の変更を行った正当な理由，③財務諸表の主な科目に対する前事業年度における影響額，④前事業年度に係る一株当たり情報に対する影響額，⑤前事業年度の期首における純資産額に対する累積的影響額が注記されます。

　なお，上記いずれの場合も，変更後の新しい会計方針の遡及適用が実務上不可能な場合には，一定の注記が求められています。

❹ 表示方法の変更に関する注記

　財務諸表の作成にあたって採用した表示の方法を変更した場合には，会計方針の変更の場合と同様に，原則として遡及処理が行われます。すなわち，新たな表示方法を前事業年度以前の財務諸表に遡って適用したと仮定して表示を変更する**財務諸表の組替え**が行われます。表示方法の変更を行った場合には，①財務諸表の組替えの内容，②財務諸表の組替えを行った理由，③財務諸表の主な項目に係る前年度における金額，④財務諸表の組替えが実務上不可能な場合には，その理由が注記されます。

❺ 会計上の見積りの変更に関する注記

　会計上の見積りとは，資産，負債，収益および費用などの金額に不確実性がある場合に，財務諸表作成時に入手可能な情報にもとづいて，それらの合理的な金額を算定することをいいます。このような会計上の見積りは，財務諸表の作成に必要不可欠な手続きです。

　会計上の見積りの変更とは，新たに入手可能となった情報にもとづき，前事業年度以前の財務諸表の作成にあたって行った会計上の見積りを変更することをいいます。会計上の見積りの変更については遡及修正をせず，将来に向けて影響を認識するという考え方がとられています。会計上の見積りの変更を行った場合には，①当該会計上の見積りの変更の内容，②当該会計上の見積りの変更が財務諸表に与えている影響額，③当該会計上の見積りの変更が当事業年度の翌事業年度以降の財務諸表に影響を与える可能性があり，かつ，当該影響額を合理的に見積もることができる場合には，当該影響額（合理的に見積もることが困難な場合にはその旨）が注記されます。

　なお，会計方針の変更を会計上の見積りの変更と区別することが困難な場合，会計上の見積りの変更と同様に遡及修正は行わず，一定の注記が行われます。

❻ 修正再表示に関する注記

　過年度の財務諸表に誤謬（その原因となる行為が意図的であるか否かにかかわらず，財務諸表作成時に入手可能な情報を使用しなかったこと，または誤って使用したことにより生じた誤り）が発見された場合，過年度に遡って誤謬を訂正し，その影響を財務諸表に反映します。このような処理を修正再表示といいます。修正再表示を行った場合，重要性の乏しいものを除き，①誤謬の内容，②財務諸表の主な科目に対する前事業年度における影響額，③前事業年度に係る一株当たり情報に対する影響額，④前事業年度の期首における純資産額に対

する累積的影響額が注記されます。

 重要な後発事象の注記

決算日後に重要な後発事象が発生したときは，当該事象に関する注記が記載されます。後発事象とは，決算日の翌日から財務諸表提出日までの間に発生し，会社の財政状態，経営成績およびキャッシュ・フローの状況に影響を及ぼす会計事象をいいます。後発事象は，財務諸表に及ぼす影響の観点から，「修正後発事象」と「開示後発事象」に分類されます。

修正後発事象とは，発生した事象の実質的な原因が決算日現在においてすでに存在しているため，財務諸表を修正すべき事象です。たとえば，決算日後に販売先が倒産した場合，決算日時点ですでに販売先の財政状態が悪化していたと考えられるので，貸倒引当金の追加計上が必要となります。

これに対して開示後発事象とは，発生した事象が翌事業年度（決算日の翌日から開始している事業年度）以降の財務諸表に影響を及ぼすため，財務諸表に注記すべき事象であり，事業の譲受，新株の発行，火災などによる重大な損害の発生などがこれに該当します。重要な後発事象の注記とは，開示後発事象の注記をいいます。

8 継続企業の前提に関する注記

企業会計の基準では，企業は倒産したり解散したりすることなく，将来にわたって事業を継続することを仮定しています。しかし現実には，企業は倒産することがあります。

そのため，経営者は，会社が将来にわたって事業活動を継続するとの前提（継続企業の前提）に重要な疑義を生じさせるような事象または状況が決算日（貸借対照表日）時点で存在しており，当該事象・状況を解消し，または改善するための対応を行ってもなお継続企業の前提に関する重要な不確実性が認め

られるときは，①当該事象・状況が存在する旨およびその内容，②当該事象・状況を解消し，または改善するための対応策，③当該重要な不確実性が認められる旨およびその理由，④当該重要な不確実性の影響を財務諸表に反映しているか否かを注記することを求められています。

　上述のとおり，連結キャッシュ・フロー計算書の次に記載される注記の先頭は「連結財務諸表作成のための基本となる重要な事項」であり，個別のキャッシュ・フロー計算書の次に記載される注記の先頭は「重要な会計方針の注記」ですが，継続企業の前提に関する注記を記載する必要がある場合には，この注記を先頭に記載することが求められています。

セグメント情報に関する注記

　1980年代，わが国に対するアメリカの貿易赤字が500億ドルという膨大なものとなったために，いわゆる日米貿易摩擦が生じ，わが国の取引慣行や商慣習，とくに「系列」内での不透明な取引が公正な競争を阻害し，外国企業への排他的対応を招いているとの批判がなされました。そこで，その透明化を図ることが1990年「日米構造問題協議最終報告」に明記されました。この一環として，当時の証券取引法（現在の金融商品取引法）上，作成が義務づけられていた企業グループ全体の財務情報である連結財務諸表を有価証券報告書の添付書類という位置づけから，本体に組み入れることとし（その後，連結財務諸表は1999年4月1日開始事業年度から個別に代わり主たる情報とされます），同時にセグメント情報として1990年4月1日開始事業年度より事業別の売上高と営業損益，ならびに国内外別の売上高の開示を行うこととなりました。つまりセグメント情報の開示は，連結財務諸表によって埋没してしまう企業グループ内での取引の詳細，とくに事業別と地域別の詳細を透明化する目的で開始されたといえます。

　現在，注記で開示すべき企業を構成する一定の単位（「報告セグメント」と称します）は，以下の内容を注記するように求められています（連結財規15条

の2）。

① 報告セグメントの概要

② 報告セグメントごとの売上高，利益または損失，資産，負債その他の項目の金額およびこれらの金額の算定方法

③ ②に掲げる金額の項目ごとの合計額と当該項目に相当する科目ごとの貸借対照表計上額または損益計算書計上額との差額および当該差額の主な内容

また，上記の報告セグメントに関連する情報として，以下の事項の注記が求められます。

① 製品およびサービスごとの情報

② 地域ごとの情報

③ 主要な顧客ごとの情報

さらに，連結貸借対照表ないし連結損益計算書において，以下の項目を表示している場合には，報告セグメントごとの概要を注記することとされています。

① 固定資産の減損損失

② のれんの償却額および未償却残高

③ 負ののれん発生益

上記のようなセグメント情報の開示については，明瞭性の観点から，重要性の乏しいものについて注記を省略できるものとされています。

図表8－6のように事業別と地域別にセグメントを区分するためには，企業活動を区分するための一定の基準が必要となります。しかし，そのような基準を共通かつ標準的なものとして，あらかじめ規制当局や基準設定機関が汎用的な基準として用意することはできません。このため，現在では企業の経営者が自社の意思決定や業績評価に用いている構成単位ごとの情報そのものを開示する，という**マネジメント・アプローチ**を採用しています（詳細はp.257参照）。この方法によると，投資者などの利用者は企業活動を経営者の視点で見て自らの意思決定に利用できるという長所があるのに対し，企業活動は個々の企業によって異なっているため企業間比較が難しくなるという短所があります。

178

図表 8 - 6　　セグメント情報，関連情報の注記

【セグメント情報】

Ⅱ　当連結会計年度（自　　年　月　日　至　　年　月　日）

　　1．報告セグメントの概要

　　2．報告セグメントごとの売上高，利益又は損失，資産，負債その他の項目の金額の算定方法

　　3．報告セグメントごとの売上高，利益又は損失，資産，負債その他の項目の金額に関する情報

（単位：　円）

	………	………	………	………	その他	合　計
売上高						
外部顧客への売上高	×××	×××	×××	×××	×××	×××
セグメント間の内部売上高又は振替高	×××	×××	×××	×××	×××	×××
計	×××	×××	×××	×××	×××	×××
セグメント利益又は損失（△）	×××	×××	×××	×××	×××	×××
セグメント資産	×××	×××	×××	×××	×××	×××
セグメント負債	×××	×××	×××	×××	×××	×××
その他の項目						
減価償却費	×××	×××	×××	×××	×××	×××
のれんの償却額	×××	×××	×××	×××	×××	×××
受取利息	×××	×××	×××	×××	×××	×××
支払利息	×××	×××	×××	×××	×××	×××
持分法投資利益又は損失（△）	×××	×××	×××	×××	×××	×××
特別利益	×××	×××	×××	×××	×××	×××
（負ののれん発生益）	×××	×××	×××	×××	×××	×××
特別損失	×××	×××	×××	×××	×××	×××
（減損損失）	×××	×××	×××	×××	×××	×××
税金費用	×××	×××	×××	×××	×××	×××
持分法適用会社への投資額	×××	×××	×××	×××	×××	×××
有形固定資産及び無形固定資産の増加額	×××	×××	×××	×××	×××	×××
………	×××	×××	×××	×××	×××	×××

4．報告セグメント合計額と連結財務諸表計上額との差額及び当該差額の主な内容（差異
調整に関する事項）

【関連情報】

Ⅱ　当連結会計年度（自　　年　月　日　至　　年　月　日）

1．製品及びサービスごとの情報

（単位：　円）

	....	....	....	合　計
外部顧客への売上高	×××	×××	×××	×××

2．地域ごとの情報

（1）売上高

（単位：　円）

日本	....	....	....	....	合　計
×××	×××	×××	×××	×××	×××

（2）有形固定資産

（単位：　円）

日本	....	....	....	....	合　計
×××	×××	×××	×××	×××	×××

3．主要な顧客ごとの情報

（単位：　円）

顧客の名称又は氏名	売上高	関連するセグメント名
....	×××	....

　　附属明細表と注記はいずれも，財務諸表本体の簡潔性・明瞭性を損なうこと
なく，重要項目の詳細な情報を財務諸表の読者に提供するという役割を担って
います。附属明細表と注記を読みこなすことができれば，財務諸表を通じて，
企業の財政状態，経営成績およびキャッシュ・フローの状況をより深く理解す
ることができるようになります。ぜひ一度，現物を読んでみてください。

例題 8 - 1

次の文章について，正誤の組み合わせとして正しいものを選びなさい。

（ア）会計方針とは，財務諸表の作成にあたって採用した会計処理の原則および手続きをいう。

（イ）財務諸表の作成にあたって採用した表示方法を変更した場合に，過年度に遡って表示を修正することを，修正再表示という。

（選択肢）　①（ア）正（イ）正　　②（ア）正（イ）誤
　　　　　　③（ア）誤（イ）正　　④（ア）誤（イ）誤

解答

②

解説

（イ）は，財務諸表の組替えの説明である。

例題 8 - 2

次の文章について，正誤の組み合わせとして正しいものを選びなさい。

（ア）会計上の見積りの変更を行った場合には，原則として，新しい見積りを過年度に遡って適用し，その影響を財務諸表に反映する。

（イ）会計方針の変更を行った場合には，原則として，新しい会計方針を過年度に遡って適用し，その影響を財務諸表に反映する。

（選択肢）　①（ア）正（イ）正　　②（ア）正（イ）誤
　　　　　　③（ア）誤（イ）正　　④（ア）誤（イ）誤

181

>> **解答**

③

>> **解説**

（ア）会計上の見積りの変更については遡及修正をせず，将来に向けて影
響を認識するという考え方がとられている。

例題 8 - 3

次の文章について，正誤の組み合わせとして正しいものを選びなさい。

（ア）後発事象は，修正後発事象と開示後発事象に分類され，いずれも注
記することが求められている。

（イ）連結財務諸表に「継続企業の前提に関する注記」を記載する場合，
「連結財務諸表作成のための基本となる重要な事項」よりも前に記載し
なければならない。

（選択肢）	①（ア）正（イ）正	②（ア）正（イ）誤
	③（ア）誤（イ）正	④（ア）誤（イ）誤

>> **解答**

③

>> **解説**

（ア）注記が必要なのは開示後発事象のみである。

財務諸表分析

学習のポイント

　本章では，ビジネス会計検定試験の重要課題である「財務諸表を読んで企業の状況を解釈する」手法である財務諸表分析について学びます。

　すでに3級で基本的な事項を学んでいますので，2級ではその知識を前提として，応用的な方法を習得して解釈を深めます。さらに，新たな分析方法も学習します。2級では，主に連結財務諸表を対象として分析します。

　まず，基本分析である百分比財務諸表と時系列（成長性・増減率）の解釈方法を確認します。次いで，安全性の分析では，短期の支払能力に加えて長期の財務安定性の分析指標について学びます。収益性の分析では，資本利益率に関する多様な指標を学び，それを構成要素に分解して，その関係から変動の要因を検討するとともに，回転率などで各種項目の資金的な効率についても学びます。

　また，キャッシュそれ自体の獲得能力や獲得した資金と投資のバランスをみるキャッシュ・フローの分析，事業や地域に関するセグメントの成長や衰退を把握するセグメント情報の分析，連結と個別を対比してグループにおける親会社と関係会社の役割を分析する連単倍率や，その応用として他企業との規模比較を学習します。さらに，企業の採算点である損益分岐点の分析で，費用の固定費と変動費への分解と，損益分岐点の分析方法を学び，あわせて損益分岐点に関連する指標を学びます。

　そして，1株当たり分析では，株価の先行きや高低の判断指標に加えて，分配や利回りなどの分析指標，資本市場を通じた投資家による企業の評価尺度を学びます。最後に，1人当たり分析で，損益計算書項目と関連した従業員効率とともに，貸借対照表項目と関連した生産性を高めるための投資の状況などを分析します。

　これらを通じて，伝統的な財務諸表分析の主要な体系と方法を網羅的に学び，財務諸表を読解する能力を高めることが本章の目標です。

第1節　財務諸表の構成要素と財務諸表分析

　基本財務諸表は，貸借対照表，損益計算書およびキャッシュ・フロー計算書の3つで構成されます。このほかに株主資本等変動計算書などもありますが，一般に最初の3つが基本財務諸表であり，財務3表といわれます。

　企業をめぐっては，2つの相対するフロー（流れ）があります。1つが「現金・資金」（キャッシュ）のフロー（収入・支出の流れ），もう1つが「財およびサービス」（これらを給付と呼びます）のフローです。また，通常，収入と支出は同額ではありませんし，給付の出入りも同じではありません。したがって，それぞれのフローの金額・数量的な相違によって，資金や給付が企業内に滞留します。この滞留をストック（有高）といい，企業におけるこれらのフローとストックの状況は，図表9-1のように表現できます。図表9-1を用いて基本財務諸表の要素と構造を説明しておきましょう。

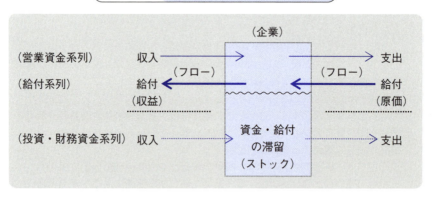

図表9-1　企業におけるフローとストック

　損益計算書は収益と費用で構成され，その差額が利益または損失です。「収益」は基本的には給付の企業外部への引渡しまたは提供を表現しています。つまり，収益は企業からの給付の流出（アウトフロー）を指します。ただ，給付

の流出は，財またはサービスの流出であり，本来は物量です。それを金額で表現するために，対価（見返り）として流入する収入の金額で収益の金額を測定します。この点が収益と収入の違いであることに注意しましょう。収益と収入は反対方向のフローなのです。また，企業への給付の流入（インフロー）も本来は物量ですが，この流入を「原価（コスト）」といい，見返りとして流出する支出の金額で測定します。原価のうち当期の収益を生み出すために貢献した部分が「費用」になります。このような成果としての収益とそれを生み出すために費やされた犠牲としての費用の結びつきを「収益・費用の対応」と呼びます。そして，収益と費用の差額として利益が計算されます。図表9－1のうち，給付系列の流れを写し取るのが損益計算書です。フローとしての収益と費用は，一会計期間の累計額として算定されます。

キャッシュ・フロー計算書は図表9－1のうち，営業資金系列と投資・財務資金系列，つまり当期中の収入と支出という資金の状況を表示する計算書です。営業資金系列は損益計算書の収益・費用（原価）と対になる資金のフローです。これが営業活動によるキャッシュ・フローです。投資・財務資金系列は設備投資のための資金の支出や，資金の余剰や不足に応じて資金そのものを運用・調達する活動に関する収入や支出を表現するものです。これらが投資活動によるキャッシュ・フローおよび財務活動によるキャッシュ・フローです。これらのキャッシュ・フローは，一定期間の累計額として算定されます。

貸借対照表は，給付や資金の流れの金額的な差異や期間帰属の差異から生じる資金や給付の滞留（ストック）から構成され，それらのストックは，決算日あるいは貸借対照表日といわれる一定時点の有高として表現されます。貸借対照表の資産の合計が負債および純資産の合計と一致しているのは，簿記的にそのように処理されているからでもありますが，基本的には同一額の企業の資金をめぐって，2つの視点から表現しているからです。資産は，企業の資金の「使途・運用」を意味しており，企業の資金をどのように使っているかを表しています。そして，それら企業の資金には出所があります。それが資金の「調達・源泉」であり，返済を要する負債と返済を要しない純資産から構成されま

185

す。このように貸借対照表は同一の資金について，使途・運用と調達・源泉という２つの側面からのバランスを表現するものであり，資産の合計は負債および純資産の合計と一致するのです。

これら３つの計算書（財務表，複数の財務表を財務諸表といいます）を基幹として，企業をめぐる給付および資金のフローとストックを総合的に表現するものが財務諸表です。財務諸表分析にあたっては，それぞれの計算書（財務表）の情報内容と，これらのフローやストックの関係を理解することが基本的な前提となります。

例題 9 - 1

以下の （ a ） から （ e ） に入る選択肢を選びなさい。

企業の （ a ） と （ b ） という反対方向の （ c ） のうち，財務諸表の１つであるキャッシュ・フロー計算書は （ a ） を写し取ったものである。また，（ b ） を写し取ったものが （ d ） である。これらのフローの金額的な相違あるいは期間帰属の相違から生じるストックを示す計算書が （ e ） である。

（選択肢）　①　資金の流れ　　②　給付の流れ　　③　フロー
　　　　　④貸借対照表　　⑤損益計算書

解答

a. ①　　b. ②　　c. ③　　d. ⑤　　e. ④

第2節　基本分析──百分比財務諸表と時系列分析

　百分比財務諸表と時系列分析は，3級テキストでそれぞれ「基本分析：百分比財務諸表分析」と「成長性および伸び率の分析」として説明しましたので，ここでは詳述しませんが，2級においても基本となる重要な分析領域です。

　本節では巻末の付録に収録されているA社とB社の分析を通じて，これらの方法を復習し，基本的な読み方を示します。

　分析にあたっては，原本から直接分析することも可能ですが，主要な項目についての要約財務諸表を作成すれば，一覧性に富んだ分析が可能になります。その上で課題が把握された場合に，原本や注記等についての精細な分析を行えば，論点をより一層明確にできます。

　そこでここでは基礎となる財務諸表データを要約して記載しておきましょう。図表9－2が連結貸借対照表の要旨，図表9－3が連結損益計算書および包括利益計算書（参考）の要旨です。単位は百万円です。なお，百万円未満は切り捨てで表示されているため，合計額や差額の末尾に誤差がありますが，これが広く用いられている表示方式です。

　分析以前に，両社は，財務諸表数値それ自体に相違がみられることを確認しておきましょう。両社は同業種に属する企業ですが，売上高や資産の規模には相違があり，一見しただけでは相違等についての判断は困難です。財務諸表分析にあたっては，比較が重要な判断基準になりますから，どのように比較するのかが課題となります。基本分析はそのための有用な手法になります。

図表 9-2　A社とB社の連結貸借対照表（要旨）

（単位：百万円）

<連結貸借対照表>	A社		B社	
	X2/03/31	X3/03/31	X2/03/31	X3/03/31
流動資産	164,904	181,243	174,819	201,507
現金預金	54,082	68,331	79,923	94,365
売上債権	48,989	46,788	51,298	54,491
有価証券	34,200	38,000	11,725	19,153
棚卸資産	23,086	23,565	20,958	23,068
その他の流動資産	4,546	4,556	10,912	10,429
固定資産	143,882	152,690	304,650	311,236
有形固定資産	119,179	120,669	147,620	147,249
無形固定資産	2,408	3,232	6,309	8,212
投資その他の資産	22,293	28,789	150,720	155,773
［資産合計］	308,787	333,933	479,469	512,743
流動負債	50,669	47,860	100,167	103,027
仕入債務	24,331	24,770	43,461	44,896
固定負債	21,181	26,123	37,001	39,863
［負債合計］	71,851	73,984	137,168	142,891
株主資本	222,683	234,087	315,413	325,175
資本金	18,969	18,969	25,122	25,122
資本剰余金	22,516	22,516	48,416	48,417
利益剰余金	189,404	200,821	263,585	273,319
自己株式	△ 8,207	△ 8,220	△ 21,710	△ 21,684
その他の包括利益累計額	881	15,620	17,325	36,608
その他有価証券評価差額金	3,281	7,049	17,562	35,102
繰延ヘッジ損益	11	16	38	57
土地再評価差額金	―	―	△ 5,898	△ 5,739
為替換算調整勘定	△ 2,800	8,217	5,214	6,016
退職給付に係る調整累計額	390	336	408	1,169
新株予約権	―	―	1,180	1,518
非支配株主持分	13,371	10,241	8,381	6,551
［純資産合計］	236,936	259,949	342,300	369,852
［負債純資産合計］	308,787	333,933	479,469	512,743

図表 9-3　A社とB社の連結損益計算書（包括利益を付記）（要旨）

(単位：百万円)

<連結損益計算書>	A社 自 X1/04/01 至 X2/03/31	A社 自 X2/04/01 至 X3/03/31	B社 自 X1/04/01 至 X2/03/31	B社 自 X2/04/01 至 X3/03/31
売上高	372,231	381,259	417,620	431,575
売上原価	230,221	244,924	231,309	242,915
［売上総利益］	142,010	136,335	186,310	188,659
販売費及び一般管理費	111,414	111,259	158,605	164,358
［営業利益］	30,595	25,075	27,705	24,300
営業外収益	1,956	2,063	7,578	9,195
営業外費用	308	508	443	515
［経常利益］	32,243	26,630	34,840	32,980
特別利益	4,383	1,217	3,492	3,090
特別損失	323	205	6,607	7,056
［税金等調整前当期純利益］	36,304	27,641	31,725	29,014
法人税，住民税及び事業税	10,781	9,413	11,192	10,491
法人税等調整額	2,242	843	1,243	△ 195
法人税等合計	13,024	10,256	12,435	10,295
［当期純利益］	23,279	17,385	19,289	18,719
非支配株主に帰属する当期純利益	556	483	20	214
親会社株主に帰属する当期純利益	22,723	16,901	19,268	18,505
参考　その他の包括利益	6,446	14,919	18,120	19,236
［包括利益］	29,726	32,304	37,410	37,955

百分比財務諸表

　それでは，2つの年度のうちX3年3月期について貸借対照表構成比率と損益計算書百分比を図表9-4に一括して示しておきましょう。3級で扱っていますから，計算式などの掲載は省きますが，貸借対照表構成比率は貸借対照表の資産合計あるいは負債純資産合計を100％とした各項目のパーセント値です。

189

図表 9-4　貸借対照表構成比率と損益計算書百分比

（単位：％）

＜連結貸借対照表構成比率＞	A社 X3/03/31	B社 X3/03/31
流動資産	54.3	39.3
現金預金	20.5	18.4
売上債権	14.0	10.6
有価証券	11.4	3.7
棚卸資産	7.1	4.5
その他の流動資産	1.4	2.0
固定資産	45.7	60.7
有形固定資産	36.1	28.7
無形固定資産	1.0	1.6
投資その他の資産	8.6	30.4
［資産合計］	100.0	100.0
流動負債	14.3	20.1
仕入債務	7.4	8.8
固定負債	7.8	7.8
［負債合計］	22.2	27.9
株主資本	70.1	63.4
資本金	5.7	4.9
資本剰余金	6.7	9.4
利益剰余金	60.1	53.3
自己株式	△ 2.5	△ 4.2
その他の包括利益累計額	4.7	7.1
その他有価証券評価差額金	2.1	6.8
繰延ヘッジ損益	0.0	0.0
土地再評価差額金	—	△ 1.1
為替換算調整勘定	2.5	1.2
退職給付に係る調整累計額	0.1	0.2
新株予約権	—	0.3
非支配株主持分	3.1	1.3
［純資産合計］	77.8	72.1
［負債純資産合計］	100.0	100.0

（単位：％）

＜連結損益計算書百分比＞	A社 自 X2/04/01 至 X3/03/31	B社 自 X2/04/01 至 X3/03/31
売上高	100.0	100.0
売上原価	64.2	56.3
［売上総利益］	35.8	43.7
販売費及び一般管理費	29.2	38.1
［営業利益］	6.6	5.6
営業外収益	0.5	2.1
営業外費用	0.1	0.1
［経常利益］	7.0	7.6
特別利益	0.3	0.7
特別損失	0.1	1.6
［税金等調整前当期純利益］	7.2	6.7
法人税，住民税及び事業税	2.5	2.4
法人税等調整額	0.2	△ 0.0
法人税等合計	2.7	2.4
［当期純利益］	4.6	4.3
非支配株主に帰属する当期純利益	0.1	0.0
親会社株主に帰属する当期純利益	4.4	4.3
参考　その他の包括利益	3.9	4.5
［包括利益］	8.5	8.8

190

各項目を資産合計あるいは負債純資産合計で割ってパーセントで表します。損益計算書百分比は損益計算書の売上高を100%とした各項目のパーセント値です。各項目を売上高で割ってパーセントで表します。ここでは参考までに包括利益についても表示しています。

(1) 貸借対照表構成比率にみられる特徴

そこで，連結貸借対照表構成比率の特徴的な事項のいくつかに触れておきましょう。A社とB社はともに食品メーカーです。

まず資産の構成についてです。商業は流動資産が多く，製造業は固定資産が多いというイメージがありますが，実際の構成比率は多様です。流動資産については，A社のほうがB社よりも構成割合が高く，また，短期投資の有価証券を多く保有し，当座資産（現金預金，売上債権，有価証券，その他）の割合も高い構成比率になっています。

固定資産については，A社のほうが構成割合は低いですが，有形固定資産の割合が高く，生産設備を多く保有する製造業としての特質が表れています。B社は投資その他の資産の割合が高いという状況です。個別財務諸表で投資その他の資産が多い事例は，親会社がグループ内の会社に資金投資している場合に多くみられますが，ここでは連結ベースですから，グループ外への投資であることが読み取れます。これは株式の持ち合いあるいは当面の使途がない余剰資金による中長期的な投資の可能性があり，確認のため巻末の連結貸借対照表を見ると投資有価証券が多くを占めています。投資その他の資産を除外して考えると，A社とB社の資産の構成には大差がないといえるかもしれません。また，A社の資金投資は受取利息や配当金などを通じて，営業外収益とも関係してきます。この点はおって損益計算書で確認します。

負債および純資産については，両社とも純資産の割合が高く，返済を想定する必要のない安定的な資金源泉で企業資金がまかなわれていることがわかります。とくに大きいのは利益剰余金であり，両社とも負債純資産合計の50%を超える割合の留保利益を有しています。負債については，B社のほうが流動負債

の割合がやや高いですが，巻末の連結貸借対照表を見ると，未払金などの項目の金額が多いことが確認できます。

このように，貸借対照表構成比率からは，それだけでも財政状態の大枠を把握することができますが，発見された重点項目について実際の数値をあわせて見ることにより，理解が深まります。

(2)　損益計算書百分比にみられる特徴

連結損益計算書については，まず営業利益に至る損益構造の相違を指摘できます。営業利益率は１％の差ですが，売上総利益率は約８％の差があり，Ａ社は売上原価率が高く，販売費及び一般管理費率が低い状況です。固定資産の貸借対照表構成比率について述べた特徴からすると，Ａ社のほうが製造活動に特化した性格を有しており，Ｂ社は販売費及び一般管理費の割合が高いことから，営業活動に重点があるようにみえます。本業の状況を見るという観点の営業利益レベルではＡ社のほうが秀でていますが，全般的な業績とされる経常利益では逆転しています。貸借対照表構成比率でＢ社の投資有価証券の割合が高かったことが営業外収益に反映されています。基本的に業績という観点からは経常利益レベルで足りますが，当期純利益も，株主との関係や株価の分析をはじめ各種の指標計算に使われます。

また，ここでは包括利益（実現していない含み益）についても，参考のため，売上高を基準とした値を示しておきました。Ｂ社は当期純利益を超えるその他の包括利益（含み益）があり，Ａ社も含み益がある状態ですが，その他の包括利益はプラス（含み益）ではなくマイナス（含み損）の場合もあります。時価と簿価の差異のうち，損益計算書に含まれず，包括利益とされている部分の大きさが分かります。

このような多段階の収益・費用の計算構造から来る利益の相違を十分に理解しておきましょう。

❷ 時系列分析

時系列分析とは，3級で扱った対前年度比率，伸び率（増減率），および対基準年度比率を意味します。ここではX3年3月期の対前年度比率の計算結果を図表9−5に示しておきます。この数値から100を差し引いた数値が伸び率（増減率）になります。また，特定年度の数値を基準として，経年的な趨勢・推移を見るのが対基準年度比率です。

なお，対前年度比率や伸び率は，当該項目の金額がプラスからマイナスへ，あるいはマイナスからプラスへ移行した場合には対象外にする場合が多いですが，ここでは計算結果をそのまま表示しています。

(1) 貸借対照表の対前年度数値にみられる特徴

両社とも資産規模は拡大しています。流動資産の現金預金や有価証券が増加しています。とくにB社の有価証券は顕著です。両社とも生産財である有形固定資産はほぼ横ばいですが，無形固定資産が増大しています。近年，無形固定資産の重要性が唱えられますが，両社の場合は，構成比率上は大きくありません。

両社とも負債の増加に比べて純資産の増加が大きいですが，負債も増加しています。とくにA社は固定負債による資金調達が増えており，流動負債の減額を超える調達額が流動資産や投資その他の資産に滞留しています。また，両社とも純資産の増加は負債純資産の増加を上回っており，当期純利益による利益剰余金の増加に伴う株主資本の増加とともに，持ち合い株式の時価の変動，為替変動やヘッジの影響がその他の包括利益累計額に現れています。

なお，A社の為替換算調整勘定の指標のマイナス値は，原数値が前期のマイナス値（△2,800）から当期はプラス値（8,217）に転換したからです。この場合のように，時系列分析では，マイナス値は常に減少とは限らないことに注意しましょう。

図表 9-5　対前年度比率

（単位：％）

＜連結貸借対照表＞	A社	B社
流動資産	109.9	115.3
現金預金	126.3	118.1
売上債権	95.5	106.2
有価証券	111.1	163.4
棚卸資産	102.1	110.1
その他の流動資産	100.2	95.6
固定資産	106.1	102.2
有形固定資産	101.3	99.7
無形固定資産	134.2	130.2
投資その他の資産	129.1	103.4
［資産合計］	108.1	106.9
流動負債	94.5	102.9
仕入債務	101.8	103.3
固定負債	123.3	107.7
［負債合計］	103.0	104.2
株主資本	105.1	103.1
資本金	100.0	100.0
資本剰余金	100.0	100.0
利益剰余金	106.0	103.7
自己株式	100.2	99.9
その他の包括利益累計額	1,773.0	211.3
その他有価証券評価差額金	214.8	199.9
繰延ヘッジ損益	145.5	150.0
土地再評価差額金	—	97.3
為替換算調整勘定	△293.5	115.4
退職給付に係る調整累計額	86.2	286.5
新株予約権	—	128.6
非支配株主持分	76.6	78.2
［純資産合計］	109.7	108.0
	108.1	106.9

（単位：％）

＜連結損益計算書＞	A社	B社
売上高	102.4	103.3
売上原価	106.4	105.0
［売上総利益］	96.0	101.3
販売費及び一般管理費	99.9	103.6
［営業利益］	82.0	87.7
営業外収益	105.5	121.3
営業外費用	164.9	116.3
［経常利益］	82.6	94.7
特別利益	27.8	88.5
特別損失	63.5	106.8
［税金等調整前当期純利益］	76.1	91.5
法人税, 住民税及び事業税	87.3	93.7
法人税等調整額	37.6	△15.7
法人税等合計	78.7	82.8
［当期純利益］	74.7	97.0
非支配株主に帰属する当期純利益	86.9	1,070.0
親会社株主に帰属する当期純利益	74.4	96.0
参考　その他の包括利益	231.4	106.2
［包括利益］	108.7	101.5

(2) 損益計算書の対前年度数値にみられる特徴

　両社とも売上高を伸ばしています。ただ，ともに売上原価の伸びが上回るため，とくにA社は売上総利益が減少しています。B社は売上総利益は伸びを確保したものの，販売費及び一般管理費が売上高と同等以上に膨らんで営業利益を落としています。両社はともに増収ながら，A社は売上総利益段階から，B社も本業の利益である営業利益段階から減益状態であり，両社について，このような動向が一時的であるかどうかを注視しておくのがよいでしょう。

　経常利益段階では，A社は営業外費用が大きく膨らんでいるものの，百分比でわかるように，実額は小さく，経常利益にはあまり影響していません。これはB社も同様ですが，B社は営業外収益の伸びが経常利益に寄与しています。

　当期純利益段階では，A社はほぼ25％のマイナスになっており，B社は減少幅はそれほどではありませんが，法人税等調整額がマイナス値で，利益にはプラスに働いている影響もあります。

(3) 時系列分析の留意点

　時系列分析は図表9−5のように，とくに貸借対照表を個別の項目について見ようとすると，原数値の金額の大小が比率に影響していることに気づきにくく，誤解をまねく可能性がある点に注意が必要です。たとえば，ある項目について，1が2になれば対前年度比率は200％になりますが，100が101になれば対前年度比率は101％にすぎません。つまり，原数値が小さい項目の変動は大きく見えがちになります。両社の事例では，たとえば無形固定資産がそうですし，A社のその他の包括利益累計額は，たしかに影響はありますが，対前年度比率の見せかけ以上の大きな変動に比べて，実際の金額の変動は大きくないことに留意が必要です。

　損益計算書にも同様の問題はありますが，このことに留意した上で，収益と費用の関係，およびそこから生じる多段階の利益の動向に着目して読むことに意味があります。

第3節　安全性の分析

 安全性の分析とは

　安全性の分析とは，企業の債務支払能力や財務健全性を評価する分析です。企業を分析する際には，成長性や収益性の分析を行うだけでは十分とはいえません。ある企業に資金を貸し付けた場合，その企業が債務不履行または倒産という状況に陥る可能性があり，回収できなければ，資金の貸し手は大きな損失を被ることになります。このような回収不能のリスクは，デフォルト・リスクと呼ばれます。これらの事態の発生を回避するために行われるのが安全性の分析です。

図表9－6　安全性の分析の概要

安全性分析		代表的な分析指標
安全性の分析	短期の安全性分析	流動比率，当座比率，手元流動性比率，正味運転資本，ネットキャッシュ，インタレスト・カバレッジ・レシオ
	長期の安全性分析	固定比率，固定長期適合率，負債比率，自己資本比率

　図表9－6で要約しているように，安全性の分析は，①短期の安全性分析と②長期の安全性分析に分けて考えることができます。短期の安全性分析は，企業の短期的な債務支払能力を評価するものです。主に流動負債と流動資産の項目のバランスに注目して，企業が流動負債を返済するための支払能力を十分に有しているかどうかを分析します。長期の安全性分析は，長期資金の調達と運用のバランスまたは純資産と負債のバランスに注目して，企業の長期的な財務健全性を評価する分析手法になります。

企業が債務不履行になる可能性または倒産する危険性を的確に把握するためには，短期と長期の安全性分析を併用して行い，企業の財務状況を総合的に判断することが不可欠となります。以下では，図表9－6で表示した安全性分析に関する代表的な分析指標についてX3年3月期の数値にもとづいて説明しましょう。

 短期の安全性分析

⑴　流動比率

流動比率は，企業の短期の債務支払能力を把握する代表的な指標の1つであり，次の式によって求められます。

$$（流動比率）\quad \frac{流動資産}{流動負債} \times 100（\%）$$

流動比率の基本的な考え方を図表9－7の貸借対照表を利用して説明しましょう。

図表9－7　貸借対照表の構成（流動比率）

流動資産	流動負債
	固定負債
固定資産	
繰延資産	純資産

流動比率では，流動負債を流動資産で返済するという視点から，流動負債に対する流動資産の比率を計算することで，短期の債務返済能力を判断します。したがって，流動比率に注目すれば支払期限の近い流動負債を決済するのに十分な流動資産を有しているかどうかを判定できます。

短期の債務支払能力のことだけを考えれば，この比率は高いほど望ましいと

考えられます。伝統的な経営分析では，かつては経験的に200％以上が理想的な値といわれていた時代もあり，2対1の原則と表現されたこともあります。近年では200％という絶対基準ではなく，比較による相対評価が一般的になってきました。

A社とB社の流動比率を計算すると次のようになります。

X3年3月期	A社	B社
流動比率（％）	378.7	195.6

A社の流動比率 $\dfrac{\text{流動資産（181,243）}}{\text{流動負債（47,860）}} \times 100 = 378.7$（％）

B社の流動比率 $\dfrac{\text{流動資産（201,507）}}{\text{流動負債（103,027）}} \times 100 = 195.6$（％）

A社は短期に返済すべき負債の4倍弱の流動資産があることになります。B社は，かつての理想的な水準である200％をわずかに下回っていますが，近年では200％に達する企業は少なく，比率上は問題はないと考えられます。そこで，同業種に属する企業を比較することが重要となります。計算された流動比率の値からは，比較上はB社のほうがA社よりも短期の支払能力が劣っていることがうかがえますが，B社も低い数値ではありません。

(2) 正味運転資本

流動資産から流動負債を控除した額は，正味運転資本と呼ばれ，実額としての流動的な資金の正味額を意味します（3級テキスト参照）。

（正味運転資本）　流動資産－流動負債

両社の正味運転資本を計算すると次のようになります。

X3年3月期	A社	B社
正味運転資本（百万円）	133,383	98,480

A社の正味運転資本＝流動資産（181,243）－流動負債（47,860）＝133,383
B社の正味運転資本＝流動資産（201,507）－流動負債（103,027）＝98,480

A社のほうが正味運転資本の額が大きく，資産規模のわりに短期的な資金繰りに余裕がある可能性がうかがわれます。正味運転資本は流動比率の状況とも関連しています。ただし，次の当座比率で述べるように，流動資産には資金機能が乏しい項目も含まれている点に注意が必要です。

例題 9 - 2

　次の（ a ）から（ f ）に入る選択肢を選びなさい（金額単位：百万円）。

ア．流動比率が125％で流動負債が1,000のとき，流動資産は（ a ）であり，正味運転資本は（ b ）である。

イ．流動資産が2,500で流動負債が1,000のとき，流動比率は（ c ）％であり，正味運転資本は（ d ）である。

ウ．流動比率が130％で流動資産1,950のとき，流動負債は（ e ）であり，正味運転資本は（ f ）である。

（選択肢）　①　250　　②　450　　③　1,250　　④　1,500

解答

　a. ③　　b. ①　　c. ①　　d. ④　　e. ④　　f. ②

(3)　当座比率

　流動比率の補完的な指標として用いられるものに当座比率があります。当座比率は流動負債に対する当座資産の比率であり，次の式によって求められます。

$$（当座比率）　\frac{当座資産}{流動負債} \times 100（\%）$$

　流動比率との相違は，分子の流動資産が当座資産になっていることです。

199

図表 9 - 8　貸借対照表の構成（当座比率）

流動資産 {	当座資産	流動負債
	棚卸資産	固定負債
	（その他の流動資産）	
	固定資産	純資産
	繰延資産	

　当座資産は図表 9 - 8 に示したように，流動資産合計から棚卸資産とその他の流動資産を控除した部分をいうのが一般的ですが，以下に述べるように，その他の流動資産には，短期貸付金や未収入金など，当座資産に該当する項目が含まれる場合もあります。

　当座資産には，現金及び預金，受取手形，売掛金および流動資産の部に記載されている有価証券といった項目が含まれています。これらの項目は，他の流動資産の項目と比較して，早期に換金できる可能性が高い資産です。したがって，当座比率は流動比率よりも換金可能性の高い資産のみを利用した安全性の指標となるため，短期の支払能力を判断する，より厳格な指標といえます。そのため，流動比率よりも厳しいという観点から酸性試験比率と呼ばれることもあります。

　流動資産のうち，とくに短期支払能力の観点から問題になることが多い典型的な項目が棚卸資産です。棚卸資産は正常営業循環基準によって流動資産とされるため，1 年を超えて保有されていても流動資産に分類されます。棚卸資産を現金化するには，一定の販売努力を必要としますし，製造業の棚卸資産にはこれから生産活動に入る原材料や製造途上の仕掛品なども含まれており，これらは当面の支払能力に乏しい項目です。棚卸資産を多く抱えている企業は，それらが不良在庫になっている可能性もあります。

　また，当座資産の計算にあたっては，流動資産から棚卸資産だけを差し引く考え方もあります。前述のとおり，その他の流動資産に含まれる短期貸付金や未収入金があれば，資金機能的には売掛金などと変わりがないからです。

当座比率と流動比率を併用することによって，このような流動資産の一部の回収可能性に関するリスクをある程度は把握することが可能になります。

　当座比率も流動比率と同じように，債務返済能力の観点からは，その値が大きいほうが望ましいと考えられます。当座比率も絶対的な基準は存在しませんが，一般的には，値が100％以上であることが一応の目安となっています。

　A社とB社の貸借対照表項目にもとづいて当座比率を計算すると，次のようになります。

X3年3月期	A社	B社
当座比率（％）	319.9	163.1

A社の当座比率 $\dfrac{\text{当座資産（181,243 − 23,565 − 4,556）}}{\text{流動負債（47,860）}} \times 100 = 319.9（\%）$

B社の当座比率 $\dfrac{\text{当座資産（201,507 − 23,068 − 10,429）}}{\text{流動負債（103,027）}} \times 100 = 163.1（\%）$

　A社の当座比率は319.9％であり，B社は163.1％となります。ここでの当座資産の計算にあたっては，貸倒引当金を控除していません。事例会社の貸倒引当金は，売上債権以外のその他の流動資産に含まれる金銭債権にも関わるため，ここでは売上債権から控除せずに計算しています（巻末の連結貸借対照表参照）。なお，図表9−2でも貸倒引当金は売上債権からは控除せず，その他の流動資産の計算に含めて表示しています。ただし，貸倒引当金を売上債権から控除する形式で表示されている場合のように，貸倒引当金の対象が明らかな場合には控除するのが適当です。両社の当座比率は，目安である100％を大きく上回っています。流動比率と同様，B社の当座比率のほうがA社よりも劣っていることがわかりますが，目安の100％は大きく上回っており，危険な数値ではありません。

例題 9 - 3

次の（　a　）から（　c　）に入る選択肢を選びなさい（金額単位：百万円）。

ア．当座資産が1,500で流動負債が1,000のとき，当座比率は（　a　）％である。

イ．当座比率が118％で流動負債が1,000のとき，当座資産は（　b　）である。

ウ．ある企業の当座資産が，現金及び預金，受取手形及び売掛金から構成されるとする。この企業の当座比率が125％で，現金及び預金が600，受取手形が300，流動負債が800のとき，売掛金は（　c　）である。

（選択肢）　①　100　　②　150　　③　1,000　　④　1,180

解答

a．②　　b．④　　c．①

解説

ウ．当座資産は，1,000（流動負債（800）×当座比率（1.25））と計算される。これより現金及び預金と受取手形を控除した金額が売掛金となる。

⑷　手元流動性比率

手元流動性とは，短期の支払資金としての性格が極めて強い資産のことを意味します。具体的には，現金及び預金と流動資産の部に記載されている有価証券（売買目的有価証券・1年以内の満期保有目的債券）の合計額として定義されます。用語上はパーセントのようにも見えますが，金額値であることに注意しましょう。そのため，手元資金と呼ぶこともあります。

（手元流動性・手元資金）　　現金及び預金＋有価証券（流動資産）

手元流動性の大きさは，短期の資金繰りに関する余裕を示すものであり，短期の安全性の指標の１つになります。したがって，金額自体が指標性を有していますが，さらに，手元流動性を月次の売上高で割った，手元流動性比率を用いて指標化することもあります。手元流動性比率は，手元流動性の金額が月次の売上高の何カ月分に相当するかを示す指標になります。

$$（手元流動性比率）\quad \frac{手元流動性}{売上高÷12}\quad（月）$$

　手元流動性が高いということは，債務返済に必要な資金が，現金及び預金と有価証券の保有によって確保されていることを意味します。したがって，安全性の観点からは手元流動性比率の値は大きいほうが望ましいと考えられます。また，手元流動性比率は，事業の再構築に際して，売上がストップしても，どのぐらいの期間，資金繰りに耐えるかという観点からも取り上げられます。日本の上場企業の手元流動性比率は，おおよそ１から1.5カ月程度といわれています。

　ただ，手元流動性比率は，確かに債務返済という観点からはその値が大きいほうが望ましいといえますが，過度に大きな場合は注意が必要です。なぜなら企業が魅力的な事業拡大のチャンスを有している場合などは，その投資を行わずに手元流動性をふくらませると，結果的に資金の効率的な活用が行われない可能性があるためです。もちろん有価証券を保有することで，企業は配当や値上がり益などの収益を獲得することもできますが，それは再投資を行った場合に得られるであろう収益と比較する必要があります。したがって，手元流動性比率を判定する場合には，そのような側面も理解しておくとよいでしょう。

　A社とB社の手元流動性比率を計算すると次のようになります。

X３年３月期	A社	B社
手元流動性比率（月）	3.35	3.16

$$A社の手元流動性比率\quad \frac{手元流動性（68,331＋38,000）}{売上高（381,259）÷12}＝3.35（月）$$

B社の手元流動性比率 $\dfrac{\text{手元流動性 }(94{,}365+19{,}153)}{\text{売上高 }(431{,}575)\div12}=3.16\text{（月）}$

　A社の手元流動性比率は3.35月，B社の手元流動性比率は3.16月です。これはA社が平均的な月次売上に対する3.35カ月分の手元流動性を，B社は3.16カ月分の手元流動性を保有していることを意味します。手元流動性から見る短期の安全性はB社よりもA社のほうが高いと判断できます。

⑸　ネットキャッシュ

　手元流動性（手元資金）は資産の特定項目の合計額ですが，短期の支払資金の余剰額を示す指標として，ネットキャッシュがあります。ネットキャッシュは次の式で求められます。

> （ネットキャッシュ）　手元流動性（手元資金）－有利子負債

　ネットキャッシュは金額値です。これを求めるには有利子負債の集計を要します。有利子負債は次の式で求められます。

> （有利子負債）　短期借入金＋長期借入金＋リース債務（流動・固定）＋社債

　A社とB社について，巻末の連結貸借対照表から有利子負債を集計し，そこからネットキャッシュを求めると，次のようになります。

X3年3月期	A社	B社
手元流動性（手元資金）（百万円）	106,331	113,518
有利子負債（百万円）	4,711	13,916
ネットキャッシュ（百万円）	101,620	99,602

　ネットキャッシュは，手元流動性から有利子負債を差し引いた純粋な余裕資金を意味します。この値はプラスの場合もマイナスの場合もあります。この値がプラスであれば，実質的に無借金経営であることになり，キャッシュリッチ

企業と呼ばれることもあります。両社はともにキャッシュリッチ企業であり，企業経営に柔軟に利用できる拘束のない余裕資金を多く有しています。ただし，余裕資金は持っているだけでは収益を生みにくいことから，その活用が課題になります。

例題 9 - 4

次の（ a ）から（ c ）に入る選択肢を選びなさい（金額単位：百万円）。

ア．現金及び預金が400，売掛金が300，流動資産の部に記載されている有価証券が300のとき，手元流動性は（ a ）である。

イ．手元流動性が800，年間の売上高が24,000のとき，手元流動性比率は（ b ）月である。

ウ．ある企業の現金及び預金が700，流動資産の部に記載されている有価証券が500，有利子負債が200のとき，ネットキャッシュは（ c ）である。

（選択肢）　①　0.4　　②　30　　③　700　　④　1,000　　⑤　1,600

解答

a．③　　b．①　　c．④

3　長期の安全性分析

(1)　固定比率

ここからは長期の安全性分析に視点を移します。長期の安全性を分析するための1つの方法は，長期資金の調達と運用のバランスに注目することです。そのような分析を可能にする指標として固定比率があり，次の式によって求めら

れます。

$$
（固定比率）\quad \frac{固定資産}{純資産} \times 100（\%）
$$

　固定比率は純資産に対する固定資産の大きさの比率となります。分子には流動資産以外の資産という観点から繰延資産を含めてもよいでしょう。図表9－9を使って，固定比率の基本的な考え方を確認しましょう。

図表9-9　　貸借対照表の構成（固定比率）

流動資産	負債
固定資産	
（繰延資産）	純資産

　固定資産には，企業が長期にわたって使用する建物や機械装置といった資産が含まれます。このような資産への投資は多額の資金が必要となり，資金の回収にも時間がかかります。長期資金の調達と運用のバランスに注目する安全性の分析では，この固定資産に投下し運用されている資金が，どのような資金源泉でまかなわれているのかを判断することが重要になります。純資産は，負債とは異なり，原則として返済義務のない資金源泉です。したがって，固定資産のように長期に拘束される投資額が返済義務のない純資産でまかなわれていれば長期的な資金バランスの観点から望ましいといえます。固定比率の値は，分子が小さくて分母が大きければ安定的と見られますから，小さいほうが良好と判断できます。

　A社とB社の固定比率を計算すると次のようになります。

X3年3月期	A社	B社
固定比率（％）	58.7	84.2

A社の固定比率　$\dfrac{固定資産（152,690）}{純資産（259,949）} \times 100 = 58.7（\%）$

206

$$\text{B社の固定比率} \quad \frac{\text{固定資産（311,236）}}{\text{純資産（369,852）}} \times 100 = 84.2 \ (\%)$$

　固定比率の値は，前述のとおり小さいほうが望ましく，100％以内であれば固定資産が返済を要しない資金源泉である純資産でまかなわれていることになります。A社とB社の固定比率は，ともに100％を下回っていますので，長期の安全性について問題はないと判断できます。

例題 9 - 5

　次の（　a　）から（　c　）に入る選択肢を選びなさい（金額単位：百万円）。

ア．固定比率が145％で純資産が1,000のとき，固定資産は（　a　）である。

イ．固定資産が3,500で純資産が2,000のとき，固定比率は（　b　）％である。

ウ．固定比率が125％で固定資産2,500のとき，純資産は（　c　）である。

（選択肢）　①　175　　②　1,450　　③　2,000　　④　3,125

解答

　　a．②　　　b．①　　　c．③

(2) 固定長期適合率

　固定長期適合率は固定比率の補完的な指標として用いられます。固定長期適合率もまた，長期資金の調達と運用のバランスをみるための比率であり，次の式で求められます。繰延資産の取扱いは固定比率と同様です。

$$\text{（固定長期適合率）} \quad \frac{\text{固定資産}}{\text{純資産＋固定負債}} \times 100 \, (\%)$$

207

図表 9-10　貸借対照表の構成（固定長期適合率）

流動資産	流動負債
固定資産	固定負債
（繰延資産）	純資産

　固定比率との相違は，分母にあります。固定比率の分母が純資産であったのに対して，固定長期適合率では，純資産と固定負債を合計したものになっています。これは以下のような考え方によります。

　前述の固定比率で説明したように，設備投資などの固定資産は，本来ならば，返済義務のない純資産の範囲内で取得できれば望ましいと考えられます。しかし，多くの企業ではその取得を借入れに頼っているのが現状です。この場合の借入れは，固定資産との関係を考慮した場合，長期に利用可能な社債や長期借入金であることが重要となります。短期の資金源泉で固定資産を取得すると返済が困難になる可能性が高いからです。固定長期適合率はこの関係を示した比率であり，100％以内であれば固定資産が固定的な長期の資金源泉でまかなわれている状態であるといえます。

　A社とB社の固定長期適合率を計算すると次のようになります。

X 3 年 3 月期	A社	B社
固定長期適合率（％）	53.4	76.0

A社の固定長期適合率　$\dfrac{固定資産（152,690）}{純資産（259,949）+固定負債（26,123）} \times 100 = 53.4（\%）$

B社の固定長期適合率　$\dfrac{固定資産（311,236）}{純資産（369,852）+固定負債（39,863）} \times 100 = 76.0（\%）$

　両社の固定長期適合率は，いずれも100％を下回っており，設備投資などの固定資産が，返済義務のない純資産および長期資金源泉である固定負債の範囲内で収まっていることがうかがえます。したがって，固定長期適合率は望ましい水準を確保していると判断されます。

例題9-6

次の（　a　）から（　c　）に入る選択肢を選びなさい（金額単位：百万円）。

ア．固定資産が1,200，純資産が800，固定負債が700のとき，固定長期適合率は（　a　）％である。

イ．固定長期適合率が110％で，純資産が600，固定負債が400のとき，固定資産は（　b　）である。

ウ．固定長期適合率が95％で，固定資産が950，固定負債が300のとき，純資産は（　c　）である。

（選択肢）　①　80　　②　125　　③　700　　④　1,100

解答

a．①　　b．④　　c．③

(3) 負債比率

これまでの長期の安全性の分析では，長期資金の調達と運用のバランスに注目して議論を行ってきました。長期の安全性を分析するためのもう1つの方法は，純資産と負債のバランスに注目することです。その代表的な指標が負債比率であり，次の式で求められます。この指標はD/Eレシオとも呼ばれます。

$$（\text{負債比率}）\quad \frac{\text{負債}}{\text{純資産}} \times 100（\%）$$

負債は，企業外部者から調達した資金であるため，将来的には返済する必要があります。また，負債には利子の支払いが必要な有利子負債も含まれています。このような性質から，負債は他人資本と呼ばれることもあります。これに対して，純資産は返済を想定する必要のない，株主からの調達資金と内部留保から構成されるため，自己資本と呼ばれます。

負債比率が高い場合には，企業の資金源泉が借入れに大きく依存していることを意味します。純資産の割合が高く，負債比率が低い場合は，借入金の返済についてのリスクが低く，安定的で安全性が高いと評価されるのです。したがって，負債比率は低いほど長期的な安全性は高いと考えられます。

A社とB社の負債比率は次のようになります。

X3年3月期	A社	B社
負債比率 (%)	28.5	38.6

A社の負債比率　　$\dfrac{負債（73,984）}{純資産（259,949）} \times 100 = 28.5（\%）$

B社の負債比率　　$\dfrac{負債（142,891）}{純資産（369,852）} \times 100 = 38.6（\%）$

日本企業は古くは借入れ依存型で発展したため，負債比率が相対的に高いという特徴がありましたが，近年では借入れに依存しない企業も増えており，負債比率は低下，すなわち改善してきています。同業種のA社とB社を比較した場合，B社のほうが数値が多少高く，財務的安全性の面からはA社のほうが優れています。

例題 9-7

次の（ a ）から（ c ）に入る選択肢を選びなさい（金額単位：百万円）。

ア．純資産が500，負債が700のとき，負債比率は（ a ）％である。

イ．負債比率が80％で，負債が1,000のとき，純資産は（ b ）である。

ウ．資産が1,400で，純資産が800のとき，負債比率は（ c ）％である。

（選択肢）　①　75　　②　140　　③　800　　④　1,250

解答

a. ②　　b. ④　　c. ①

解説

ウ．負債の金額は，資産から純資産を控除することで計算できる（負債は600）。

(4) 自己資本比率

自己資本比率は，資金源泉全体における純資産と負債のバランスを見る際に自己資本の割合に着目した長期の安全性を分析する指標であり，次の式で求められます。

$$（自己資本比率）\quad \frac{自己資本（＝純資産）}{負債純資産合計} \times 100（\%）$$

自己資本比率の背後にある考え方は，返済を要する他人資本ではなく，返済を必要としない自己資本が多ければ，長期的にみて財務の安全性が高いとするものです。したがって，自己資本比率は，その値が高いほど長期的な安全性は良好といえます。

A社とB社の自己資本比率は以下のようになります。

X3年3月期	A社	B社
自己資本比率（％）	77.8	72.1

$$A社の自己資本比率 \quad \frac{自己資本（259,949）}{負債純資産合計（333,933）} \times 100 = 77.8（\%）$$

$$B社の自己資本比率 \quad \frac{自己資本（369,852）}{負債純資産合計（512,743）} \times 100 = 72.1（\%）$$

自己資本比率は50％を超えることが望ましい，といわれることがあります。

負債比率で述べたように，銀行借入れが多額で自己資本比率が低いことも多かった日本企業においては，この両社の値は高い水準だといえます。

　ただ，近年，自己資本に対するコスト，すなわち株主の企業に対する期待コストを実現する必要性が高まっており，金利が低く負債のコストが高くない状況下では，自己資本比率をどこまで高めたらよいかについて議論のあるところです。この点に関しては本章第4節❽で検討します。

例題 9 - 8

　次のアからオの条件をもとに，（　a　）から（　f　）に入る選択肢を選びなさい（金額単位：百万円）。

貸借対照表	
流動資産	400,000
現金及び預金	120,000
受取手形及び売掛金	（　a　）
有価証券	（　b　）
棚卸資産	50,000
その他の流動資産	110,000
固定資産	（　c　）
資産合計	1,000,000
流動負債	（　d　）
固定負債	450,000
純資産	（　e　）
負債純資産合計	（　f　）

［財務諸表を完成させるための条件］

ア．流動比率は160％である。なお流動資産は記載された項目だけで構成されている。

イ．自己資本比率は30％である。

212

ウ．固定比率は200％である。

エ．当座比率は96％である。

オ．手元流動性は160,000である。

（選択肢）	①	32,000	②	40,000	③	45,000	④	50,000
	⑤	80,000	⑥	250,000	⑦	300,000	⑧	600,000
	⑨	1,000,000	⑩	1,100,000					

解答

a．⑤　　b．②　　c．⑧　　d．⑥　　e．⑦　　f．⑨

解説

条件の各指標の値にもとづいて貸借対照表の空欄の数値を逆算すること。

例題 9 - 9

次の［M社とN社の財務指標］の条件をもとに，アからエまでの各文章が正しければ①を，誤っていれば②を選びなさい。

［M社とN社の財務指標］

M社の財務指標		N社の財務指標	
流動比率	220％	流動比率	140％
固定比率	90％	固定比率	120％
負債比率	92％	負債比率	335％
自己資本比率	52％	自己資本比率	23％

ア．N社の負債比率はM社よりも高いため，これによりN社の財務健全性は M社よりも優れている。

イ．M社の流動比率はN社よりも高いため，これによりM社の短期の債務支

払能力はN社よりも良好である。

ウ．N社の固定比率はM社よりも高いため，これによりN社の手元流動性が
　　高く短期の資金繰りが良好であることがうかがえる。

エ．M社の自己資本比率はN社よりも高いため，これより長期の安全性は
　　M社のほうが良好であると判断される。

解答

　ア．②　　イ．①　　ウ．②　　エ．①

解説

　ア．負債比率は長期の安全性を示す指標であり，低いほうが望ましい。

　ウ．固定比率は，長期資金の調達と運用のバランスを評価するものであり，
　　　手元流動性とは無関係である。

(5)　インタレスト・カバレッジ・レシオ

　インタレスト・カバレッジ・レシオとは，借入金利の支払能力を評価する指標で，次の式で計算されます。

$$（インタレスト・カバレッジ・レシオ）\frac{事業利益}{支払利息・社債利息等}（倍）$$

　ここでいう事業利益とは，営業活動により獲得した営業利益に，財務活動から得られた金融収益（受取利息・有価証券利息，受取配当金および持分法による投資利益）を加えたものとなります。事業利益は，損益計算書に独立して表示されている項目ではありませんが，次の式で求められます。

$$事業利益＝\frac{営業利益＋受取利息・有価証券利息＋受取配当金}{＋持分法による投資利益}$$

　インタレスト・カバレッジ・レシオは，営業利益と金融収益の合計である事業利益から金融費用が支払われると仮定して，金融費用の何倍の事業利益があ

るかを測定する指標となっています。インタレスト・カバレッジ・レシオの値が1倍を割ると，金融費用が事業利益を上回って費用超過になることを意味し，1倍を超えると利子控除後の利益が生じることを意味します。したがって，この値が大きいほど金利支払能力は高く，安全性が良好であるといえるでしょう。

A社とB社のインタレスト・カバレッジ・レシオは以下のとおりです。

X3年3月期	A社	B社
インタレスト・カバレッジ・レシオ（倍）	99.46倍	121.43倍

A社のインタレスト・カバレッジ・レシオ

$$\frac{営業利益(25,075)+受取利息(336)+受取配当金(364)+持分法による投資利益(84)}{支払利息（260）}$$

$$=99.46（倍）$$

B社のインタレスト・カバレッジ・レシオ

$$\frac{営業利益(24,300)+受取利息(889)+受取配当金(1,875)+持分法による投資利益(2,929)}{支払利息(247)}$$

$$=121.43（倍）$$

A社とB社のインタレスト・カバレッジ・レシオを比較すると，B社のほうがA社よりも値が大きく，安全性はより高いといえます。ただし，事業利益は営業利益と金融収益からなる事業活動全般の利益であり，金利の支払いのためだけの利益ではありませんから，1を上回っていればよいというわけではありません。1を上回っていれば金利の支払いはできているということになります。

例題 9 -10

次の（　a　）から（　d　）に入る選択肢を選びなさい（金額単位：百万円）。

ア．資産合計が100,000，負債合計が75,000のとき，自己資本比率は（　a　）％である。

イ．自己資本比率が35％，負債が97,500のとき，自己資本の額は（　b　）であり，資産合計は（　c　）である。

ウ．営業利益1,000，受取利息200，受取配当金100，持分法による投資利益50，支払利息450のとき，インタレスト・カバレッジ・レシオは（　d　）倍である。

（選択肢）　①　3　　②　25　　③　34,125　　④　52,500　　⑤　150,000

解答

a．②　　b．④　　c．⑤　　d．①

解説

自己資本の金額は資産から負債を控除することによって求められる。

第4節　収益性の分析

 収益性の分析とは

　収益性の分析とは，企業の最も根幹的な能力である利益獲得能力を評価するものです。収益性の分析を行う際の基本的な視点は，事業に投下した資本（投下資本）に対してどのくらいの利益を上げているかをみることにあります。このような分析を行うための指標として，資本利益率があります。

$$（資本利益率）\quad \frac{利益}{投下資本} \times 100（\%）$$

　資本利益率は，投下資本の利用効率を把握する指標です。具体的な分析を行う際には，分子の利益と分母の投下資本について，それぞれどの値を利用するのかがポイントになります。分子の利益は損益計算書から，分母の投下資本は貸借対照表から選択することになります。

　たとえば，分子の利益としては経常利益，営業利益，事業利益（p.214参照）または当期純利益などが考えられます。分母の資本には総資本（総資産），経営資本（pp.221-222参照）または自己資本（純資産）などが利用可能です。図表9-11は，分母と分子の組み合わせに従って，主要な資本利益率を要約したものです。

図表9-11　主要な資本利益率の種類

分母（投下資本）	分子（利益）	収益性の分析指標
総資本（総資産）	経常利益	総資本経常利益率
	事業利益	総資本事業利益率
経営資本	営業利益	経営資本営業利益率
自己資本（純資産）	当期純利益	自己資本当期純利益率

総資本（総資産）を分母に，経常利益を分子とすると総資本経常利益率（あるいは総資産経常利益率）になり，自己資本（純資産）を分母に，当期純利益を分子とすれば，自己資本当期純利益率になります。分子と分母のどの項目を組み合わせて指標を計算するかは，その論理的整合性を考慮する必要があります。なお，資本利益率の分母の資本（資産）は，分子の利益が通年累計のため，期首と期末の平均値を用いる場合がありますが，本章では期末値を使用しています。以下では，主要な指標について説明します。

総資本利益率

　総資本利益率（Return on Investment；ROI）は，企業の総資本の利益効率を判断するための指標で，以下では，図表9－11で示した総資本経常利益率と総資本事業利益率について説明します。

$$（総資本経常利益率）\quad \frac{経常利益}{総資本} \times 100（\%）$$

　分母の総資本は，負債と純資産を合計した値で，この値は総資産の値と等しいため，総資本利益率は総資産利益率（Return on Assets；ROA）と呼ばれることもあります。貸借対照表では総資本は資金の調達・源泉側，総資産は資金の使途・運用側になりますが，資本利益率の分析では互換的に用いられます。

　経常利益は，企業の経営活動および経常的な投資・財務活動から得られた利益と定義されます。企業が行っている反復的・経常的な活動の成果を表す利益であり，業績利益といわれることもあります。したがって，総資本経常利益率は，企業が投下した資金の総額を表す総資本によって，経常的な経営活動を通じてどれだけの利益を獲得したかを示す指標であり，収益性の分析でよく利用されます。

$$（総資本事業利益率）\quad \frac{事業利益}{総資本} \times 100（\%）$$

　総資本利益率における分子と分母の論理的整合性を考慮した場合，利益には

経常利益よりも事業利益を用いたほうが望ましいといわれることがあります。総資本は，営業活動と財務活動の両方に利用されています。したがって，総資本に対応させる利益としては，営業活動による営業利益に，財務活動から得られる金融収益（受取利息・有価証券利息，受取配当金および持分法による投資利益）を加えた事業利益のほうが理論的と考えられるのです。

　分子の利益に，本業の利益とされる営業利益を用いることで，利益の範囲を本業に限定した総資本営業利益率を求めることができます。また，最終利益である当期純利益に至る過程での税金等調整前当期純利益（税引前当期純利益）を利用することで，総資本税引前当期純利益率を計算することも可能です。なお，連結損益計算書の税金等調整前当期純利益は個別損益計算書の税引前当期純利益に相当しますが，資本利益率などの指標においては連結の場合も税引前当期純利益（率）という名称を用いるのが一般的です。

　A社とB社の総資本利益率を計算すると次のようになります。

X3年3月期	A社	B社
総資本経常利益率（％）	8.0	6.4
総資本事業利益率（％）	7.7	5.8
総資本営業利益率（％）	7.5	4.7
総資本税引前当期純利益率（％）	8.3	5.7

A社の総資本経常利益率

$$\frac{経常利益（26,630）}{総資本（333,933）} \times 100 = 8.0 （％）$$

A社の総資本事業利益率

$$\frac{事業利益（25,859）}{総資本（333,933）} \times 100 = 7.7 （％）$$

A社の総資本営業利益率

$$\frac{営業利益（25,075）}{総資本（333,933）} \times 100 = 7.5 （％）$$

A社の総資本税引前当期純利益率

$$\frac{\text{税金等調整前当期純利益（27,641）}}{\text{総資本（333,933）}} \times 100 = 8.3\text{（％）}$$

B社の総資本経常利益率

$$\frac{\text{経常利益（32,980）}}{\text{総資本（512,743）}} \times 100 = 6.4\text{（％）}$$

B社の総資本事業利益率

$$\frac{\text{事業利益（29,993）}}{\text{総資本（512,743）}} \times 100 = 5.8\text{（％）}$$

B社の総資本営業利益率

$$\frac{\text{営業利益（24,300）}}{\text{総資本（512,743）}} \times 100 = 4.7\text{（％）}$$

B社の総資本税引前当期純利益率

$$\frac{\text{税金等調整前当期純利益（29,014）}}{\text{総資本（512,743）}} \times 100 = 5.7\text{（％）}$$

（両社の事業利益の額はpp.214-215参照）。

　A社の総資本経常利益率は8.0％であり，B社の6.4％を上回っています。同様の傾向は，総資本事業利益率に関してもみられます。A社の総資本事業利益率は7.7％であり，B社の5.8％よりも良好な数値を示しています。総資本税引前当期純利益率も同じ傾向を示しているため，総資本の利益効率に関しては概してA社のほうが優れているといえます。

例題 9 -11

次の（ a ）から（ d ）に入る選択肢を選びなさい。（金額単位：百万円）。

ある企業の資産合計が100,000，純資産が5,000，営業利益が6,000，経常利益が6,800，税金等調整前当期純利益が1,500，事業利益が6,500のとき，総資本営業利益率は（ a ）％，総資本経常利益率は（ b ）％，総資本税引前当期純利益率は（ c ）％，総資本事業利益率は（ d ）％である。

（選択肢）　① 1.2　　② 1.5　　③ 6.0　　④ 6.5　　⑤ 6.8

解答

a. ③　　b. ⑤　　c. ②　　d. ④

解説

総資本利益率は，各段階の利益を資産の合計額で割って求められる。

③ 経営資本営業利益率

経営資本営業利益率は，営業利益と経営資本を対応させた比率で，次の式によって求められます。

（経営資本営業利益率）　$\dfrac{\text{営業利益}}{\text{経営資本}} \times 100（\%）$

営業利益と投下資本とを対応させて資本の収益性を判断する指標としては，前述の総資本営業利益率があります。しかし，営業利益が営業活動からの収益であることを考えれば，対応させる投下資本も営業活動に直接利用されている資本だけにすれば，論理的整合性は高まると考えられます。

企業が営業活動に投下・運用している資本として，経営資本があります。経

221

営資本営業利益率は，この経営資本と営業利益を対応させることによって，営業活動における資本の収益性を示しています。

　ただし，実際の計算にあたっては，経営資本を明確に定義することは容易ではありません。そこで，通常はまず経営に直接利用されていない営業外資産を算定し，それを総資本から控除することによって経営資本を計算します。営業外資産は，金融活動に投下された資産や営業活動に利用されていない遊休資産などから構成されますので，比較的簡単に算定することができるからです。

　経営資本の簡便的な計算方法を定義すると以下のようになります。

> 経営資本＝総資本－（投資その他の資産＋建設仮勘定＋繰延資産）

　総資本から，まず金融活動に投下された部分である「投資その他の資産」を控除します。そして建造途上で未利用の資産である「建設仮勘定」，実質的な資産性を有していない「繰延資産」を控除します。

　A社とB社の経営資本営業利益率を計算すると以下のようになります。

X 3 年 3 月期	A社	B社
経営資本営業利益率（％）	8.3	6.9

　　A社の経営資本

　　　総資本（333,933）－（投資その他の資産 28,789 ＋ 建設仮勘定 2,177）

　　　＝302,967

　　B社の経営資本

　　　総資本（512,743）－（投資その他の資産 155,773 ＋ 建設仮勘定 5,912）

　　　＝351,058

　　A社の経営資本営業利益率

$$\frac{営業利益（25,075）}{経営資本（302,967）} \times 100 = 8.3（\%）$$

222

B社の経営資本営業利益率

$$\frac{営業利益（24,300）}{経営資本（351,058）} \times 100 = 6.9（\%）$$

　A社とB社は繰延資産を保有していないため，総資本から投資その他の資産と建設仮勘定を控除して経営資本を算定しています。A社の経営資本営業利益率は8.3％であり，B社の6.9％よりも良好な値を示しています。したがって，経営資本に関する収益性はA社のほうが優れていることがわかります。

例題 9 -12

　次の（　a　）から（　c　）に入る選択肢を選びなさい（金額単位：百万円）。

ア．資産合計が100,000，投資その他の資産が40,000，建設仮勘定が6,000，繰延資産が500のとき，経営資本は（　a　）である。

イ．経営資本が50,000で，営業利益が4,000のとき，経営資本営業利益率は（　b　）％である。

ウ．経営資本営業利益率が 6 ％，営業利益が6,000のとき，経営資本は（　c　）である。

（選択肢）　①　6　　②　8　　③　53,500　　④　54,000　　⑤　100,000

解答

　a．③　　　b．②　　　c．⑤

自己資本当期純利益率

自己資本当期純利益率は，当期純利益と自己資本（純資産）を対応させた比率で，次の式で求められます。

$$（自己資本当期純利益率）\quad \frac{親会社株主に帰属する当期純利益}{自己資本（＝純資産）} \times 100（\%）$$

原語のイニシャルから**ROE**（Return on Equity；ROE）とも表現され，単に自己資本利益率と呼ばれることもあります。

これまでにみてきた総資本利益率は，他人資本と自己資本を合計した総資本に関する利益効率を評価するもので，企業全体の総資本に関する収益性を検討する指標といえます。これに対して，自己資本当期純利益率は株主の立場からの収益性の指標です。株主に帰属する資本部分は自己資本と呼ばれ，株主からの出資額とそれを利用して獲得した内部留保から構成されます。自己資本当期純利益率は，この自己資本を分母とすることで，自己資本に関する運用効率を評価するのです。

自己資本と対比する利益としては，当期純利益がもっとも望ましいと考えられます。なぜなら，当期純利益は企業の経常的な収益力を示す経常利益に，臨時偶発的な損益を加減して算定される利益であり，株主に帰属する期間利益としての性質を有しているからです。

ただ，注意すべき点は，連結損益計算書の当期純利益は，親会社株主に帰属する当期純利益と非支配株主に帰属する当期純利益から構成されますが，自己資本利益率で用いる当期純利益は，親会社株主に帰属する当期純利益であることです。親会社株主がグループの経営を左右しており，評価の対象となる利益は親会社株主に帰属する当時純利益ということになります。分子は単に当期純利益と表示することが通例ですが，計算上は親会社株主に帰属する当期純利益を用います。

A社とB社の自己資本当期純利益率は次のようになります。

X3年3月期	A社	B社
自己資本当期純利益率（％）	6.5	5.0

A社の自己資本当期純利益率

$$\frac{親会社株主に帰属する当期純利益（16,901）}{自己資本（259,949）} \times 100 = 6.5 \ （\%）$$

B社の自己資本当期純利益率

$$\frac{親会社株主に帰属する当期純利益（18,505）}{自己資本（369,852）} \times 100 = 5.0 \ （\%）$$

ここからは株主の出資額に関する利益効率は，A社のほうがB社よりも上回っていると判断されます。

例題 9-13

次の（　a　）と（　b　）に入る選択肢を選びなさい。なお純資産を自己資本とみなす（金額単位：百万円）。

ア．純資産が50,000，当期純利益が1,000のとき，自己資本当期純利益率は（　a　）％である。

イ．自己資本当期純利益率が3％，負債合計が45,000，資産合計が95,000のとき，当期純利益は（　b　）である。

（選択肢）　①　2　　②　4　　③　6.5　　④　1,500

解答

a. ①　　b. ④

5 資本利益率の構成

ここまでで，投下資本の利益効率を分析する収益性の尺度としての資本利益率について説明しました。そこで，次に，資本利益率をその構成要素に分解することによって，変動要因を明らかにします。資本利益率の変動要因が明らかになれば，企業の収益性を検討する際に，より有意義な分析が可能となります。資本利益率は以下のように分解することができます。

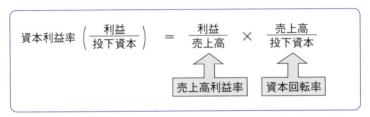

このように，資本利益率は売上高利益率と資本回転率の積として分解できます。売上高利益率は，売上高に対してどれだけの利益を獲得したか，資本回転率は，投下資本の何倍の売上を達成しているかを示す指標です。資本利益率は，この2つの項目の変動を要因として変化すると考えられます。以下では，売上高利益率および資本回転率について説明します。

6 売上高利益率

売上高利益率は，売上高に対する利益の割合であり，次の式で求められます。

$$（売上高利益率）\quad \frac{利益}{売上高} \times 100（\%）$$

売上高利益率は，本章第2節で学んだ損益計算書百分比の各利益項目の値に該当します。

売上高利益率は，取引の結果として計上される売上高に占める利益の獲得結果を示す指標となり，その分子にどの利益を利用するかで，指標の意味合いは

異なります。また，損益計算書に表示される各段階の利益を分子とした売上高利益率を互いに比較することによって，より詳細な分析を行うことができます。たとえば，売上総利益，営業利益，経常利益または当期純利益を選択した場合，売上高売上総利益率，売上高営業利益率，売上高経常利益率または売上高当期純利益率が計算されますが，それぞれの計算過程には費用項目が介在し，それらが利益に影響します。

各比率の計算方法と意義をまとめると次のようになります。

(1) 売上高売上総利益率

$$
（売上高売上総利益率）\quad \frac{売上総利益}{売上高} \times 100（\%）
$$

売上総利益は，売上高から売上原価を差し引いたものです。したがって，売上高売上総利益率は，製品や販売商品の利幅（マージン）を意味します。この比率は粗利益率と呼ばれることもあります。売上高の変化とともに売上原価の変化が影響要因となります。

(2) 売上高営業利益率

$$
（売上高営業利益率）\quad \frac{営業利益}{売上高} \times 100（\%）
$$

営業利益は，売上総利益から販売や事務にかかる経費（販売費及び一般管理費）を差し引いた，本業で稼いだ利益です。したがって，この比率は本業による収益性を示す指標の1つといえます。販売費及び一般管理費の変化が影響要因となります。

(3) 売上高経常利益率

$$
（売上高経常利益率）\quad \frac{経常利益}{売上高} \times 100（\%）
$$

経常利益は，営業利益に本業以外で生じた反復的・経常的な投資・財務活動

から生じた営業外の損益を加減した利益です。営業外損益が影響要因となります。この比率は経常的な収益性を表す指標といえます。わが国ではこの比率を全般的な業績利益率として用いることが多いです。

(4) 売上高当期純利益率

$$（売上高当期純利益率）\quad \frac{当期純利益}{売上高} \times 100（\%）$$

　当期純利益は，経常利益に臨時的に発生した特別損益を加減し，税額を控除した利益です。したがって，売上高当期純利益率は，最終的に自己資本に帰属し，分配可能な利益の獲得能力を示す指標といえます。なお，分子には，非支配株主に帰属する利益を含んだ全体的な当期純利益を用いる場合と親会社株主に帰属する当期純利益を用いる場合があり，以下では両方を計算していますが，前述の自己資本当期純利益率の場合と同様に，親会社株主に帰属する当期純利益を用いるのが一般的です。

　これらの比率は，いずれも売上高に対する利幅を示す指標となるため，高いほうが企業の収益性は高いと評価されます。A社とB社の売上高利益率は次のようになります。

X 3 年 3 月期	A社	B社
売上高売上総利益率（％）	35.8	43.7
売上高営業利益率（％）	6.6	5.6
売上高経常利益率（％）	7.0	7.6
売上高当期純利益率（％）	4.6	4.3
売上高当期純利益率（親会社株主帰属）（％）	4.4	4.3

　　A社の売上高売上総利益率

$$\frac{売上総利益（136,335）}{売上高（381,259）} \times 100 = 35.8（\%）$$

228

A社の売上高営業利益率

$$\frac{\text{営業利益（25,075）}}{\text{売上高（381,259）}} \times 100 = 6.6 \text{（％）}$$

A社の売上高経常利益率

$$\frac{\text{経常利益（26,630）}}{\text{売上高（381,259）}} \times 100 = 7.0 \text{（％）}$$

A社の売上高当期純利益率

$$\frac{\text{当期純利益（17,385）}}{\text{売上高（381,259）}} \times 100 = 4.6 \text{（％）}$$

A社の売上高当期純利益率（親会社株主帰属）

$$\frac{\text{親会社株主に帰属する当期純利益（16,901）}}{\text{売上高（381,259）}} \times 100 = 4.4 \text{（％）}$$

B社の売上高売上総利益率

$$\frac{\text{売上総利益（188,659）}}{\text{売上高（431,575）}} \times 100 = 43.7 \text{（％）}$$

B社の売上高営業利益率

$$\frac{\text{営業利益（24,300）}}{\text{売上高（431,575）}} \times 100 = 5.6 \text{（％）}$$

B社の売上高経常利益率

$$\frac{\text{経常利益（32,980）}}{\text{売上高（431,575）}} \times 100 = 7.6 \text{（％）}$$

B社の売上高当期純利益率

$$\frac{\text{当期純利益（18,719）}}{\text{売上高（431,575）}} \times 100 = 4.3 \text{（％）}$$

B社の売上高当期純利益率（親会社株主帰属）

$$\frac{\text{親会社株主に帰属する当期純利益（18,505）}}{\text{売上高（431,575）}} \times 100 = 4.3 \text{（％）}$$

売上高売上総利益率の値は，A社（35.8％）よりもB社（43.7％）のほうが

229

高いことが見て取れます。したがって，B社のほうが製品や販売商品の利幅が大きく，収益性に優れていることを意味します。しかし，売上高営業利益率については，A社のほうがB社よりも良好な値を示しています。これはA社が営業利益段階の収益性または販売費及び一般管理費のコスト管理に優れており，売上高営業利益率を向上させたと理解することができます。

例題 9 −14

次の（　a　）から（　d　）に入る選択肢を選びなさい（金額単位：百万円）。

ある企業の売上高が100,000，売上総利益が25,000，営業利益が19,000，経常利益が20,000，当期純利益が8,000であったとする。この場合，売上高売上総利益率は（　a　）％，売上高営業利益率は（　b　）％，売上高経常利益率は（　c　）％，売上高当期純利益率は（　d　）％となる。

（選択肢）　①　8　　②　16　　③　19　　④　20　　⑤　25

解答

a．⑤　　b．③　　c．④　　d．①

解説

売上高利益率は，各段階の利益を売上高で割ることによって計算される。

7 資本（資産）回転率と回転期間

資本利益率を構成するもう1つの要素は資本回転率で，次の式で求められます。

$$(資本回転率) \quad \frac{売上高}{投下資本} (回)$$

　資本回転率は，投下資本の何倍の売上高を達成しているかを示す指標ですが，投下資本が売上高を生むのに何回回転したかという観点から，単位には回が用いられます。この値が相対的に高ければ，少ない投下資本で多くの売上高を達成したことを意味します。したがって，資本回転率の値が高ければ資本効率が良好であると判断されます。

　資本回転率も，分母の投下資本に何を利用するかによって，指標の意味合いが異なります。

　また，資本回転率を基礎として計算される類似の指標として回転期間があります。回転期間は，投下資本を売上高で割って求められるため，資本回転率の逆数として定義されます。

$$(回転期間) \quad \frac{投下資本}{売上高} = \frac{1}{資本回転率} (年)$$

　資本の投下から回収までのサイクルを1回転とした場合，回転期間は，企業の資本（資産）が1回転するのに必要な期間のことをいいます。上の式は年間での回転数を意味しますが，実際の分析では月数や日数で示すほうが一般的です。資本回転率はその値が高いほど資本効率は望ましいと考えられましたが，回転期間は短いほど資本効率が良好であることを意味します。

(1) 総資本回転率と総資本回転期間

総資本回転率

$$(総資本回転率) \quad \frac{売上高}{総資本} (回)$$

総資本回転期間（月）

$$(総資本回転期間) \quad 12 \div \frac{売上高}{総資本} (月)$$
$$= \frac{12}{総資本回転率} (月)$$

総資本回転率は，企業が投下した総資本の何倍の売上高があり，総資本が何回転したかを示す指標です。したがって，この指標は企業が投下した資本全体の運用効率を示す指標となります。

　また，総資本回転期間は，1年間の月数である12月を総資本回転率で割った値です。これは，投下された資本総額が何カ月で売上高に見合う金額を生み出しているかを意味します。回転率が高ければ回転期間は短くなりますから，期間の面からも資本効率を判定することができます。

　なお，資本利益率と同様，総資産回転率あるいは総資産回転期間と呼ばれることもあります。

(2) 売上債権回転率と売上債権回転期間

売上債権回転率

$$（売上債権回転率）\quad \frac{売上高}{売上債権}（回）$$

売上債権回転期間（日）

$$（売上債権回転期間）\quad 365 \div \frac{売上高}{売上債権}（日）$$
$$= \frac{365}{売上債権回転率}（日）$$

　売上債権回転率は，売上高を売上債権で割った値です。ここでいう売上債権とは，受取手形，売掛金と電子記録債権を合計した金額です。売上債権は，信用取引にもとづいて計上された，代金が未回収の債権であり，不良債権になる可能性も存在します。売上債権回転率と売上債権回転期間は，このようなリスクの存在を前提として，売上債権回収の効率や速度を分析する指標です。売上債権回転率が高ければ，売上債権が遅滞なく回収されており，債権管理が効率的に行われていることを意味します。

　また，売上債権回転期間は1年間の日数である365日を売上債権回転率で割った値です。月数で把握したい場合には，365日を12月に置き換えて計算す

ればよいでしょう。これは，売上債権の発生から代金回収までの回収期間を意味します。したがって，売上債権回転期間が短ければ短期間のうちに売上債権を回収していることを意味し，貸倒れの危険性が少ないと判断されます。

(3) 棚卸資産回転率と棚卸資産回転期間

棚卸資産回転率

$$\text{（棚卸資産回転率）} \quad \frac{売上高}{棚卸資産}\text{（回）}$$

棚卸資産回転期間（日）

$$\text{（棚卸資産回転期間）} \quad 365 \div \frac{売上高}{棚卸資産}\text{（日）}$$
$$= \frac{365}{棚卸資産回転率}\text{（日）}$$

棚卸資産回転率は，売上高を棚卸資産で割った値です。分子として棚卸資産の仕入に対応する売上原価を用いる方法もありますが，ここでは全体を通じて売上高との対比を見ます。棚卸資産には，商品・製品・原材料・仕掛品といった，製造や販売を目的とした資産が含まれます。棚卸資産回転率と棚卸資産回転期間は，このような棚卸資産に関する在庫管理の適切性や，棚卸資産の運用効率を示す指標となります。

棚卸資産回転率は，棚卸資産として投下した資本が売上として資金回収されるまでの速度を表します。したがって，この値が高ければ棚卸資産の管理が適切に行われていることを意味しています。反対にこの値が低ければ，期末において売上高に比して棚卸資産が多く存在することを意味しており，過剰在庫，ひいては不良在庫の可能性が懸念されます。

この考え方は，棚卸資産回転期間にするとより直感的に理解可能です。棚卸資産回転期間は，売上債権回転期間と同じように計算され，棚卸資産が1回転するのに必要な平均的な日数を意味します。言い換えれば，棚卸資産が在庫として存在する平均的な日数，すなわち手元保有期間です。そのため，棚卸資産回転期間が短ければ在庫管理が適切に行われており，棚卸資産の運用効率も良

好であると判断されるのです。

　事例における資本（資産）回転率と回転期間は次のようになります。小数点
以下の桁数に決まりがあるわけではありませんが，代表的な桁数にしています。

X 3 年 3 月期	A社	B社
総資本回転率（回）	1.14	0.84
総資本回転期間（月）	10.5	14.3
売上債権回転率（回）	8.1	7.9
売上債権回転期間（日）	45	46
棚卸資産回転率（回）	16.2	18.7
棚卸資産回転期間（日）	23	20

A社の総資本回転率　　　$\dfrac{売上高（381,259）}{総資本（333,933）} = 1.14$ （回）

A社の総資本回転期間　　$12 \div \dfrac{売上高（381,259）}{総資本（333,933）} = 10.5$ （月）

A社の売上債権回転率　　$\dfrac{売上高（381,259）}{売上債権（46,788）} = 8.1$ （回）

A社の売上債権回転期間　$365 \div \dfrac{売上高（381,259）}{売上債権（46,788）} = 45$ （日）

A社の棚卸資産回転率　　$\dfrac{売上高（381,259）}{棚卸資産（23,565）} = 16.2$ （回）

A社の棚卸資産回転期間　$365 \div \dfrac{売上高（381,259）}{棚卸資産（23,565）} = 23$ （日）

B社の総資本回転率　　　$\dfrac{売上高（431,575）}{総資本（512,743）} = 0.84$ （回）

B社の総資本回転期間　　$12 \div \dfrac{売上高（431,575）}{総資本（512,743）} = 14.3$ （月）

B社の売上債権回転率　　$\dfrac{売上高（431,575）}{売上債権（54,491）} = 7.9$ （回）

$$\text{B社の売上債権回転期間} \qquad 365 \div \frac{売上高（431,575）}{売上債権（54,491）} = 46\text{（日）}$$

$$\text{B社の棚卸資産回転率} \qquad \frac{売上高（431,575）}{棚卸資産（23,068）} = 18.7\text{（回）}$$

$$\text{B社の棚卸資産回転期間} \qquad 365 \div \frac{売上高（431,575）}{棚卸資産（23,068）} = 20\text{（日）}$$

　A社の総資本回転率は1.14回です。これは売上高を基準にして総資本が1.14回転したことを意味します。B社の総資本回転率は0.84回であるため，資本全体の運用効率はA社のほうが優れていると判断されます。このことは総資本回転期間からも明らかです。A社は投下資本に見合う売上高を10カ月強で生み出しているのに対し，B社は14カ月以上かかっています。

　また，A社の売上債権回転率（8.1回）はB社の回転率（7.9回）よりも高く，A社の売上債権回転期間（45日）はB社の回転期間（46日）よりも短いことがわかります。その差は極端に大きいものではありませんが，A社のほうが販売から代金回収までの債権管理が効率的であることを示しています。

　A社の棚卸資産回転率（16.2回）はB社の回転率（18.7回）よりも低く，A社の棚卸資産回転期間（23日）はB社の回転期間（20日）よりも長いことが示されています。A社の棚卸資産回転期間が23日ということは，棚卸資産が1回転するのに平均して23日かかることを意味しており，B社よりも3日ほど遅い計算になります。棚卸資産の運用効率についてはB社のほうが優れていることがうかがえます。

⑷　仕入債務回転率と仕入債務回転期間

　前述した売上債権回転率および売上債権回転期間と対比される指標として，仕入債務回転率および仕入債務回転期間があります。

　仕入債務回転率

$$\text{（仕入債務回転率）} \qquad \frac{売上高}{仕入債務}\text{（回）}$$

仕入債務回転期間（日）

$$
\begin{aligned}
（仕入債務回転期間）\quad 365 \div \frac{売上高}{仕入債務}（日）\\[2mm]
= \frac{365}{仕入債務回転率}（日）
\end{aligned}
$$

　仕入債務回転率は，売上高を仕入債務で割った値です。分子として仕入に対応する売上原価を用いる方法もありますが，ここでは売上高との対比を見ます。ここでいう仕入債務とは，支払手形，買掛金と電子記録債務を合計した金額です。仕入債務回転率が高ければ，仕入債務が短期間に弁済されていることになりますが，善し悪しはともかくとして，債務の弁済期間は長いほうが資金繰りの観点からは有利です。仕入債務回転率はとくに仕入債務回転期間を計算する基礎となります。

　仕入債務回転期間は，1年間の日数である365日を仕入債務回転率で割った値です。月数で把握したい場合には，365日を年間月数の12月に置き換えて計算すればよいでしょう。これは，仕入債務の発生から決済までの期間を意味します。

　事例における仕入債務回転率と仕入債務回転期間は次のとおりです。

X3年3月期	A社	B社
仕入債務回転率（回）	15.4	9.6
仕入債務回転期間（日）	24	38

A社の仕入債務回転率　　$\dfrac{売上高（381,259）}{仕入債務（24,770）} = 15.4$（回）

A社の仕入債務回転期間　$365 \div \dfrac{売上高（381,259）}{仕入債務（24,770）} = 24$（日）

B社の仕入債務回転率　　$\dfrac{売上高（431,575）}{仕入債務（44,896）} = 9.6$（回）

B社の仕入債務回転期間　$365 \div \dfrac{売上高（431,575）}{仕入債務（44,896）} = 38$（日）

A社のほうが仕入債務回転率は高く，仕入債務回転期間が短いのですが，売上債権や棚卸資産とは異なって，仕入債務は回転率や回転期間が短いほうがよいというわけではありません。もちろん短いほうが仕入先からは歓迎されるでしょうし，業種の標準的な慣行はありますが，両社が同業種であることを考慮すると，B社のほうが資金繰りの面では有利な回転率・回転期間になっています。

⑸ キャッシュ・コンバージョン・サイクル

回転率の指標の一部を組み合わせて，営業活動における資金の回収期間をみる指標としてキャッシュ・コンバージョン・サイクルがあります。これは必ずしも収益性の指標ではありませんが，資金管理の効率性をみる１指標であり，営業循環過程における仕入から売上に至る資金回収期間の長短を表す指標です。キャッシュ・コンバージョン・サイクルは次の式で求められます。指標の単位は日数です。なお，この指標を求める際の基礎となる回転率計算において，棚卸資産回転率と仕入債務回転率の分子は売上原価とされることもあるのですが，ここでは売上高による回収の視点から，前述までと同様，売上高で統一しています。

（キャッシュ・コンバージョン・サイクル）
売上債権回転期間＋棚卸資産回転期間－仕入債務回転期間

X 3 年 3 月期	A社	B社
キャッシュ・コンバージョン・サイクル（日）	44	28

A社　キャッシュ・コンバージョン・サイクル　44（日）
　　　＝売上債権回転期間(45)＋棚卸資産回転期間(23)
　　　　－仕入債務回転期間(24)

B社　キャッシュ・コンバージョン・サイクル　28（日）
　　　＝売上債権回転期間(46)＋棚卸資産回転期間(20)
　　　　－仕入債務回転期間(38)

この指標は，短いほうが営業循環過程における資金収支の効率性が高いことを意味しています。X3年3月期については，指標はB社のほうが優れています。とくにB社は前述の仕入債務回転期間の長さが功を奏しています。売上債権と棚卸資産の回収を早め，善し悪しは別として仕入債務の支払いを延ばせば，キャッシュ・コンバージョン・サイクルは改善することになります。ここまでで扱った指標で言い換えれば，売上債権回転期間や棚卸資産回転期間を短くし，仕入債務回転期間を長くすれば，流動的な資金効率は高まることになります。

　米国のアップル社やアマゾン社は，売上債権や棚卸資産の回転期間は短く（回転は速く），仕入債務の回転期間は長く（回転は遅く），キャッシュ・コンバージョン・サイクルがマイナス値になり，話題となったこともあります。

8　総資本利益率と自己資本利益率の要素分解

　本節❺から❼までで，資本利益率の構成について，売上高利益率と資本回転率のそれぞれを説明してきました。この構成は特定の資本利益率を要素に分けて説明し，解釈するためにも使われます。すでに3級テキストでも，総資本経常利益率と自己資本利益率の要素分解の基本を学んでいますから，各要素の読み方については，それを参照してください。そこで，2級で学んでいる比率などとの関連で留意点に触れておきましょう。

(1)　総資本利益率の要素分解…2つの要素への分解

　本節❷で扱った総資本経常利益率，総資本営業利益率，総資本税引前当期純利益率，総資本事業利益率，経営資本営業利益率のそれぞれは次のように2つの要素に分解できます。

$$\text{総資本経常利益率} = \text{売上高経常利益率} \times \text{総資本回転率}$$

$$\frac{\text{経常利益}}{\text{総資本}} = \frac{\text{経常利益}}{\text{売上高}} \times \frac{\text{売上高}}{\text{総資本}}$$

$$
\begin{array}{ccccc}
\text{総資本営業利益率} & = & \text{売上高営業利益率} & \times & \text{総資本回転率} \\[4pt]
\dfrac{\text{営業利益}}{\text{総資本}} & = & \dfrac{\text{営業利益}}{\text{売上高}} & \times & \dfrac{\text{売上高}}{\text{総資本}}
\end{array}
$$

$$
\begin{array}{ccccc}
\text{総資本税引前当期純利益率} & = & \text{売上高税引前当期純利益率} & \times & \text{総資本回転率} \\[4pt]
\dfrac{\text{税引前当期純利益}}{\text{総資本}} & = & \dfrac{\text{税引前当期純利益}}{\text{売上高}} & \times & \dfrac{\text{売上高}}{\text{総資本}}
\end{array}
$$

$$
\begin{array}{ccccc}
\text{総資本事業利益率} & = & \text{売上高事業利益率} & \times & \text{総資本回転率} \\[4pt]
\dfrac{\text{事業利益}}{\text{総資本}} & = & \dfrac{\text{事業利益}}{\text{売上高}} & \times & \dfrac{\text{売上高}}{\text{総資本}}
\end{array}
$$

$$
\begin{array}{ccccc}
\text{経営資本営業利益率} & = & \text{売上高営業利益率} & \times & \text{経営資本回転率} \\[4pt]
\dfrac{\text{営業利益}}{\text{経営資本}} & = & \dfrac{\text{営業利益}}{\text{売上高}} & \times & \dfrac{\text{売上高}}{\text{経営資本}}
\end{array}
$$

　これらについては，2つの要素のうち，総資本回転率は共通しています。したがって，総資本回転率の高低についての解釈が済めば，基本的な差異については各売上高利益率の差異の解釈に帰結します。経営資本営業利益率も経営資本を用いる点で異なりますが，ほぼ同様の要素分解と考えることができます。

　A社とB社については，売上高利益率については本節❻で，資本回転率については本節❼で説明した解釈の組み合わせとなります。

(2) 自己資本利益率の要素分解… 3つの要素への分解

　自己資本利益率（自己資本当期純利益率）も，総資本利益率と同様に要素分解できますが，通常，2つにではなく，次のように3つに分解されます。

$$
\begin{array}{ccccccc}
\multicolumn{7}{l}{\text{自己資本当期純利益率}=\text{売上高当期純利益率}\times\text{総資本回転率}\times\text{財務レバレッジ}} \\[4pt]
\dfrac{\text{当期純利益}}{\text{自己資本}} & = & \dfrac{\text{当期純利益}}{\text{売上高}} & \times & \dfrac{\text{売上高}}{\text{総資本}} & \times & \dfrac{\text{総資本}}{\text{自己資本}}
\end{array}
$$

　この要素分解では，売上高利益率と総資本回転率への分解は総資本利益率と

同様ですが，さらに総資本利益率から自己資本利益率に展開する際に，財務レバレッジと呼ばれる比率を掛け合わせます。財務レバレッジは次の式のように第3節❸(4)で学んだ自己資本比率の分母と分子を入れ替えた逆数になり，実数（倍）またはパーセントで表されます。

$$\text{（財務レバレッジ）}\quad \frac{\text{総資本}}{\text{自己資本}}\quad\text{（倍）または}\times 100\text{（\%）}$$

X 3 年 3 月期	A社		B社	
財務レバレッジ	1.285（倍）	128.5（%）	1.386（倍）	138.6（%）

A社の財務レバレッジ $\dfrac{\text{総資本（333,933）}}{\text{自己資本（259,949）}} = 1.285\text{（倍）または}\times 100 = 128.5\text{（\%）}$

B社の財務レバレッジ $\dfrac{\text{総資本（512,743）}}{\text{自己資本（369,852）}} = 1.386\text{（倍）または}\times 100 = 138.6\text{（\%）}$

　この分解構造からわかるように，自己資本利益率の改善は，売上高当期純利益率，総資本回転率を高めることのほか，財務レバレッジを高めることによっても得られます。ところが，3級テキストでも触れているように，財務レバレッジの解釈には微妙な問題点があります。分解式によれば，自己資本利益率は財務レバレッジを高めれば向上します。しかし，財務レバレッジには，自己資本利益率の変動幅を増幅させる影響があることに留意してください。とくに，総資本利益率が負債利子率を下回る時，財務レバレッジによって総資本利益率の変動がマイナス方向へ増幅されるので，自己資本利益率も極端に悪化する可能性があります。反対に，総資本利益率が負債利子率を上回る時にはプラス方向に増幅されることになります。

　また，財務レバレッジは自己資本比率の逆数ですから，財務レバレッジを高めるということは自己資本比率を低下させることにほかなりません。また，この構造は第3節❸(3)で学んだ負債比率にも関連します。財務レバレッジが高まれば負債比率は高くなります。通常，自己資本比率は大きいほうが良好，負債

比率は低いほうが良好と解釈されますから，財務レバレッジを高める方向は，自己資本比率や負債比率の解釈とは逆行することになります。

　このように，財務諸表分析の比率には一様な解釈ができない複合的な課題も存在することに留意しておきましょう。

例題 9 -15

　次の（　a　）から（　c　）に入る選択肢を選びなさい。なお貸借対照表数値は，期首と期末で数値上の差異はないものとする（金額単位：百万円）。

ア．売上高が72,000，資産の総額が60,000のとき，総資本回転率は（　a　）回である。

イ．売上債権回転率が5.8回，受取手形が1,000，売掛金が4,000のとき，売上高は（　b　）である。

ウ．棚卸資産回転期間が73日，売上高が100,000のとき，棚卸資産は（　c　）である。

（選択肢）　①　1.2　　②　20,000　　③　29,000　　④　730,000

解答

　a．①　　b．③　　c．②

解説

　ア．資産の総額は総資本に等しい。

　イ．売上債権は，受取手形と売掛金を合計した値となる。

241

例題 9 -16

　次のアからオの条件をもとに，（　a　）から（　f　）に入る選択肢を選びなさい。

損益計算書	
売上高	（　a　）
売上原価	（　b　）
売上総利益	（　c　）
販売費及び一般管理費	20,000
営業利益	（　d　）
営業外収益	10,000
営業外費用	（　　）
経常利益	185,000
特別利益	（　　）
特別損失	5,000
税金等調整前当期純利益	（　e　）
法人税等	97,500
法人税等調整額	△ 1,500
当期純利益	（　f　）

［財務諸表を完成させるための条件］

ア．資産合計は1,800,000である。

イ．総資本営業利益率は10％である。

ウ．売上高経常利益率は18.5％である。

エ．売上高売上総利益率は20％である。

オ．総資本当期純利益率は5.5％である。

（選択肢）	① 5,000	② 15,000	③ 99,000	④ 150,000
	⑤ 180,000	⑥ 195,000	⑦ 200,000	⑧ 400,000
	⑨ 800,000	⑩ 1,000,000		

242

解答

a. ⑩   b. ⑨   c. ⑦   d. ⑤   e. ⑥   f. ③

解説

条件の各指標の値にもとづいて損益計算書の空欄の数値を逆算する。

例題 9 -17

次の［M社とN社の財務指標］の条件をもとに，アからエまでの各文章が正しければ①を，誤っていれば②を選びなさい。

[M社とN社の財務指標]

M社の財務指標		N社の財務指標	
総資本当期純利益率	14%	総資本当期純利益率	7%
売上高売上総利益率	25%	売上高売上総利益率	11%
売上債権回転率	10.2回	売上債権回転率	18.2回
棚卸資産回転期間	20日	棚卸資産回転期間	32日

ア．M社の粗利益率はN社よりも高いため，これよりM社のほうがマージンは大きいことがわかる。

イ．M社の総資本当期純利益率はN社よりも高いため，これより株主の観点からみた収益性はM社のほうが高いと判断される。

ウ．N社の売上債権回転率はM社よりも高いため，これよりN社のほうが売上債権の管理が効率的であることがうかがえる。

エ．M社の棚卸資産回転期間はN社よりも短いため，これよりM社のほうが在庫管理が適切であることがうかがえる。

解答

ア．①　　イ．②　　ウ．①　　エ．①

解説

ア．売上総利益は粗利益とも呼ばれる。

イ．株主の観点からみた収益性の指標は自己資本当期純利益率である。

244

第5節　キャッシュ・フローの分析

 キャッシュ・フローの分析とは

　わが国では，1999年度から，連結キャッシュ・フロー計算書が導入されています。従来の貸借対照表と損益計算書に加えて，キャッシュ・フロー計算書が制度化されたことは，財務諸表分析のツールにも大きな貢献をしていると考えられます。

　すでに確認したように，企業の決算期における会計利益の金額とキャッシュの増減額は通常一致することはありません。会計利益には，現金収支とは時間的なズレが生じる発生主義によって認識される項目が影響しているからです。売掛金・受取手形の増減（売上高と収入の期間的ズレ）や買掛金・支払手形の増減（仕入高や売上原価と支出の期間的ズレ）が代表例です。これに対して，キャッシュ・フロー情報は，各決算期の現金の収入と支出の事実にもとづいて計算されます。

　したがって，キャッシュ・フローに注目した分析は，発生主義会計に伴う見積りなどの影響を排除した，現金収支にもとづいた分析手法になります。貸借対照表および損益計算書に依拠した財務諸表分析の手法と併用することによって，その意義はさらに高まると考えられます。「黒字倒産」という言葉に象徴されるように，会計利益にもとづく業績が良好でも，企業は資金繰りが悪化している可能性があります。これは会計上の収益と現金の収入の間に生じるタイムラグが過大になったことが原因です。このような兆候は，キャッシュ・フローの分析を行うことによって把握することが可能となります。

フリー・キャッシュ・フロー

　キャッシュ・フローに関連する基本的な指標に**フリー・キャッシュ・フロー**があります。フリー・キャッシュ・フローにはいくつかの考え方がありますが、キャッシュ・フロー計算書の数値を用いた計算式は次のとおりであり、この考え方のフリー・キャッシュ・フローは純現金収支とも呼ばれます。

> （フリー・キャッシュ・フロー）
> 営業活動によるキャッシュ・フロー＋投資活動によるキャッシュ・フロー

　フリー・キャッシュ・フローは設備投資などの投資資金が財務活動によるキャッシュ・フロー，すなわち外部からの新たな資金調達に依存せず，営業活動によるキャッシュ・フローで安定的にまかなわれているかどうかを判定する指標です。基本的に営業活動によるキャッシュ・フローはプラスの数値が多いのに対して，投資活動によるキャッシュ・フローはマイナスの数値であることが多いのですが，両者を合算したフリー・キャッシュ・フローはプラス値にもマイナス値にもなります。この値がプラスの場合は投資活動の資金が営業活動によるキャッシュ・フローでまかなわれていることを意味し，マイナスの場合は営業活動によるキャッシュ・フローを超えた投資活動が行われていることになり，キャッシュの水準を維持するためには財務活動によるキャッシュ・フローによる補填が必要となります。

　投資活動は企業の将来収益の稼得をめざした根源的な戦略活動であり，わが国の企業は従来，先行投資を重視してきたことからも，フリー・キャッシュ・フローがマイナスになりがちであることは必ずしも悪いことではありません。ただ，大きなマイナスが長年にわたって継続するのは好ましいことではないと考えられます。

　事例のA社とB社のフリー・キャッシュ・フローを計算すると，以下のようになります。

（単位：百万円）

X3年3月期	A社	B社
フリー・キャッシュ・フロー	△ 7,335	25,513

A社のフリー・キャッシュ・フロー

営業活動によるキャッシュ・フロー(32,641)＋投資活動によるキャッシュ・フロー(△39,976)＝△7,335

B社のフリー・キャッシュ・フロー

営業活動によるキャッシュ・フロー(30,353)＋投資活動によるキャッシュ・フロー(△4,840)＝25,513

　A社のフリー・キャッシュ・フローはマイナスであり，B社のそれはプラスになっています。A社では，営業活動によるキャッシュ・フローを上回って設備投資などが行われていることがわかります。投資は将来の成長に結びつく要件ですが，連続的にフリー・キャッシュ・フローがマイナスになると，財務活動による資金調達が必須になります。

　B社のフリー・キャッシュ・フローからは，設備投資などの投資資金が営業活動によるキャッシュ・フローでまかなわれており，財務活動による追加的な資金調達に依存する必要がないことがうかがえます。ただ，投資の縮小の可能性もあり，プラスであることが絶対要件ではないことに注意しましょう。

　フリー・キャッシュ・フローによる判断は大まかなものであり，設備投資資金の収支の判断に関しては，後述する設備投資額対キャッシュ・フロー比率がより的確な指標となります。

❸ 営業キャッシュ・フロー・マージン

　キャッシュ・フロー分析における収益性の指標として，営業キャッシュ・フロー・マージンがあり，次の式で求められます。なお，以下の各指標の計算式などでは，営業活動によるキャッシュ・フローを営業キャッシュ・フローと略記しています。

$$\text{(営業キャッシュ・フロー・マージン)} \quad \frac{\text{営業キャッシュ・フロー}}{\text{売上高}} \times 100 (\%)$$

営業キャッシュ・フロー・マージンは，売上高からどのくらいのキャッシュ・フローが創出されたかを把握する代表的な指標です。売上高営業利益率の分子を営業活動によるキャッシュ・フローに置き換えたものになるため，キャッシュ・フローにもとづいた売上高営業利益率の補完指標と位置づけることもできます。この比率が高ければ，キャッシュ・フローにもとづく収益性は良好であると考えられます。したがって，売上高営業利益率と営業キャッシュ・フロー・マージンを比較することも重要です。2つの指標の水準が大きく乖離する場合などは，売上債権の回収などが順調ではない可能性が懸念されます。

事例の営業キャッシュ・フロー・マージンは以下のようになります。

X 3 年 3 月期	A社	B社
営業キャッシュ・フロー・マージン（％）	8.6	7.0

A社の営業キャッシュ・フロー・マージン

$$\frac{\text{営業キャッシュ・フロー（32,641）}}{\text{売上高（381,259）}} \times 100 = 8.6 \text{（％）}$$

B社の営業キャッシュ・フロー・マージン

$$\frac{\text{営業キャッシュ・フロー（30,353）}}{\text{売上高（431,575）}} \times 100 = 7.0 \text{（％）}$$

A社の値は8.6％であり，B社の7.0％よりも優れています。これは売上高営業利益率で確認した傾向と同じです。A社の売上高営業利益率は6.6％，B社の値は5.6％でした。したがって，営業利益ベースで確認したA社の収益性の相対的な優位性は，キャッシュ・フロー・ベースの指標でも確認されたことになります。

例題 9-18

次の（ a ）と（ b ）に入る選択肢を選びなさい（金額単位：百万円）。

ア．売上高が60,000，営業キャッシュ・フローが3,000のとき，営業キャッシュ・フロー・マージンは（ a ）％である。

イ．営業キャッシュ・フロー・マージンが6.5％，売上高が50,000のとき，営業キャッシュ・フローは（ b ）である。

（選択肢）　① 5　　② 20　　③ 3,250　　④ 32,500

解答

a．①　　b．③

自己資本営業キャッシュ・フロー比率

自己資本営業キャッシュ・フロー比率も収益性の指標の1つです。

$$（自己資本営業キャッシュ・フロー比率）\quad \frac{営業キャッシュ・フロー}{自己資本（＝純資産）} \times 100 （\%）$$

自己資本営業キャッシュ・フロー比率は，自己資本を利用してどれだけの営業キャッシュ・フローを獲得したのかを示す指標で，自己資本営業利益率のキャッシュ・フローベースの指標と位置づけることが可能です。したがって，その値が高いほど望ましいと判断されます。自己資本営業キャッシュ・フロー比率についても，自己資本営業利益率との比較を行うことによって，分析から得られる知見が増すことが期待されます。

A社とB社の自己資本営業キャッシュ・フロー比率は次のようになります。

X3年3月期	A社	B社
自己資本営業キャッシュ・フロー比率（％）	12.6	8.2

A社の自己資本営業キャッシュ・フロー比率

$$\frac{\text{営業キャッシュ・フロー}(32,641)}{\text{自己資本}(259,949)} \times 100 = 12.6 \ (\%)$$

B社の自己資本営業キャッシュ・フロー比率

$$\frac{\text{営業キャッシュ・フロー}(30,353)}{\text{自己資本}(369,852)} \times 100 = 8.2 \ (\%)$$

なお，自己資本営業利益率を示しておくと，以下のようになります。

X3年3月期	A社	B社
自己資本営業利益率（％）	9.6	6.6

A社の自己資本営業キャッシュ・フロー比率は，B社を上回っています。自己資本からみた現金創出能力は，A社のほうが優れていると考えられます。

また，両社とも自己資本営業キャッシュ・フロー比率が自己資本営業利益率を上回っており，資金回収も順当であることがうかがえます。

例題 9 -19

次の（ a ）から（ c ）に入る選択肢を選びなさい。なお純資産を自己資本とみなす。貸借対照表数値は，期首と期末で数値上の差異はないものとする（金額単位：百万円）。

ア．純資産が800,000，営業キャッシュ・フローが144,000のとき，自己資本営業キャッシュ・フロー比率は（ a ）％である。

イ．自己資本営業キャッシュ・フロー比率が15％，純資産が500,000のとき，営業キャッシュ・フローは（ b ）である。

ウ．自己資本営業キャッシュ・フロー比率が13％，資産合計が1,000,000，負債合計が600,000のとき，営業キャッシュ・フローは（ c ）である。

（選択肢）　①　18　　②　22　　③　52,000　　④　75,000

解答

a. ①   b. ④   c. ③

解説

ウ．純資産は資産合計から負債合計を控除することで求められる。

5 営業キャッシュ・フロー対流動負債比率

次に，キャッシュ・フロー情報を利用した安全性の分析の指標について説明します。営業キャッシュ・フロー対流動負債比率は，キャッシュ・フロー情報を用いた短期の安全性の指標として知られています。

$$（営業キャッシュ・フロー対流動負債比率）\quad \frac{営業キャッシュ・フロー}{流動負債} \times 100 (\%)$$

営業キャッシュ・フロー対流動負債比率に類似した指標として，流動比率や当座比率がありました。これらの指標は，支払期限の近い流動負債を決済するのに十分な流動資産や当座資産を有しているかを一定時点で判定するのに用いられます。営業キャッシュ・フロー対流動負債比率は，流動負債に対応する現金創出能力を評価するものです。言い換えれば，期限が近い負債に対する返済能力をキャッシュ・フロー・ベースで把握する指標といえ，この比率が大きいほど安全性が高いと考えられます。決済日の近い流動負債に対する十分な現金創出能力を有していると判断されるからです。

A社とB社の営業キャッシュ・フロー対流動負債比率は次のようになります。

X3年3月期	A社	B社
営業キャッシュ・フロー対流動負債比率（％）	68.2	29.5

A社の営業キャッシュ・フロー対流動負債比率

$$\frac{営業キャッシュ・フロー（32,641）}{流動負債（47,860）} \times 100 = 68.2（\%）$$

B社の営業キャッシュ・フロー対流動負債比率

$$\frac{営業キャッシュ・フロー (30,353)}{流動負債 (103,027)} \times 100 = 29.5 \ (\%)$$

A社の比率のほうがB社よりも高いため，営業キャッシュ・フロー対流動負債比率から見た短期の安全性は，A社のほうが優れていると考えられます。

例題9-20

次の（ a ）と（ b ）に入る選択肢を選びなさい。なお貸借対照表数値は，期首と期末で数値上の差異はないものとする（金額単位：百万円）。

ア．流動負債が200,000，営業キャッシュ・フローが40,000のとき，営業キャッシュ・フロー対流動負債比率は（ a ）％である。

イ．営業キャッシュ・フロー対流動負債比率が15％，営業キャッシュ・フローが45,000のとき，流動負債は（ b ）である。

（選択肢） ① 5　　② 20　　③ 6,750　　④ 300,000

解答

a．②　　b．④

 設備投資額対キャッシュ・フロー比率

キャッシュ・フロー分析の最後に，設備投資額対キャッシュ・フロー比率について説明します。設備投資額対キャッシュ・フロー比率は，次の式で求められます。これは，企業の設備投資の健全性や積極性をキャッシュ・フロー分析の観点から評価するものです。フリー・キャッシュ・フローで述べた営業活動によるキャッシュ・フローと投資活動によるキャッシュ・フローのバランスを，設備投資に絞って判断する指標になります。

$$（設備投資額対キャッシュ・フロー比率）\quad \frac{設備投資額}{営業キャッシュ・フロー} \times 100（\%）$$

計算式の分子にあたる設備投資額は，有形固定資産の取得による支出から有形固定資産の売却による収入を控除した値です。この情報は連結キャッシュ・フロー計算書における投資活動によるキャッシュ・フローの区分に表示されています。

この比率は，設備投資に必要な資金を営業キャッシュ・フローでどの程度まかなっているかを示す指標となります。また，営業キャッシュ・フローの大きさからみた設備投資の積極性を判断する指標ともいえるでしょう。

設備投資額対キャッシュ・フロー比率が100％以下の場合，設備投資額の純額が営業キャッシュ・フローによってまかなわれていることを意味します。したがって，この比率が長期間にわたって100％を超える場合は注意が必要です。なぜなら，保有するキャッシュ・フローに見合わない過剰投資の可能性が懸念されるからです。

A社とB社の設備投資額対キャッシュ・フロー比率は次のようになります。

X3年3月期	A社	B社
設備投資額対キャッシュ・フロー比率（％）	29.7	59.7

A社の設備投資額

　有形固定資産の取得による支出（9,778）－有形固定資産の売却による収入

　　（99）＝9,679

B社の設備投資額

　有形固定資産の取得による支出（19,951）－有形固定資産の売却による収入

　　（1,828）＝18,123

A社の設備投資額対キャッシュ・フロー比率

$$\frac{設備投資額（9,679）}{営業キャッシュ・フロー（32,641）} \times 100 = 29.7（\%）$$

B社の設備投資額対キャッシュ・フロー比率

$$\frac{設備投資額（18,123）}{営業キャッシュ・フロー（30,353）} \times 100 = 59.7（\%）$$

　A社とB社の設備投資額対キャッシュ・フロー比率からは，両社とも，営業キャッシュ・フローの範囲内で設備投資が行われていることを意味しています。

例題 9 -21

　次の（　a　）から（　c　）に入る選択肢を選びなさい（金額単位：百万円）。

ア．設備投資額が60,000，営業キャッシュ・フローが100,000のとき，設備投資額対キャッシュ・フロー比率は（　a　）％である。

イ．有形固定資産の取得による支出が900,000，有形固定資産の売却による収入が100,000，営業キャッシュ・フローが1,000,000のとき，設備投資額対キャッシュ・フロー比率は（　b　）％である。

ウ．設備投資額対キャッシュ・フロー比率が110％，有形固定資産の取得による支出が850,000，有形固定資産の売却による収入が300,000のとき，営業キャッシュ・フローは（　c　）である。

（選択肢）　①　60　　②　80　　③　50,000　　④　500,000

解答

　a．①　　b．②　　c．④

解説

　ウ．設備投資額は有形固定資産の取得による支出から有形固定資産の売却による収入を控除することで求められる。

例題 9−22

次の［M社とN社の財務指標］の条件をもとに，アからウまでの各文章が正しければ①を，誤っていれば②を選びなさい。

［M社とN社の財務指標］

M社の財務指標		N社の財務指標	
営業キャッシュ・フロー・マージン	7.5%	営業キャッシュ・フロー・マージン	10%
営業キャッシュ・フロー対流動負債比率	35%	営業キャッシュ・フロー対流動負債比率	20%
設備投資額対キャッシュ・フロー比率	89%	設備投資額対キャッシュ・フロー比率	68%

ア．N社の営業キャッシュ・フロー・マージンはM社よりも高いため，これよりN社のほうが収益性は良好であることがわかる。

イ．M社の営業キャッシュ・フロー対流動負債比率はN社よりも高いため，これよりM社のほうの安全性が低いことを意味する。

ウ．M社とN社の設備投資額対キャッシュ・フロー比率は，ともに100%を下回っているため，過剰投資の危険性が懸念される。

解答

ア．①　　イ．②　　ウ．②

解説

イ．営業キャッシュ・フロー対流動負債比率は，その値が高いほうが安全性は高いと判断される。

ウ．設備投資額対キャッシュ・フロー比率が100%を下回っているということは，営業キャッシュ・フローの範囲内で設備投資が行われていることを意味する。

255

第6節　セグメント情報の分析

　連結財務諸表はグループ全体の状況を表すため，グループ内の事業構成の細目は現れません。そこで，グループ内の活動の主要な構成部分についての状況を示すものとしてセグメント情報があります（第8章第5節参照）。

　そこで，セグメント情報の基本的な事項を図表9-12と図表9-13に抜粋した次の事例に従って，情報の基本的な見方について学びます。セグメント情報の分析は基本的に収益性の分析を連結財務諸表では現れにくい事業や地域ごとに行うものです。

■事例

　報告セグメントごとの売上高，利益又は損失，資産，その他の項目の金額に関する情報

図表9-12　前連結会計年度（自　X1年4月1日　至　X2年3月31日）

（単位：百万円）

| | 報告セグメント | | | | | | その他 | 合計 | 調整額 | 連結財務諸表計上額 |
	A事業	B事業	C事業	米州地域	中国地域	計				
売上高										
外部顧客への売上高	210,906	39,561	54,789	32,219	29,903	367,381	50,238	417,620	—	417,620
セグメント間の内部売上高又は振替高	3,186	1,708	1,229	—	127	6,250	18,407	24,658	△24,658	—
計	214,092	41,269	56,018	32,219	30,031	373,632	68,646	442,279	△24,658	417,620
セグメント利益又は損失（△）	25,688	1,963	472	543	2,845	31,513	△576	30,937	△3,232	27,705
セグメント資産	140,085	50,653	29,594	15,926	38,770	275,030	114,843	389,873	89,596	479,469
その他の項目　　（以下，省略）										

256

図表 9 -13　当連結会計年度（自　X2年 4 月 1 日　至　X3年 3 月31日）

（単位：百万円）

| | 報告セグメント | | | | | | その他 | 合計 | 調整額 | 連結財務諸表計上額 |
	A事業	B事業	C事業	米州地域	中国地域	計				
売上高										
外部顧客への売上高	215,760	39,191	56,626	35,745	34,509	381,833	49,742	431,575	—	431,575
セグメント間の内部売上高又は振替高	3,017	4,757	1,594	1	107	9,478	20,507	29,985	△29,985	—
計	218,778	43,948	58,221	35,746	34,616	391,311	70,249	461,561	△29,985	431,575
セグメント利益又は損失（△）	23,636	1,424	△203	662	3,277	28,796	△1,090	27,706	△3,405	24,300
セグメント資産	147,221	48,723	29,004	18,333	52,868	296,151	116,303	412,454	100,289	512,743
その他の項目　（以下，省略）										

（注）　「その他」の区分は，報告セグメントに含まれない事業セグメントであり，関連事業やその他の地域を含んでおります。（両年度とも）

　セグメントはマネジメント・アプローチによって区分されています。マネジメント・アプローチとは，企業の最高経営意思決定機関が経営上の意思決定を行い，企業の業績を評価するために使用する事業部，部門，子会社または他の内部に対応する企業の構成単位をセグメントとするアプローチです。したがって，報告セグメントのうち地域に関するセグメントや，同じ業種の場合，区分された事業が似通っていることもありえますが，基本的にセグメントの設定は独自のものであり，異なる会社間で共通性はありません。

　そこで，基礎となる分析はセグメントごとの利益や資産の構成とそれらの推移についてです。以下では，便宜的に調整額の欄の金額を調整する前の合計額で分析してみましょう。

(1)　セグメント構成比と売上高利益率

　図表 9 -14に示したように合計を100％として，単年度の各セグメントの百分比を計算してみましょう。各報告セグメントなどの数値を各項目の合計で割った構成比です。ここでは当連結会計年度を見てみます。

| 図表9-14 | 各セグメントの項目別の構成比 |

(単位：%)

X3年3月期	報告セグメント						その他	合計
	A事業	B事業	C事業	米州地域	中国地域	計		
外部顧客への売上高	50.0	9.1	13.1	8.3	8.0	88.5	11.5	100.0
セグメント利益又は損失(△)	85.3	5.1	△0.7	2.4	11.8	103.9	△3.9	100.0
セグメント資産	35.7	11.8	7.0	4.4	12.8	71.8	28.2	100.0

　まず売上高と利益の構成比です。A事業が売上高の半分を占め，利益は85％を稼ぎ出しています。C事業は赤字ですし，B事業や米州地域は売上高に比べて利益が小さいことがうかがわれます。中国地域は売上高に比べて利益をあげていることがわかります。

　これとあわせて，図表9-15で，各報告セグメントなどの売上高を100％とした利益の状況も見てみましょう。セグメント売上高利益率の分析です。

| 図表9-15 | 各セグメント利益の対売上高百分比：セグメント売上高利益率 |

(単位：%)

X3年3月期	報告セグメント						その他	合計
	A事業	B事業	C事業	米州地域	中国地域	計		
外部顧客への売上高	100.0	100.0	100.0	100.0	100.0	100.0	100.0	100.0
セグメント利益又は損失(△)	11.0	3.6	△0.4	1.9	9.5	7.5	△2.2	6.4

　ここからも，A事業と中国地域の収益性が高く，C事業のみならずB事業や米州地域も収益性は芳しくないことが一層鮮明にわかります。

(2) セグメント資産利益率

　次に，セグメントへの投資の効率からセグメントの収益性を見てみましょう。

これは，収益性分析の最も基本である資本利益率の考え方をセグメントに応用した分析であり，次のような式の構成になります。このうち売上高利益率は図表9−15で示したとおりです。そこで，資産利益率と回転率を図表9−16に示しておきましょう。

<セグメント資産利益率とその構成>

セグメント資産利益率　＝セグメント売上高利益率×セグメント資産回転率

$$\frac{セグメント利益}{セグメント資産} \times 100 \ （\%）$$

$$= \frac{セグメント利益}{セグメント売上高} \times 100 \ （\%） \times \frac{セグメント売上高}{セグメント資産} \ （回）$$

図表9−16　セグメント資産利益率と回転率

X 3年3月期	報告セグメント						その他	合計
	A事業	B事業	C事業	米州地域	中国地域	計		
セグメント資産利益率(%)	16.1	2.9	△ 0.7	3.6	6.2	9.7	△ 0.9	6.7
セグメント資産回転率(回)	1.47	0.80	1.95	1.95	0.65	1.29	0.43	1.05

　資産利益率からもA事業が収益性に優れていることがわかりますし，利益率で記載したのと同様のことがうかがわれます。ただ，資産回転率から見ると，C事業と米州地域は回転率が高く，投資の規模からすると売上高を生み出す効率が高いといえます。したがって，利益の状況が改善されれば収益性が上向く可能性はあり，将来の見込みが1つの鍵となります。

(3)　セグメント項目の対前年度比

　そこで，期間的な推移を分析しましょう。ここではすでに学んだ対前年度比の考え方を各項目に適用します。計算結果は図表9−17のとおりです。なお，

C事業は利益から損失に転換してしまいました。そこで本来はN/A（記入なし）となりますが，当年度損失を前年度利益で割った値をそのまま記載してあります。

図表 9-17　セグメント主要項目の対前年度比

(単位：%)

X2年3月期〜X3年3月期	報告セグメント						その他	合計
	A 事業	B 事業	C 事業	米州 地域	中国 地域	計		
外部顧客への売上高	102.3	99.1	103.4	110.9	115.4	103.9	99.0	103.3
セグメント利益又は損失(△)	92.0	72.5	△ 43.0	121.9	115.2	91.4	189.2	89.6
セグメント資産	105.1	96.2	98.0	115.1	136.4	107.7	101.3	105.8

　分析対象会社は各セグメントなどについて，B事業とその他を除き，売上高は伸びていますが，A事業は増収減益，B事業は減収減益の状態になっています。また，C事業は回転率は高かったのですが，損失に転じており，利益を生み出せない限り将来展望に乏しいことになります。これに対して米州地域は金額的には大きくないものの，売上高の伸びを上回って利益が伸びています。また，中国地域も売上高と利益がともに順当に伸びています。A事業，B事業およびC事業が国内事業であり，とくにA事業が規模の大きい事業であるものの，この結果だけから見る範囲では，国内事業は利益の成長に乏しい状況であるということができます。

　連結財務諸表を中心とする見方が定着し，企業がグループ戦略で動くという観点からは連結の分析が基本となります。そのため，個別財務諸表情報の簡素化も進んできています。とはいえ，企業はいくつかの事業や地域を組み合わせた営利組織体であり，セグメントの盛衰が将来に影響します。したがって，セグメント情報の分析をすることによって，企業の事業ポートフォリオ（事業の組み合わせ）の適否を判断する基礎指標が得られます。また，セグメント情報の分析方法は目新しいものではなく，資産（資本）利益率や対前年度比といった分析体系として最も基本的な方法の応用的な適用領域ということになります。

260

第7節 連単倍率と規模倍率

 連単倍率とは

　わが国では，子会社を有する親会社については，企業集団全体の連結財務諸表と親会社の個別財務諸表の両方が開示されます。そのため，連結財務諸表と個別財務諸表の両方を利用した財務諸表分析が可能になります。

　そのような分析の1つは，個別財務諸表と連結財務諸表の数値を比較することです。親会社と企業集団全体の相対的な大きさを表す尺度として連単倍率があります。連単倍率は，個別財務諸表の数値に対する連結財務諸表の数値の割合として計算されます。連単倍率を分析することにより，企業集団の収益獲得能力に関する子会社の貢献度合いなどを把握することが可能になります。ここでは，代表的な指標として①当期純利益，②売上高，③資産合計に関する連単倍率について説明します。

　なお，連単倍率の計算には個別財務諸表の数値が必要なため，基礎データを図表9-18に示しておきます。

図表9-18　連単倍率の基礎データ

（単位：百万円）

X3年3月期	A社 個別	A社 連結	B社 個別	B社 連結
当期純利益	10,078	16,901	8,275	18,505
売上高	238,026	381,259	32,383	431,575
資産合計	218,669	333,933	386,244	512,743

❷ 連単倍率の指標

当期純利益の連単倍率は，親会社の個別財務諸表の当期純利益に対する連結財務諸表の当期純利益の割合として次の式で求められます。なお，ここでも連結の当期純利益は親会社株主に帰属する当期純利益を用いて計算していますが，グループ全体という観点から全体の当期純利益を用いてもよいでしょう。

$$（当期純利益の連単倍率）\quad \frac{連結の当期純利益}{個別の当期純利益}（倍）$$

売上高に関する連単倍率は，個別財務諸表の売上高に対する連結財務諸表の売上高の割合として，次の式で求められます。

$$（売上高の連単倍率）\quad \frac{連結の売上高}{個別の売上高}（倍）$$

資産合計の連単倍率も同様に，個別財務諸表の資産合計に対する連結財務諸表の資産合計の割合として，次の式で求められます。

$$（資産合計の連単倍率）\quad \frac{連結の資産合計}{個別の資産合計}（倍）$$

A社とB社の各連単倍率を計算すると次のように要約されます。

X3年3月期	A社	B社
当期純利益の連単倍率（倍）	1.7	2.2
売上高の連単倍率（倍）	1.6	13.3
資産合計の連単倍率（倍）	1.5	1.3

A社の当期純利益の連単倍率　　$\dfrac{連結の当期純利益（16,901）}{個別の当期純利益（10,078）}=1.7（倍）$

A社の売上高の連単倍率　　$\dfrac{連結の売上高（381,259）}{個別の売上高（238,026）}=1.6（倍）$

A社の資産合計の連単倍率　$\dfrac{\text{連結の資産合計（333,933）}}{\text{個別の資産合計（218,669）}} = 1.5$（倍）

B社の当期純利益の連単倍率　$\dfrac{\text{連結の当期純利益（18,505）}}{\text{個別の当期純利益（8,275）}} = 2.2$（倍）

B社の売上高の連単倍率　$\dfrac{\text{連結の売上高（431,575）}}{\text{個別の売上高（32,383）}} = 13.3$（倍）

B社の資産合計の連単倍率　$\dfrac{\text{連結の資産合計（512,743）}}{\text{個別の資産合計（386,244）}} = 1.3$（倍）

　A社に関する当期純利益の連単倍率は1.7倍です。これは親会社単独の当期純利益の約1.7倍の当期純利益を連結グループ全体で計上していることを意味しており，企業集団の子会社が連結当期純利益の計上に貢献していることを示唆しています。これに対して，B社の当期純利益の連単倍率は2.2倍であり，個別当期純利益と連結当期純利益では約2倍の差があることを意味しています。

　また，B社の売上高の連単倍率は13.3倍であり，親会社単独の13.3倍の売上高を連結グループ全体で達成していることを意味しています。同じように，資産合計に関しては，A社（B社）の個別資産合計の1.5（1.3）倍の連結資産合計を保有していることを示しています。

　なお，連結財務諸表と個別財務諸表の双方を入手できるのは日本やヨーロッパなどであり，米国では連結財務諸表だけが公表されます。したがって，米国については連単倍率は算定できません。

　また，親会社が持株会社の場合，個別財務諸表は単なる資産管理会社としての特質しかない場合も出てきています。したがって，連単倍率の計算や解釈は一定の限界を迎えつつあると考えられます。

③ 規模倍率の指標

　連単倍率の考え方は，1つの会社についての分析でしたが，類似の考え方を複数の会社に適用すれば，規模の比較を行う規模倍率の指標を得られます。規

模倍率に何を用いるかにはいくつかの視点があるでしょうが，代表的には資産規模と収益規模ということになるでしょう。つまり，次の式のように，資産合計や売上高を規模の指標とした比較です。この2つが代表的ですが，必要に応じて他の項目についても同様の比較が可能です。

$$（資産合計の規模倍率）\quad \frac{比較会社の資産合計}{基準会社の資産合計}（倍）$$

$$（売上高の規模倍率）\quad \frac{比較会社の売上高}{基準会社の売上高}（倍）$$

　ここでは利益水準の比較もあわせて，図表9－18に示したA社とB社の連結財務諸表部分のデータからA社を基準として規模の比較を行うと，以下のように要約できます。なお，当期純利益は親会社株主に帰属する当期純利益を用いています。

X3年3月期

対A社（連結）	B社
資産合計の規模倍率（倍）	1.54
売上高の規模倍率（倍）	1.13
当期純利益の規模倍率（倍）	1.09

資産合計の規模倍率　　$\dfrac{B社の資産合計（512,743）}{A社の資産合計（333,933）} = 1.54（倍）$

売上高の規模倍率　　$\dfrac{B社の売上高（431,575）}{A社の売上高（381,259）} = 1.13（倍）$

当期純利益の規模倍率　　$\dfrac{B社の当期純利益（18,505）}{A社の当期純利益（16,901）} = 1.09（倍）$

　ここからは，B社は投資規模（資産合計）ではA社の1.5倍強であるものの，売上高は1.1倍強であり，また，利益は1.1倍弱で，A社と比べると，資産規模の割に収益力が弱い状況にあると推察されます。

例題 9 -23

次の（　a　）から（　c　）に入る選択肢を選びなさい（金額単位：百万円）。

P社の個別財務諸表数値と連結財務諸表数値が以下のとおりであったとする。

個別財務諸表：資産合計が10,000，売上高が6,000，当期純利益が500
連結財務諸表：資産合計が20,000，売上高が7,500，当期純利益が500

この場合，資産合計の連単倍率は（　a　）倍，売上高の連単倍率は（　b　）倍，当期純利益の連単倍率は（　c　）倍となる。

（選択肢）	① 0.5	② 0.8	③ 1.0	④ 1.25	⑤ 2.0

解答

a．⑤　　b．④　　c．③

解説

各連単倍率を計算すると以下のようになる。

資産合計の連単倍率：20,000 ÷ 10,000 = 2.0
売上高の連単倍率：7,500 ÷ 6,000 = 1.25
当期純利益の連単倍率：500 ÷ 500 = 1.0

例題 9 -24

次の （ a ） から（ c ） に入る選択肢を選びなさい（金額単位：百万円）。

C社とD社の連結財務諸表数値が以下のとおりであったとする。

C社：資産合計が10,000，売上高が6,000，当期純利益が500

D社：資産合計が20,000，売上高が7,500，当期純利益が500

この場合，C社を基準とした資産合計の規模倍率は （ a ） 倍，売上高の規模倍率は （ b ） 倍，当期純利益の規模倍率は （ c ） 倍となる。

（選択肢） ① 0.5 ② 0.8 ③ 1.0 ④ 1.25 ⑤ 2.0

解答

a．⑤   b．④   c．③

解説

各規模倍率を計算すると以下のようになる。

資産合計の規模倍率：20,000÷10,000＝2.0

売上高の規模倍率：7,500÷6,000＝1.25

当期純利益の規模倍率：500÷500＝1.0

第8節　損益分岐点分析──企業の採算性を探る

 損益分岐点とは

　利益は期間収益と期間費用の差額として計算されます。収益の代表例は売上高で，販売単価に売上数量を掛けた金額になります。したがって，単価が一定の場合，売上高は売上数量に比例します。費用はどうでしょうか。費用には売上数量の増減に比例する費用（変動費）もあれば，売上数量の増減とは無関係に発生する費用（固定費）もあります。このような，収益の変動，費用の変動およびそれに伴う利益の変動の関係をCVP（Cost〈費用〉・Volume〈操業度：売上高〉・Profit〈利益〉）関係と呼び，そこから企業の採算性を探る分析手法が損益分岐点分析です。

　損益分岐点（Break Even Point：BEP）とは，収益と費用の額が一致する売上高（あるいは操業度）をいいます。操業度とは企業の活動量を指し，売上数量を基礎とする売上高がその代表例です。損益分岐点の分析は，データを得やすい管理会計（企業の内部管理のための会計）で内部分析として取り上げられることが多いのですが，本節では公表財務諸表データからの外部分析を試みます。

 変動費と固定費の概念

　収益は，単価が一定であれば，操業度である売上数量に比例して増減します。費用は変動費と固定費に分かれます。変動費は操業度に応じて比例的に発生する費用で，代表的なものに製造業の材料費，商業の売上原価があります。一方，減価償却費や保険料のように，操業度とは無関係に一定額発生する費用が固定費です。

267

3 利益図表(損益分岐図表)

CVP関係を図で示すと,図表9-19のようになります。縦軸に収益と費用,横軸に売上高(収益)を示します。この図は一般に利益図表または損益分岐図表と呼ばれます。

縦軸と横軸の金額単位を同一とすると,この四角形は正方形になります。収益(縦軸)1円の時,売上高(横軸:収益)も1円で,縦軸と横軸のスケールは同一だからです。したがって,売上高のラインは45度線になります。

前述のとおり売上高に比例して発生する費用が変動費です。固定費は売上高の変化とは無関係に一定額発生する費用です。変動費と固定費の合計が総費用です。利益(または損失)は売上高から総費用を差し引いて計算されます。

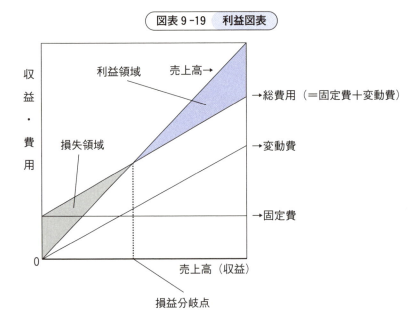

図表9-19　利益図表

売上高と総費用のラインの変化と,それに伴う利益または損失の変化をみて

みましょう。利益は次の式で計算されます。

> 利益＝売上高－（変動費＋固定費）＝売上高－総費用

　まず，売上高ゼロの場合は変動費もゼロですが，固定費はかかります。したがって，次の式のように，固定費がまるまる損失になります。

> 売上高ゼロの場合の損失＝0－（0＋固定費）＝固定費（マイナス）

　売上高が発生すると，それにつれて変動費も発生します。そこで，総費用は変動費と固定費の合計として変動費の増加分だけ増加していきます。それでも当初は総費用のラインが売上高のラインを上回っており，次の式のように総費用と売上高との差額が損失となります。

> 売上高＜（変動費＋固定費）（＝総費用）
> 損失＝売上高－総費用

　さらに売上高が増加すると，売上高のラインと総費用のラインとが一致します。これが損益分岐点となる売上高で，次のような式になります。

> 売上高＝（変動費＋固定費）（＝総費用）
> 利益ゼロ＝売上高－総費用

　したがって，売上高から総費用を差し引いた利益はゼロとなり，この売上高が採算点である損益分岐点を意味します。
　損益分岐点を超えて売上高が増加すると，今度は売上高のラインが総費用のラインを上回り，次の式のように利益が出ることになります。

> 売上高＞（変動費＋固定費）（＝総費用）
> 利益＝売上高－総費用

269

固定費・変動費区分の方法

　損益分岐点の分析にあたっては，費用を固定費と変動費に区分することが重要ですが，個々の費用は変動費的要素と固定費的要素を併せもつ場合も多く，外部分析の視点からは，各項目を厳密に固定費と変動費に分けることは簡単ではありません。そこで，項目ごとに，固定費的な性格の強い費用は固定費，変動費的な性格が強いものは変動費と割り切って区分することが適当でしょう。

　基本的に財務諸表から得られる情報は限られており，かつ連結財務諸表数値からは基本的な情報でさえ入手が困難な情報が多くあります。そこで，ここでは個別財務諸表を前提に考えます。

　売上原価の基礎である製造原価は製造原価明細書に示され，材料費，労務費と経費から構成されました。このうち，変動費に該当する項目は材料費です。また，経費中に外注加工費があれば，それも変動費と考えられます。したがって，製造原価明細書があれば，製造業でも固定費と変動費を区分できる可能性があります。いずれにしても変動費は材料費およびそれに類する費用だけで構成され，それ以外の費用は，ほとんどが固定費になります。

　そのため，変動費と固定費のおおまかな数値を得るには，入手可能性の高い部分を集約し，以下のようにして計算するのが簡便でしょう。

> （変動費）売上原価－労務費－（経費－外注加工費）
>
> （固定費）販売費及び一般管理費＋労務費＋（経費－外注加工費）＋営業外費用－営業外収益

　よりおおまかになりますが，情報が入手できない場合や，商業の場合は，以下のように集約できます。

> （変動費）売上原価
>
> （固定費）販売費及び一般管理費＋営業外費用－営業外収益

なお，これらの区分は経常利益レベルでの採算点として損益分岐点を考える場合です。営業利益レベルで考える場合には，誤差は大きくならざるをえませんが，売上原価を変動費，販売費及び一般管理費を固定費とすれば，数期にわたって分析することにより，おおまかな推移を洞察することはできます。

損益分岐点の計算構造

(1) 変動損益計算書

そこで，通常の損益計算をCVP関係に置き換えることにより，損益分岐点の計算のためのいくつかの概念を検討しましょう。

ある会社の損益計算書が図表9－20のとおりであり，総費用を変動費と固定費に区分できたものとします。

図表9-20　損益計算書

売　上　高	2,000	
総　費　用	1,800	（変動費1,200，固定費600）
経　常　利　益	200	

これを図表9－21のように組み替えます。図表9－21の損益計算書は一般に**変動損益計算書**と呼ばれます。以下ではこれを事例として説明します。

図表9-21　変動損益計算書の構造

売　上　高	2,000	100%	
変　動　費	1,200	60%	→ 変動費と限界利益は売上高に比例
限　界　利　益	800	40%	
固　定　費	600		→ 固定費は一定
経　常　利　益	200		

(2) 変動費率と限界利益率

ここで限界利益とは，操業度（ここでは売上高）が1単位増減するにつれ増減する利益をいい，貢献利益とも呼ばれます。売上高と変動費は比例的に変動し，限界利益も同様です。売上高に対する変動費の割合を変動費率，限界利益の割合を限界利益率（貢献利益率ともいう）と呼び，それぞれ下の式で表現できます。実数か，または100倍したパーセント値で表記されます。

$$（変動費率）\quad \frac{変動費}{売上高}$$

$$（限界利益率）\quad 1-\frac{変動費}{売上高}=1-変動費率=\frac{限界利益}{売上高}$$

事例の場合は以下のとおりです。

$$変動費率 = \frac{1,200}{2,000} = 0.6\ （あるいは60\%）$$

$$限界利益率 = 1 - \frac{1,200}{2,000} = 1 - 0.6 = \frac{800}{2,000} = 0.4\ （あるいは40\%）$$

売上高1円の増減に対して，変動費は0.6円，限界利益は0.4円増減することになります。

(3) 損益分岐点の算定

変動費と限界利益は売上高に比例して変化しますが，固定費は一定です。そこで，限界利益が固定費をカバーする売上高，つまり限界利益が固定費と等しくなる売上高が損益分岐点売上高になります。損益分岐点は次の式で計算することができます。この分析は実数分析であり，損益分岐点の値は金額です。

$$（損益分岐点）\quad \frac{固定費}{1-\dfrac{変動費}{売上高}}=\frac{固定費}{1-変動費率}=\frac{固定費}{限界利益率}$$

事例の場合は以下のとおりです。

$$損益分岐点 = 1,500 = \frac{600}{1 - \dfrac{1,200}{2,000}} = \frac{600}{1 - 0.6} = \frac{600}{0.4}$$

損益分岐点（損益分岐点売上高）は1,500となります。その場合の各項目は図表9 –22のとおりです。

図表9 -22　損益分岐点の計算構成

売　上　高	1,500	（100%）
変　動　費	900	（60%）
限　界　利　益	600	（40%）◄—— 限界利益が固定費に一致
固　定　費	600	
経　常　利　益	0	

　実際の売上高は2,000であり，その際の経常利益は200でした。売上高が2,000で損益分岐点が1,500であるのに，利益が500でないのは，売上高の増加分500について60%の変動費がかかるからです。限界利益率は40%であり，損益分岐点を超えた売上高の増加分500から利益200が生まれたことになります。

(4)　損益分岐点分析の留意事項

　損益分岐点はCVP関係を分析する手法ですが，売上高と変動費および限界利益の関係には注意が必要です。変動費および限界利益は操業度に比例して変動します。操業度は金額ではなく数量をベースとしています。ここまでの説明では売上高を操業度とみなしてきましたが，売上高は販売単価と売上数量の積であり，操業度のベースとなるのはこのうちの売上数量であることに注意が必要です。

6 損益分岐点に関連する指標

(1) 損益分岐点比率

それでは，損益分岐点を利用した指標のいくつかを検討しましょう。まず，損益分岐点比率があります。この指標は実際の売上高を100%としたとき，損益分岐点はどの程度の位置にあったかを示すもので，以下の式で求められます。

$$（損益分岐点比率）\quad \frac{損益分岐点}{売上高} \times 100（\%）$$

事例の場合には以下のようになります。

$$損益分岐点比率 = \frac{1,500}{2,000} \times 100 = 75（\%）$$

すなわち，事例では実際の売上高は2,000であったのに対し，その75%の段階で採算点に達していたことがわかります。

(2) 経営安全率

経営安全率は仮に売上高が実績値に達していなかった場合でも，損失にならない余裕がどの程度あるかを示す指標であり，安全余裕率，安全余裕度とも呼ばれます。この指標は以下の式で求められます。

$$（経営安全率）\quad 100（\%）－損益分岐点比率（\%）$$

事例の場合には以下のようになります。

$$経営安全率 = 100 - 75 = 25（\%）$$

この場合には，実際は2,000であった売上高が25%落ち込んでも損失には至らないことを示しています。もし損益分岐点比率が100%を超える場合，つまり赤字の場合には経営安全率はマイナス値になります。経営安全率が大きいほど，企業は売上高の変動に対する利益確保の余裕を持っていることになります。

274

7 外部分析の観点からの損益分岐点分析

ここまでの説明を基礎として，損益分岐点分析を行ってみましょう。以下では個別ベースでの分析を前提とし，C社とD社という設例を設けて分析します。

ここでは図表9－23のような集計表を作ってみましょう。前に示した簡便な集計式により変動費と固定費を算出し，それらと売上高を用いて損益分岐点に関連する指標を計算しています。

図表9-23　損益分岐点集計表

		C社	D社
損益計算書	①売上高	991,787	885,557
	②売上原価	861,751	738,224
	③販売費及び一般管理費	98,316	101,405
	④営業外収益	16,848	38,509
	⑤営業外費用	10,195	13,841
製造原価明細書	⑥労務費	28,203	30,183
	⑦経費	100,621	114,719

	C社	D社	計算式：各項目の○数字に対応
変動費	732,927	593,322	②－⑥－⑦
固定費	220,487	221,639	③＋⑥＋⑦＋⑤－④
変動費率（％）	73.9	67.0	
限界利益率（％）	26.1	33.0	
損益分岐点	844,778	671,633	
損益分岐点比率（％）	85.2	75.8	
経営安全率（％）	14.8	24.2	

図表9－23に示した結果から，D社のほうが損益分岐点に関する状況は良好なことがわかります。D社は25％近い経営安全率であり，売上高の下ぶれに対するリスクが小さいと考えられます。ただし，わが国では経営安全率が1桁の

企業も多く，マイナスの企業もありますから，C社が危ないという状況でもないと判断されます。

近年，情報の入手可能性の観点から，概算値としての損益分岐点分析でさえも外部分析としては困難になりつつありますが，分析の体系としては依然として重要な分析視点です。

例題 9-25

次の（ a ）から（ j ）に入る選択肢を選びなさい。

Z社のX1年度の売上高は50,000百万円，経常利益に至るまでの総費用は45,000百万円，うち固定費が15,000百万円であった。また，X2年度は市況の好転で，X1年度に比べて販売単価が20%値上げされたが，販売数量はX1年度と同様であり，固定費の額と販売数量1単位当たりの変動費に変化はなかった。X3年度はX1年度と比べて数量が20%増えたが，競争激化で販売単価はX1年度と同一水準まで下がった。販売数量1単位当たりの変動費に変化はなく，設備投資で固定費は20%増加した。

ア．X1年度の経常利益は（ a ）百万円である。
イ．X1年度の変動費率は（ b ）%である。
ウ．X1年度の限界利益率は（ c ）%である。
エ．X1年度の損益分岐点は（ d ）百万円である。
オ．X1年度の損益分岐点比率は（ e ）%である。
カ．X1年度の経営安全率は（ f ）%である。
キ．X2年度の損益分岐点は（ g ）百万円である。
ク．X2年度の経営安全率は（ h ）%である。
ケ．X3年度の損益分岐点は（ i ）百万円である。
コ．X3年度の経営安全率は（ j ）%である。

（選択肢）　① 25　② 40　③ 50　④ 60　⑤ 75
　　　　　⑥ 5,000　⑦ 30,000　⑧ 37,500　⑨ 45,000

解答

a. ⑥   b. ④   c. ②   d. ⑧   e. ⑤
f. ①   g. ⑦   h. ③   i. ⑨   j. ①

解説

a. ここでの経常利益は，売上高－総費用

b. 変動費＝総費用－固定費
   変動費率は本文を参照のこと。

g. X2年度の売上高＝50,000×120％＝60,000
   X2年度の変動費は30,000のままであるため，

   $$限界利益率 = \frac{(60,000 - 30,000)}{60,000} \times 100 = 50\%$$

   $$損益分岐点 = \frac{15,000}{0.5} = 30,000$$

h. X2年度の経営安全率＝1－損益分岐点比率 $\left(\dfrac{30,000}{60,000}\right) \times 100 = 50\%$

i. 売上高＝50,000×1.2＝60,000
   変動費＝30,000×1.2＝36,000
   変動費率はX1年度と同様で0.6（60％），限界利益率は0.4（40％）。
   固定費＝15,000×1.2＝18,000

   $$損益分岐点 = \frac{18,000}{0.4} = 45,000$$

第9節　1株当たり分析──株式投資の視点

　3級では，利益水準や資産水準に対する株価の高低を判断する指標である株価収益率や株価純資産倍率，その基礎となる1株分析ならびに企業価値の市場評価に該当する時価総額を扱いました。2級では，それらに加えて，分配水準や株価水準を基礎とした判断指標について学びます。

　なお，計算事例はA社とB社の数値を用いますので，基礎データを図表9-24にまとめておきましょう。本節での数値は，X3年3月期に該当する数値です。

図表9-24　1株分析の基礎データ

X3年3月期	A社	B社
発行済株式数（百万株）	111	117
親会社株主に帰属する当期純利益（百万円）	16,901	18,505
純資産額（百万円）	259,949	369,852
営業活動によるキャッシュ・フロー（百万円）	32,641	30,353
1株当たり配当額（円）	50	75
1株当たり株価（円）	4,230	5,910

　1行目の発行済株式数から5行目の1株当たり配当額までは，有価証券報告書に掲載されています。親会社株主に帰属する当期純利益と純資産額は連結ベースです。発行済株式数は，連結財務諸表作成会社（親会社）の数値です。6行目の株価は刻々と変化しますが，変化する数値を使用することに意味があります。ここでの株価は期末日の終値を用いています。

278

1株当たり当期純利益（EPS）

　株価の高低を判断するために用いられる代表指標に，次に述べる株価収益率があり，その算定のための基礎として用いられる指標が1株利益あるいは1株当たり利益とも略称される1株当たり当期純利益（Earnings per Share；EPS）です。これは連結，個別ともに計算されますが，以下では連結ベースを用います。この指標は次の式で求められます。単位は円で，通常，小数点以下第2位まで表示されます。

$$（1株当たり当期純利益）\frac{親会社株主に帰属する当期純利益}{発行済株式数}（円）$$

　用語では1株当たり当期純利益ですが，連結の場合の計算上の分子は親会社株主に帰属する当期純利益であることに注意しましょう。株価などに関連する分析は，現在のところ，親会社株主の観点を基礎とした立論になっているからです。以下，本節で取り扱う1株利益は，すべてこの数値を基礎としています。

　また，この指標の分子である親会社株主に帰属する当期純利益は，連結損益計算書の年間累計のフロー数値であり，分母は期末時点のストック数値であることから，会計基準などでは分母を期首と期末の平均値としています。標準指標などが平均値を用いていれば分析上の比較のためにはそれに従うのがよいでしょう。ただ，その方式では，たとえば2期分のフロー数値を扱うには3期分のストック数値を要し，またストック値が年度を通じて均等に増減しているとは限らないため，図表9-24以下では計算の便宜上，平均は用いず，ストック数値はすべて期末時点のデータを用いています。多種類の株式を発行している場合には，普通株式の発行済株式数を用います。

　A社とB社の1株利益は次のようになります。

	A社	B社
1株当たり当期純利益（円）	152.26	158.16

279

A社　$\dfrac{親会社株主に帰属する当期純利益（16,901）}{発行済株式数（111）} = 152.26$（円）

B社　$\dfrac{親会社株主に帰属する当期純利益（18,505）}{発行済株式数（117）} = 158.16$（円）

各社における期間的な1株利益の増減は利益レベルの進展の判断材料としては有用ですが，1株利益の値には各社の発行済株式数の大小が影響し，同じ利益でも発行済株式数が多ければ小さくなりますので，会社間での1株利益の比較には大きな意味はありません。もっぱら，次に述べる株価収益率の計算要素として用いられる指標になります。

株価収益率（PER）

株価収益率（Price Earnings Ratio；PER）は，❶で計算した1株利益を基礎として，次の式で求められます。前述のとおり，分母は用語上は単に1株当たり当期純利益とされますが，連結ベースでは，実際には親会社株主に帰属する当期純利益を用いた数値であることに改めて留意しましょう。なお，分母がマイナス（損失）の場合は，通常は計算対象外とします。

（株価収益率）　$\dfrac{1株当たり株価}{1株当たり当期純利益}$（倍）

A社とB社の株価収益率は次のとおりです。単位は倍です。

	A社	B社
株価収益率（倍）	27.78	37.37

A社　$\dfrac{1株当たり株価（4,230）}{1株当たり当期純利益（152.26）} = 27.78$（倍）

B社　$\dfrac{1株当たり株価（5,910）}{1株当たり当期純利益（158.16）} = 37.37$（倍）

この指標は，いま，株式を購入して取得株価が確定し，将来にわたって利益水準が変わらず，かつ稼得された利益が株主に帰属するとした場合に，投資額を何年で回収できるかという観点から，倍ではなく年と表現されたこともあります。ただ，現在では回収の観点は必ずしもなじまないので，利益水準の何倍の株価が付いているかの指標として，株価の高低を判断するための1つの目安として用いられます。

　わが国の単純平均での株価収益率は，東京証券取引所第1部市場のデータでは2019年12月末で17.8倍程度です。平均的な株価収益率からすれば両社とも株価は割高ということになり，とくにB社は顕著です。ただし，株価は株式投資者の先読みを反映するといわれますから，株価収益率は将来の利益水準への期待感が大きければ高めに，期待感が小さければ低めになります。

　この指標の基本は，「いま株を買うとどうなるか」という判断に関わります。株価は時々刻々と変化しますが，いま，株式を買えばその段階で分子の1株株価は確定します。その確定した株価を所与とすると，将来，1株利益が上がれば，その株式投資についての将来の株価収益率は下がることになりますから，もし購入時の株価収益率が高く割高感があっても，その段階になれば割高感が薄れるか，将来利益期待から，さらに株価が上がり，有利な投資をしたことになります。逆に，いま，株価収益率が低く割安感があっても，将来，1株利益が下がれば，結果として割高な株を買ったということになりかねません。このように株価収益率は，利益水準に対する投資者の先読みを反映するといわれるのです。したがって，実績の利益に代えて，予想利益にもとづいて計算した1株利益を用いて算定した株価収益率を用いることもよく行われます。

❸ 1株当たり純資産（BPS）

　1株利益や株価収益率が利益水準から株価の高低を判断する指標であったのに対し，1株当たり純資産（Book-value per Share；BPS）と次に述べる株価純資産倍率は，資産水準から株価の高低を判断する指標です。1株当たり純資

産は1株純資産とも略称され，連結，個別ともに計算されますが，以下では連結ベースを用います。この指標は次の式で求められます。この指標の分子と分母はともに決算日時点での数値です。

（1株当たり純資産） $\dfrac{純資産}{発行済株式数}$ （円）

A社とB社の1株純資産は次のようになります。なお，ここでは分子には連結貸借対照表の純資産合計の額を用いていますが，会計基準などでは，以下の式を用いて計算上の純資産を求め，これを自己資本と呼んでいます。

（自己資本）　純資産合計－新株予約権－非支配株主持分

ただ，負債を他人資本と呼び，純資産を自己資本と呼ぶ慣行もあり，以下の1株純資産の計算では，純資産と自己資本を区別せず，分子に純資産合計を用いた計算結果を示します。

	A社	B社
1株当たり純資産（円）	2,341.88	3,161.13

A社　$\dfrac{純資産（259,949）}{発行済株式数（111）} = 2,341.88$（円）

B社　$\dfrac{純資産（369,852）}{発行済株式数（117）} = 3,161.13$（円）

1株利益は株価収益率を計算するための基礎数値でしたが，1株純資産は株価純資産倍率を求める基礎数値であるとともに，それ自体で一定の意味をもっています。貸借対照表の資産および負債が解散価値（清算価値）を表現していると仮定した場合に，純資産は清算時に株主に帰属する解散価値を表すので，1株株価（1株当たり株価）は1株純資産を下回らないとされるのです。解散価値は事業を停止して清算したと想定した場合の価値です。ただし，会計上の資産および負債は企業の継続を前提とした数値であり，貸借対照表に表示された数値は解散価値ではなく継続価値のため，両者には大きな差があることもあ

ります。解散価値の考え方は1つの目安にはなりますが，そのまま適合するわけではありません。

　株価が1株純資産を下回っていれば，とくに資産の貸借対照表計上額に含み損や脆弱性があると見られている可能性があると考えることができます。したがって，資産水準から判断する指標とされるのです。この数値も，発行済株式数に依存しますから，他社と大小を比較することには大きな意味はありません。

 株価純資産倍率（PBR）

　株価純資産倍率（Price Book-value Ratio；PBR）は単に純資産倍率とも略称され，資産水準から株価の高低を判断する指標です。❸で計算した1株純資産を基礎として，次の式で求められます。なお，純資産がマイナス（債務超過：負債が資産を上回る状態）の場合には計算対象外とします。

$$（株価純資産倍率）\frac{1株当たり株価}{1株当たり純資産}（倍）$$

A社とB社の株価純資産倍率は次のようになります。

	A社	B社
株価純資産倍率（倍）	1.81	1.87

A社　$\dfrac{1株当たり株価（4,230）}{1株当たり純資産（2,341.88）} = 1.81（倍）$

B社　$\dfrac{1株当たり株価（5,910）}{1株当たり純資産（3,161.13）} = 1.87（倍）$

　1株純資産について述べた仮定からすると，株価純資産倍率は1倍が下限の目安になりますが，実際には1倍を下回っている会社も相当数存在する状況にあります。

　わが国の単純平均による株価純資産倍率は，東京証券取引所第1部市場のデータでは2019年12月末で1.2倍です。両社はともに平均的な数値を大きく上

回っています。このことは，保有資産がもたらす将来的な収益あるいはキャッシュ・フローが平均より高く，今後，純資産価値が増大する期待を物語っています。現状の数値では割高に見えても，いま，株式を購入すれば分子は確定し，今後，1株純資産が増加すれば，将来的にはその投資の純資産倍率は低くなり，割高感は薄れることになります。

逆に，資産から負債を控除した純資産の先行きに，たとえば赤字や含み損などによる毀損が見込まれれば，純資産倍率は低くなりがちです。

⑤ 1株当たりキャッシュ・フロー（CFPS）

投資者は利益とともに実際の資金収支であるキャッシュ・フローの成り行きにも関心をもちます。そこで，1株利益と対置されるのが1株当たりキャッシュ・フロー（Cash flow per Share；CFPS）です。用いられるキャッシュ・フローの値は営業活動によるキャッシュ・フロー（以下，営業キャッシュ・フロー）です。この指標は次の式で求められます。単位は円です。

$$（1株当たりキャッシュ・フロー）\quad \frac{営業キャッシュ・フロー}{発行済株式数}\ （円）$$

当期純利益はマイナス値（損失）になることも多いですが，営業キャッシュ・フローは，間接法でいう減価償却費などの利益の計算上は差し引かれている支出を伴わない費用を含むため，マイナス値になりにくい指標です。また，利益とキャッシュ・フローの期間的なズレを排除した実際の資金収支にもとづいた指標となります。

A社とB社の1株当たりキャッシュ・フロー（1株キャッシュ・フロー）は次のようになります。

	A社	B社
1株当たりキャッシュ・フロー（円）	294.06	259.43

$$\text{A社} \quad \frac{\text{営業キャッシュ・フロー（32,641）}}{\text{発行済株式数（111）}} = 294.06（円）$$

$$\text{B社} \quad \frac{\text{営業キャッシュ・フロー（30,353）}}{\text{発行済株式数（117）}} = 259.43（円）$$

　1株キャッシュ・フローも，1株利益と同様に，発行済株式数が影響しますから，会社間での大小の比較には意味がありません。ただ，A社とB社についていえば，1株利益はB社が大きく，1株キャッシュ・フローはA社が大きいという逆転現象が起きています。1株当たりではA社の支出を伴わない費用等の関係で，利益計算とキャッシュ・フロー計算の間にズレが存在することが見て取れます。

❻ 株価キャッシュ・フロー倍率（PCFR）

　株価キャッシュ・フロー倍率（Price Cash Flow Ratio；PCFR）は，❺で計算した1株キャッシュ・フローを基礎として，次の式で求められます。単位は倍です。なお，分母がマイナスの場合は，通常は計算対象外とします。

$$（株価キャッシュ・フロー倍率）\quad \frac{\text{1株当たり株価}}{\text{1株当たりキャッシュ・フロー}}（倍）$$

A社とB社の株価キャッシュ・フロー倍率は次のとおりです。

	A社	B社
株価キャッシュ・フロー倍率（倍）	14.38	22.78

$$\text{A社} \quad \frac{\text{1株当たり株価（4,230）}}{\text{1株当たりキャッシュ・フロー（294.06）}} = 14.38（倍）$$

$$\text{B社} \quad \frac{\text{1株当たり株価（5,910）}}{\text{1株当たりキャッシュ・フロー（259.43）}} = 22.78（倍）$$

　キャッシュ・フロー計算書は損益計算書に比べると新しい計算書であり，各種の関連する指標も新しいため，平均値や標準値が現状では乏しく，解釈上に課

題はありますが，株価キャッシュ・フロー倍率を計算する際の分母である1株キャッシュ・フローは，現実の資金収支を反映しており，またマイナスになりにくい指標であるため，株価収益率の補完指標としての意味があるといえます。

 1株当たり配当額

1株当たり配当額は次の式で求められ，単に1株配当額，1株配当金などともいわれます。通常は開示情報に明示されます。前掲の図表9-24に記載したように，A社は50円，B社は75円でした。なお，グループ経営であっても，配当は個別の会社が行いますから，配当関連の分析は個別ベースで行うのが通例であり，ここでは親会社ベースで説明しています。

（1株当たり配当額）$\dfrac{配当金総額}{発行済株式数}$（円）

配当は，制度上，剰余金の配当という方式をとりますが，企業によっては期末配当のほかに，中間配当や四半期配当を実施する場合もあります。また，期末配当は実際には期を越えて翌年度に支払われますが，翌年度に支払われる期末配当も含めて該当年度中に決定した分を合算したものが配当金総額（配当総額）です。B社のほうが1株配当額が多いですが，発行済株式数の大小が影響しますから，指標としての多寡は以下に述べる配当性向や配当利回りによって判断します。

 **配当性向**

配当性向は，親会社ベースで説明すると，親会社株主に帰属する当期純利益のうち配当金として分配された金額の割合を示す指標であり，次の式で求められます。配当は剰余金から行われますから，当期純利益がマイナスであっても配当が行われることはありますが，その場合は通常，この指標は計算対象外とします。配当性向の単位はパーセントであり，分母の当期純利益は親会社株主

に帰属する当期純利益です。

$$（配当性向）\quad \frac{1株当たり配当額}{1株当たり当期純利益}\times100（\%）=\frac{配当金総額}{当期純利益}\times100（\%）$$

A社とB社の配当性向は次のようになります。

	A社	B社
配当性向（％）	32.8	47.4

A社　$\dfrac{1株当たり配当額（50）}{1株当たり当期純利益（152.26）}\times100=32.8（\%）$

B社　$\dfrac{1株当たり配当額（75）}{1株当たり当期純利益（158.16）}\times100=47.4（\%）$

　B社のほうが利益の多くの割合を配当に充てており，両社の配当性向には大きな差があります。ただ，わが国では安定的な配当額を維持しようとする企業も多く，利益のブレによって配当性向が変動することもよくあります。近年，株主への利益還元が話題に上ります。この観点から，配当性向の基準値を公表している企業もあります。

　株主は配当とともにキャピタル・ゲイン（株価の値上がり益）を志向します。ただし，配当は継続保有でも享受できますが，キャピタル・ゲインは株式を売却しなければ実現しません。継続保有を促す観点からは配当性向の高さも重要になりますが，配当に回らない利益は内部留保され，将来のための投資の原資に充てることができます。新興のベンチャー企業のように今後の成長を図ることが期待される企業は配当性向を低めにして，留保資金を原資として将来の成長投資をするのに対し，成熟企業は配当性向を高めにして，安定的な資金調達を図るという考え方もあります。

❾ 配当利回り

　配当利回りは株価に対する配当額の割合で，次の式で求められます。

$$（配当利回り）\quad \frac{1株当たり配当額}{1株当たり株価} \times 100（\%）$$

期末株価ベースでのA社とB社の配当利回りは次のとおりです。

	A社	B社
配当利回り（％）	1.18	1.27

A社 　$\dfrac{1株当たり配当額（50）}{1株当たり株価（4,230）} \times 100 = 1.18（\%）$

B社 　$\dfrac{1株当たり配当額（75）}{1株当たり株価（5,910）} \times 100 = 1.27（\%）$

株価は刻々と変動しますから，配当利回りは株価に応じて変化しますし，配当額も企業の業績や配当方針によって変化します。投資者が投資対象とする金融商品は多様であり，株式は単にその１つです。事例では，配当利回りはB社のほうがわずかに高いですが，これは結果としての数値です。市中金利水準の見通しも株価に影響しますし，金利水準が高ければ株式ではなく債券への投資が選好されることもあります。また，金利の変化は営業外損益等の変化を通じて企業の業績にも影響します。

配当利回りは，このような変動要因を所与として配当金を果実と考える投資者が，ある一定の時点で，他社の株式や他の金融商品と投資果実の多寡を比較する際の目安となります。

 株主資本配当率

株主資本配当率（Dividend on equity ratio：DOE）は，株主の出資額である純資産に対しての配当の率を示す指標で，次の式で求められます。

$$（株主資本配当率）\quad \frac{1株当たり配当額}{1株当たり純資産} \times 100（\%）= \frac{配当金総額}{純資産} \times 100（\%）$$

A社とB社の株主資本配当率は次のようになります。ここでは１株当たり数

値を用いていますが、総額で計算することもできます。

	A社	B社
株主資本配当率（％）	2.14	2.37

A社　$\dfrac{1 株当たり配当額（50）}{1 株当たり純資産（2,341.88）} \times 100 = 2.14$（％）

B社　$\dfrac{1 株当たり配当額（75）}{1 株当たり純資産（3,161.13）} \times 100 = 2.37$（％）

株主の観点からは、B社のほうが出資額に対する配当率が高いことになります。前述のとおり、配当性向にはブレが生じることがあり、株主資本配当率を一定に保つような方向も出てきました。

株主資本配当率は、次のように2つの要素に分解することができます。

株主資本配当率＝配当性向×自己資本利益率

$$\dfrac{1 株当たり配当額}{1 株当たり純資産} = \dfrac{1 株当たり配当額}{1 株当たり当期純利益} \times \dfrac{1 株当たり当期純利益}{1 株当たり純資産}$$

または

$$\dfrac{配当金総額}{純資産} = \dfrac{配当金総額}{当期純利益} \times \dfrac{当期純利益}{純資産}$$

株主の投資の目的は一様ではないかもしれませんが、基本はインカム・ゲイン（配当金）とキャピタル・ゲイン（値上がり益）を獲得することにあります。インカム・ゲインとしての還元率を意味する配当性向を高めることと、自己資本利益率を高めることが、株主資本配当率を高める要因になりますが、自己資本利益率の向上は、利益水準の向上期待からキャピタル・ゲインを導く要因にもなります。

株式益回り

株式益回りは株価収益率の逆数で、株式益利回りとも呼ばれます。これは次

の式で求められます。株価収益率の単位は倍ですが，株式益回りの単位はパーセントです。分子の当期純利益は親会社株主に帰属する当期純利益です。

$$（株式益回り）\quad \frac{1株当たり当期純利益}{1株当たり株価} \times 100（\%）$$

A社とB社の株式益回りは次のとおりです。株価収益率が相違していたので，株式益回りにも大きな差がみられ，X3年3月末時点ではA社のほうが株主の投資額に対する株主帰属利益の割合は高い状況です。

	A社	B社
株式益回り（％）	3.60	2.68

A社　$\dfrac{1株当たり当期純利益（152.26）}{1株当たり株価（4,230）} \times 100 = 3.60（\%）$

B社　$\dfrac{1株当たり当期純利益（158.16）}{1株当たり株価（5,910）} \times 100 = 2.68（\%）$

株式益回りは投資者の観点から株式投資の効率を判断するための指標です。当期純利益はすべてが分配されるわけではありませんが，キャピタル・ゲインを生む一要因でもあり，配当利回りが投資額に対する分配額を基礎とする指標であるのに対し，株式益回りは投資額に対する株主帰属成果の割合を意味する指標です。

⓬ 時価総額

時価総額は次の式で求められます。単位は円（通常，百万円あるいは億円）です。株式を通じた企業評価指標のため，**株式時価総額**とも呼ばれます。

$$（時価総額）\quad 1株当たり株価 \times 発行済株式数$$

A社とB社の時価総額は次のとおりです。

	A社	B社
時価総額（百万円）	469,530	691,470

A社　　1株当たり株価（4,230）×発行済株式数（111）＝469,530（百万円）

B社　　1株当たり株価（5,910）×発行済株式数（117）＝691,470（百万円）

　株価は基本的には純資産に対する評価ですが，現在の純資産の状態だけでなく，利益の見込みなども反映しています。したがって，時価総額は企業に対する資本市場の総合的な評価額であるといわれます。その意味では，Ｂ社のほうが市場での企業評価規模が大きい会社ということになります。

　Ｂ社の時価総額はＡ社の1.47倍になっていますが，純資産の額は1.42倍ですから，純資産の評価に関する判断に顕著な差があるわけではありません。株価純資産倍率に大差がないことも，このような結果に結びついています。また，株価は純資産だけではなく，利益の将来予想も反映しています。

　時価総額の小さな会社は大きな会社に比べると，Ｍ＆Ａ（企業の合併や買収）の対象になりやすいですし，株主価値を全体として表現する指標ですから，時価総額を高めることが企業の重要な課題であることは確かです。

例題 9 -26

次の資料によりZ社の（　a　）から（　j　）の数値を計算しなさい。

〈資料〉

	Z社
発行済株式数（百万株）	2,000
親会社株主に帰属する当期純利益（百万円）	100,000
純資産額（百万円）	500,000
営業キャッシュ・フロー（百万円）	80,000
配当金総額（百万円）	20,000
1株当たり株価（円）	500

ア．EPSは（　a　）円である。

イ．PERは（　b　）倍である。

ウ．BPSは（　c　）円である。

エ．PBRは（　d　）倍である。

オ．CFPSは（　e　）円である。

カ．PCFRは（　f　）倍である。

キ．1株当たり配当額は（　g　）円である。

ク．配当性向は（　h　）％である。

ケ．配当利回りは（　i　）％である。

コ．株主資本配当率は（　j　）％である。

サ．株式益回りは（　k　）％である。

シ．時価総額は（　l　）百万円である。

解答

a. 50　　b. 10　　c. 250　　d. 2　　e. 40　　f. 12.5

g. 10　　h. 20　　i. 2　　j. 4　　k. 10　　l. 1,000,000

例題 9-27

次の文章のうち，正しいものを１つ選びなさい。

① 株価純資産倍率は１倍を下回らない。

② 時価総額はマイナスにはならない。

③ １株当たり当期純利益はマイナスにはならない。

④ 株価収益率は100倍を超えない。

解答

②

解説

② 株価はマイナスにはならないので時価総額はマイナスにならない。

なお，③１株当たり当期純利益は，純損失の場合にはマイナスになる。その場合でも一般に１株当たり当期純損失とはいわない。

第10節　１人当たり分析

１人当たり分析は財務諸表の諸項目を従業員数で割って算定される数値を指標として用います。３級では従業員１人当たり売上高を学びました。１人当たり指標は，労働効率の判定指標としてだけではなく，企業の人的組織の特徴についての判断に役立つものでもあります。２級では，以下に記述するもの以外でも，１人当たり計算を行うことができる指標は全般的に対象となりますが，ここではA社およびB社の数値を用いて，代表的な指標について説明しておきます。

まず，ここで扱う指標の計算のための基礎データを図表９-25にまとめておきましょう。最後に述べる１人当たり人件費を除いて，連結ベースの数値です。

図表9-25　1人当たり分析の基礎データ（連結）

X3年3月期	A社	B社
従業員数（人）	4,687	8,767
売上高（百万円）	381,259	431,575
営業利益（百万円）	25,075	24,300
経常利益（百万円）	26,630	32,980
資産合計（百万円）	333,933	512,743
有形固定資産（百万円）	120,669	147,249

損益計算書に関する1人当たり指標

ここでは，従業員1人当たり売上高，従業員1人当たり営業利益，従業員1人当たり経常利益を計算しましょう。計算結果は次のとおりです。分子はフロー項目，分母（従業員数）はストック項目ですから，分母を期首・期末の平均値とする考えもありますが，ここでは期末ベースで計算しています。

（百万円）	A社	B社
1人当たり売上高	81.34	49.23
1人当たり営業利益	5.35	2.77
1人当たり経常利益	5.68	3.76

（1人当たり売上高）

A社　$\dfrac{売上高（381,259）}{従業員数（4,687）} = 81.34$（百万円）

B社　$\dfrac{売上高（431,575）}{従業員数（8,767）} = 49.23$（百万円）

（１人当たり営業利益）

A社 $\dfrac{\text{営業利益 (25,075)}}{\text{従業員数 (4,687)}} = 5.35$ （百万円）

B社 $\dfrac{\text{営業利益 (24,300)}}{\text{従業員数 (8,767)}} = 2.77$ （百万円）

（１人当たり経常利益）

A社 $\dfrac{\text{経常利益 (26,630)}}{\text{従業員数 (4,687)}} = 5.68$ （百万円）

B社 $\dfrac{\text{経常利益 (32,980)}}{\text{従業員数 (8,767)}} = 3.76$ （百万円）

　B社のほうが売上高の実額は13%ほど多いですが，従業員はさらに多く，１人当たり売上高はA社のほうが圧倒的に大きくなっています。したがって，販売面から見た従業員効率はA社が優れています。

　また，１人当たりの利益水準も営業利益，経常利益いずれもA社のほうが優れています。同業種ということからは，A社の従業員効率の高さが際立っています。ただし，これはX3年３月期についてのものであり，一時的な相違か否かについては期間的な推移を見る必要があるでしょう。

② 貸借対照表に関する１人当たり指標

　貸借対照表項目に関する１人当たり指標の計算は，分子，分母ともにストック項目ですから，期首・期末平均などの問題はとくにありません。ここでは１人当たり総資産と１人当たり有形固定資産について説明しましょう。

⑴　１人当たり総資産（資本集約率）

　１人当たり総資産（資産合計）は，一般に資本集約率あるいは資本集約度とも呼ばれ，次の式で計算されます。

（1人当たり総資産（資本集約率））	資産合計
	従業員数

　生産効率を高めるために，企業活動に従業員1人当たりの資本をどれぐらい投下しているのかを判断する指標です。生産活動に労働力を多く用いるのが労働集約型生産，資本を多く用いるのが資本集約型生産です。生産活動は農業のような労働集約型から，製造業のような資本集約型に移行してきました。

（百万円）	A社	B社
1人当たり総資産（資本集約率）	71.25	58.49

A社　$\dfrac{資産合計（333,933）}{従業員数（4,687）} = 71.25$（百万円）

B社　$\dfrac{資産合計（512,743）}{従業員数（8,767）} = 58.49$（百万円）

　同業種ということから，A社のほうが資本集約率が相当に高いといえます。このことが，前述の利益に関する労働効率の高さに結びついている可能性があります。

⑵　1人当たり有形固定資産（労働装備率）

　1人当たり有形固定資産は，一般に労働装備率とも呼ばれ，次の式で計算されます。

（1人当たり有形固定資産（労働装備率））	有形固定資産
	従業員数

　1人当たりの有形固定資産投資を増やすことは，1人当たりの産出高を増やすことに結びつき，労働力の生産性を高めると考えられます。

（百万円）	A社	B社
1人当たり有形固定資産（労働装備率）	25.75	16.80

A社　$\dfrac{\text{有形固定資産（120,669）}}{\text{従業員数（4,687）}} = 25.75$（百万円）

B社　$\dfrac{\text{有形固定資産（147,249）}}{\text{従業員数（8,767）}} = 16.80$（百万円）

　この指標からも，A社の設備投資等の高さが，労働効率の高さに結びついている可能性があります。

　以上の2つの指標について，A社とB社を比較すると，いずれもA社のほうが高い状況です。ただし，これらは従業員効率の高低を示すものではなく，労働効率あるいは生産性を高めるための投資の多寡を意味しています。また，A社の資本集約率はB社の1.2倍，労働装備率は1.5倍ということから，A社は，とくに設備投資等に比重がある製造業としての特質が現れています。

③　1人当たり人件費

　1人当たり分析で企業の特徴をみる場合に，関心が高い事項の1つに1人当たり人件費があります。人件費は損益計算書に計上される項目ですから，損益計算書関連で取り扱うのが適当かもしれませんが，損益計算書の項目から人件費を算定するのは容易ではありません。基本的には製造原価明細書の労務費と販売費及び一般管理費に含まれる給料・手当その他の労働関連費用の合計額ですが，研究開発費に含まれる人件費などが明確ではない場合が多いからです。また，製造原価明細書が免除される制度が導入されてきていることから，会計情報を通じて人件費を把握することは困難になってきています。

　ただし，有価証券報告書には，個別ベースの平均年間給与が公開されています。両社については，次のとおりです。

	A社	B社
平均年間給与（千円）	5,504	8,104

297

B社のほうが際立って高いですが，これは両社の組織構造の相違から来ています。A社は，個別企業（親会社）としてはグループの統括とともに，通常の形態の製造・販売を行う現業を伴った会社であるのに対して，B社はグループの資産管理を行う純粋持株会社であり，製造や販売は行わず，グループ会社の管理に特化した会社であるためです。

　1人当たり分析は，必ずしも各社の内部的な事情が明らかでないため，相違の解釈に困難を伴う場合もあります。これも外部分析の限界の1つといえますが，分析対象会社のことをまったく知らずに数値操作だけを行うのは財務諸表分析ではなく，単なる数字のゲームにすぎません。少なくとも，組織構造の特質は調べておく必要があります。

例題 9-28

　同業種のC社とD社の次の資料から，（ア）から（エ）に該当する選択肢を選びなさい。

〈資料〉

	C社	D社
従業員数（人）	100	200
売上高（百万円）	8,000	13,000
営業利益（百万円）	500	1,200
資産合計（百万円）	10,000	15,000
有形固定資産（百万円）	2,000	5,000

（ア）売上高を生み出す従業員効率の高い会社

（イ）営業利益を生み出す従業員効率の高い会社

（ウ）従業員効率を高めるための資本集約率の高い会社

（エ）従業員効率を高めるための労働装備率の高い会社

（共通の選択肢）　①　C社　　②　D社

298

解答

（ア）①　　（イ）②　　（ウ）①　　（エ）②

解説

それぞれ次の指標から判定しています。（単位・百万円）

	C社	D社
（ア）従業員一人当たり売上高	80	65
（イ）従業員一人当たり営業利益	5	6
（ウ）資本集約率	100	75
（エ）労働装備率	20	25

付　録

連結財務諸表の表示例

■　連結貸借対照表

■　連結損益計算書

■　連結包括利益計算書

■　連結株主資本等変動計算書

■　連結キャッシュ・フロー計算書

A社　連結財務諸表

(1)　連結貸借対照表

(単位：百万円)

	前連結会計年度 （X 2 年 3 月31日）	当連結会計年度 （X 3 年 3 月31日）
資産の部		
流動資産		
現金及び預金	54,082	68,331
受取手形及び売掛金	14,697	14,036
電子記録債権	34,292	32,752
有価証券	34,200	38,000
商品及び製品	17,121	17,241
仕掛品	286	326
原材料及び貯蔵品	5,679	5,998
その他	5,047	5,041
貸倒引当金	△ 501	△ 485
流動資産合計	164,904	181,243
固定資産		
有形固定資産		
建物及び構築物	126,840	133,123
減価償却累計額及び減損損失累計額	△ 74,324	△ 78,866
建物及び構築物（純額）	52,516	54,256
機械装置及び運搬具	100,727	107,703
減価償却累計額及び減損損失累計額	△ 74,165	△ 81,075
機械装置及び運搬具（純額）	26,561	26,628
土地	32,090	32,913
リース資産	4,641	4,669
減価償却累計額及び減損損失累計額	△ 657	△ 1,130
リース資産（純額）	3,983	3,538
建設仮勘定	2,989	2,177
その他	5,280	5,601
減価償却累計額及び減損損失累計額	△ 4,242	△ 4,447
その他（純額）	1,037	1,154
有形固定資産合計	119,179	120,669
無形固定資産		
ソフトウエア	1,912	2,100
その他	495	1,131
無形固定資産合計	2,408	3,232
投資その他の資産		
投資有価証券	20,114	26,745
繰延税金資産	1,352	1,227
退職給付に係る資産	82	94
その他	744	721
投資その他の資産合計	22,293	28,789
固定資産合計	143,882	152,690
資産合計	308,787	333,933

（単位：百万円）

	前連結会計年度 （X 2 年 3 月31日）	当連結会計年度 （X 3 年 3 月31日）
負債の部		
流動負債		
支払手形及び買掛金	7,299	7,431
電子記録債務	17,032	17,339
短期借入金	201	227
1 年内返済予定の長期借入金	85	30
リース債務	237	275
未払費用	19,378	17,645
未払法人税等	2,875	2,580
役員賞与引当金	175	49
その他	3,385	2,281
流動負債合計	50,669	47,860
固定負債		
長期借入金	30	－
リース債務	3,916	4,179
繰延税金負債	3,652	5,877
退職給付に係る負債	12,649	14,053
資産除去債務	315	318
その他	616	1,693
固定負債合計	21,181	26,123
負債合計	71,851	73,984
純資産の部		
株主資本		
資本金	18,969	18,969
資本剰余金	22,516	22,516
利益剰余金	189,404	200,821
自己株式	△ 8,207	△ 8,220
株主資本合計	222,683	234,087
その他の包括利益累計額		
その他有価証券評価差額金	3,281	7,049
繰延ヘッジ損益	11	16
為替換算調整勘定	△ 2,800	8,217
退職給付に係る調整累計額	390	336
その他の包括利益累計額合計	881	15,620
非支配株主持分	13,371	10,241
純資産合計	236,936	259,949
負債純資産合計	308,787	333,933

(2) 連結損益計算書及び連結包括利益計算書
（連結損益計算書）　　　　　　　　　　　　　　　　　　　　　　　　　　　　（単位：百万円）

	前連結会計年度 （自　X 1 年 4 月 1 日 至　X 2 年 3 月31日）	当連結会計年度 （自　X 2 年 4 月 1 日 至　X 3 年 3 月31日）
売上高	372,231	381,259
売上原価	230,221	244,924
売上総利益	142,010	136,335
販売費及び一般管理費		
運送費及び保管費	24,178	26,028
広告宣伝費	4,457	3,905
販売促進費	62,398	60,433
給料	5,943	6,245
賞与	2,206	1,819
退職給付費用	1,130	1,012
役員賞与引当金繰入額	173	47
減価償却費	786	947
研究開発費	1,328	1,248
その他	8,810	9,569
販売費及び一般管理費合計	111,414	111,259
営業利益	30,595	25,075
営業外収益		
受取利息	267	336
受取配当金	334	364
持分法による投資利益	34	84
為替差益	131	296
賃貸収入	411	366
その他	776	615
営業外収益合計	1,956	2,063
営業外費用		
支払利息	4	260
その他	304	248
営業外費用合計	308	508
経常利益	32,243	26,630
特別利益		
固定資産売却益	1,919	63
その他	2,463	1,152
特別利益合計	4,383	1,217
特別損失		
固定資産除売却損	124	147
投資有価証券評価損	10	－
減損損失	177	37
その他	10	21
特別損失合計	323	205
税金等調整前当期純利益	36,304	27,641
法人税，住民税及び事業税	10,781	9,413
法人税等調整額	2,242	843
法人税等合計	13,024	10,256
当期純利益	23,279	17,385
非支配株主に帰属する当期純利益	556	483
親会社株主に帰属する当期純利益	22,723	16,901

(連結包括利益計算書) （単位：百万円）

	前連結会計年度 （自 X 1 年 4 月 1 日 至 X 2 年 3 月31日）	当連結会計年度 （自 X 2 年 4 月 1 日 至 X 3 年 3 月31日）
当期純利益	23,279	17,385
その他の包括利益		
その他有価証券評価差額金	1,116	3,891
繰延ヘッジ損益	△ 21	5
為替換算調整勘定	5,319	11,018
退職給付に係る調整額	－	△ 51
持分法適用会社に対する持分相当額	30	56
その他の包括利益合計	6,446	14,919
包括利益	29,726	32,304
（内訳）		
親会社株主に係る包括利益	29,117	31,640
非支配株主に係る包括利益	608	663

(3) 連結株主資本等変動計算書

前連結会計年度（自　X1年4月1日　至　X2年3月31日）　（単位：百万円）

	株主資本				
	資本金	資本剰余金	利益剰余金	自己株式	株主資本合計
当期首残高	18,969	22,516	171,246	△ 8,145	204,586
会計方針の変更による累積的影響額					－
会計方針の変更を反映した当期首残高	18,969	22,516	171,246	△ 8,145	204,586
当期変動額					
剰余金の配当			△ 5,618		△ 5,618
親会社株主に帰属する当期純利益			22,723		22,723
自己株式の取得				△ 61	△ 61
連結範囲の変動			1,053		1,053
株主資本以外の項目の当期変動額（純額）					
当期変動額合計	－	－	18,158	△ 61	18,096
当期末残高	18,969	22,516	189,404	△ 8,207	222,683

	その他の包括利益累計額					非支配株主持分	純資産合計
	その他有価証券評価差額金	繰延ヘッジ損益	為替換算調整勘定	退職給付に係る調整累計額	その他の包括利益累計額合計		
当期首残高	2,185	32	△ 8,120	－	△ 5,902	10,487	209,172
会計方針の変更による累積的影響額							－
会計方針の変更を反映した当期首残高	2,185	32	△ 8,120	－	△ 5,902	10,487	209,172
当期変動額							
剰余金の配当							△ 5,618
親会社株主に帰属する当期純利益							22,723
自己株式の取得							△ 61
連結範囲の変動							1,053
株主資本以外の項目の当期変動額（純額）	1,095	△ 21	5,319	390	6,784	2,883	9,667
当期変動額合計	1,095	△ 21	5,319	390	6,784	2,883	27,764
当期末残高	3,281	11	△ 2,800	390	881	13,371	236,936

当連結会計年度（自　X２年４月１日　至　X３年３月31日）　（単位：百万円）

	株主資本				
	資本金	資本剰余金	利益剰余金	自己株式	株主資本合計
当期首残高	18,969	22,516	189,404	△ 8,207	222,683
会計方針の変更による累積的影響額			△ 378		△ 378
会計方針の変更を反映した当期首残高	18,969	22,516	189,026	△ 8,207	222,304
当期変動額					
剰余金の配当			△ 5,106		△ 5,106
親会社株主に帰属する当期純利益			16,901		16,901
自己株式の取得				△ 12	△ 12
連結範囲の変動					
株主資本以外の項目の当期変動額（純額）					
当期変動額合計	－	－	11,795	△ 12	11,782
当期末残高	18,969	22,516	200,821	△ 8,220	234,087

	その他の包括利益累計額					非支配株主持分	純資産合計
	その他有価証券評価差額金	繰延ヘッジ損益	為替換算調整勘定	退職給付に係る調整累計額	その他の包括利益累計額合計		
当期首残高	3,281	11	△ 2,800	390	881	13,371	236,936
会計方針の変更による累積的影響額						△ 25	△ 404
会計方針の変更を反映した当期首残高	3,281	11	△ 2,800	390	881	13,345	236,532
当期変動額							
剰余金の配当							△ 5,106
親会社株主に帰属する当期純利益							16,901
自己株式の取得							△ 12
連結範囲の変動							－
株主資本以外の項目の当期変動額（純額）	3,768	5	11,018	△ 53	14,739	△ 3,104	11,634
当期変動額合計	3,768	5	11,018	△ 53	14,739	△ 3,104	23,417
当期末残高	7,049	16	8,217	336	15,620	10,241	259,949

(4) 連結キャッシュ・フロー計算書

(単位：百万円)

	前連結会計年度 (自 X 1 年 4 月 1 日 至 X 2 年 3 月31日)	当連結会計年度 (自 X 2 年 4 月 1 日 至 X 3 年 3 月31日)
営業活動によるキャッシュ・フロー		
税金等調整前当期純利益	36,304	27,641
減価償却費	10,615	11,608
減損損失	177	37
持分法による投資損益（△は益）	△ 34	△ 84
投資有価証券評価損益（△は益）	10	－
役員賞与引当金の増減額（△は減少）	△ 23	△ 126
貸倒引当金の増減額（△は減少）	△ 22	△ 16
退職給付に係る負債の増減額（△は減少）	△ 3,106	752
受取利息及び受取配当金	△ 601	△ 701
支払利息	4	260
為替差損益（△は益）	△ 131	△ 296
有形固定資産除売却損益（△は益）	△ 1,794	84
売上債権の増減額（△は増加）	△ 556	2,629
棚卸資産の増減額（△は増加）	△ 1,749	123
仕入債務の増減額（△は減少）	1,225	38
未払費用の増減額（△は減少）	598	△ 2,005
その他	159	1,057
小計	41,076	41,004
利息及び配当金の受取額	583	680
利息の支払額	△ 4	△ 260
法人税等の支払額	△ 12,278	△ 8,782
営業活動によるキャッシュ・フロー	29,377	32,641
投資活動によるキャッシュ・フロー		
定期預金の預入による支出	△ 24,515	△ 37,749
定期預金の払戻による収入	29,698	28,745
有価証券の取得による支出	△ 69,198	△ 105,500
有価証券の売却及び償還による収入	52,500	86,700
有形固定資産の取得による支出	△ 19,891	△ 9,778
有形固定資産の売却による収入	2,648	99
無形固定資産の取得による支出	△ 676	△ 1,826
投資有価証券の取得による支出	△ 28	△ 1,025
投資有価証券の売却による収入	35	317
連結の範囲の変更を伴う子会社株式の取得による収入	810	－
貸付けによる支出	△ 2,081	△ 2,580
貸付金の回収による収入	2,187	2,656
その他	△ 10	△ 33
投資活動によるキャッシュ・フロー	△ 28,521	△ 39,976

財務活動によるキャッシュ・フロー		
短期借入れによる収入	929	929
短期借入金の返済による支出	△ 940	△ 903
長期借入金の返済による支出	△ 149	△ 85
子会社の自己株式の取得による支出	−	△ 3,402
配当金の支払額	△ 5,615	△ 5,095
非支配株主への配当金の支払額	△ 221	△ 172
その他	△ 242	△ 257
財務活動によるキャッシュ・フロー	△ 6,238	△ 8,987
現金及び現金同等物に係る換算差額	1,462	2,582
現金及び現金同等物の増減額（△は減少）	△ 3,920	△ 13,740
現金及び現金同等物の期首残高	51,341	47,420
現金及び現金同等物の期末残高	47,420	33,680

B社　連結財務諸表

(1)　連結貸借対照表

（単位：百万円）

	前連結会計年度 （X 2 年 3 月31日）	当連結会計年度 （X 3 年 3 月31日）
資産の部		
流動資産		
現金及び預金	79,923	94,365
受取手形及び売掛金	15,389	16,347
電子記録債権	35,909	38,144
有価証券	11,725	19,153
商品及び製品	10,032	12,015
原材料及び貯蔵品	10,926	11,053
その他	11,281	10,851
貸倒引当金	△ 369	△ 422
流動資産合計	174,819	201,507
固定資産		
有形固定資産		
建物及び構築物（純額）	45,453	44,249
機械装置及び運搬具（純額）	41,462	40,498
工具，器具及び備品（純額）	2,738	2,949
土地	51,063	51,097
リース資産（純額）	1,084	1,012
建設仮勘定	4,289	5,912
その他（純額）	1,527	1,528
有形固定資産合計	147,620	147,249
無形固定資産		
のれん	1,832	701
その他	4,477	7,511
無形固定資産合計	6,309	8,212
投資その他の資産		
投資有価証券	131,843	135,441
出資金	14,123	15,292
長期貸付金	1,915	2,004
繰延税金資産	1,419	950
その他	1,745	2,406
貸倒引当金	△ 327	△ 322
投資その他の資産合計	150,720	155,773
固定資産合計	304,650	311,236
資産合計	479,469	512,743

（単位：百万円）

	前連結会計年度 （X2年3月31日）	当連結会計年度 （X3年3月31日）
負債の部		
流動負債		
支払手形及び買掛金	13,038	13,469
電子記録債務	30,423	31,427
短期借入金	3,332	3,870
未払金	24,536	27,085
リース債務	132	153
未払法人税等	7,306	5,163
その他	21,398	21,857
流動負債合計	100,167	103,027
固定負債		
長期借入金	9,441	9,461
リース債務	533	432
資産除去債務	55	55
繰延税金負債	17,859	23,800
退職給付に係る負債	6,290	3,394
その他	2,820	2,719
固定負債合計	37,001	39,863
負債合計	137,168	142,891
純資産の部		
株主資本		
資本金	25,122	25,122
資本剰余金	48,416	48,417
利益剰余金	263,585	273,319
自己株式	△ 21,710	△ 21,684
株主資本合計	315,413	325,175
その他の包括利益累計額		
その他有価証券評価差額金	17,562	35,102
繰延ヘッジ損益	38	57
土地再評価差額金	△ 5,898	△ 5,739
為替換算調整勘定	5,214	6,016
退職給付に係る調整累計額	408	1,169
その他の包括利益累計額合計	17,325	36,608
新株予約権	1,180	1,518
非支配株主持分	8,381	6,551
純資産合計	342,300	369,852
負債純資産合計	479,469	512,743

(2) 連結損益計算書及び連結包括利益計算書
(連結損益計算書)　　　　　　　　　　　　　　　　　　　（単位：百万円）

	前連結会計年度 （自 X 1 年 4 月 1 日 至 X 2 年 3 月31日）	当連結会計年度 （自 X 2 年 4 月 1 日 至 X 3 年 3 月31日）
売上高	417,620	431,575
売上原価	231,309	242,915
売上総利益	186,310	188,659
販売費及び一般管理費	158,605	164,358
営業利益	27,705	24,300
営業外収益		
受取利息	1,084	889
受取配当金	1,896	1,875
有価証券売却益	493	－
持分法による投資利益	2,153	2,929
為替差益	1,177	2,486
その他	773	1,014
営業外収益合計	7,578	9,195
営業外費用		
支払利息	250	247
租税公課	－	53
その他	193	214
営業外費用合計	443	515
経常利益	34,840	32,980
特別利益		
固定資産売却益	138	385
投資有価証券売却益	3,329	2,505
その他	24	200
特別利益合計	3,492	3,090
特別損失		
固定資産売却損	220	143
固定資産廃棄損	727	431
減損損失	1,998	5,057
その他	3,660	1,423
特別損失合計	6,607	7,056
税金等調整前当期純利益	31,725	29,014
法人税，住民税及び事業税	11,192	10,491
法人税等調整額	1,243	△ 195
法人税等合計	12,435	10,295
当期純利益	19,289	18,719
非支配株主に帰属する当期純利益	20	214
親会社株主に帰属する当期純利益	19,268	18,505

（連結包括利益計算書）　　　　　　　　　　　　　　　　　　　　　　　　　（単位：百万円）

	前連結会計年度 （自 X 1 年 4 月 1 日 至 X 2 年 3 月31日）	当連結会計年度 （自 X 2 年 4 月 1 日 至 X 3 年 3 月31日）
当期純利益	19,289	18,719
その他の包括利益		
その他有価証券評価差額金	5,257	16,478
土地再評価差額金	－	159
繰延ヘッジ損益	38	19
為替換算調整勘定	8,636	8,045
持分法適用会社に対する持分相当額	4,035	△ 6,237
退職給付に係る調整額	152	771
その他の包括利益合計	18,120	19,236
包括利益	37,410	37,955
（内訳）		
親会社株主に係る包括利益	36,787	37,798
非支配株主に係る包括利益	622	156

(3) 連結株主資本等変動計算書

前連結会計年度（自　X1年4月1日　至　X2年3月31日）　　（単位：百万円）

	株主資本				
	資本金	資本剰余金	利益剰余金	自己株式	株主資本合計
当期首残高	25,122	48,416	257,067	△21,798	308,808
会計方針の変更による累積的影響額			△2,094		△2,094
会計方針の変更を反映した当期首残高	25,122	48,416	254,972	△21,798	306,713
当期変動額					
剰余金の配当			△8,265		△8,265
親会社株主に帰属する当期純利益			19,268		19,268
自己株式の取得				△6	△6
自己株式の処分		△10		94	83
利益剰余金から資本剰余金への振替		10	△10		−
土地再評価差額金の取崩			△721		△721
連結範囲の変動			△1,658		△1,658
連結子会社の決算期変更に伴う増減					−
持分法適用会社の決算期変更に伴う増減					−
その他					
株主資本以外の項目の当期変動額（純額）					
当期変動額合計	−	−	8,612	87	8,700
当期末残高	25,122	48,416	263,585	△21,710	315,413

	その他の包括利益累計額						新株予約権	非支配株主持分	純資産合計
	その他有価証券評価差額金	繰延ヘッジ損益	土地再評価差額金	為替換算調整勘定	退職給付に係る調整累計額	その他の包括利益累計額合計			
当期首残高	12,329	−	△6,619	△7,936	−	△2,227	899	7,546	315,026
会計方針の変更による累積的影響額					255	255			△1,838
会計方針の変更を反映した当期首残高	12,329	−	△6,619	△7,936	255	△1,971	899	7,546	313,188
当期変動額									
剰余金の配当									△8,265
親会社株主に帰属する当期純利益									19,268
自己株式の取得									△6
自己株式の処分									83
利益剰余金から資本剰余金への振替									−
土地再評価差額金の取崩									△721
連結範囲の変動									△1,658
連結子会社の決算期変更に伴う増減									−
持分法適用会社の決算期変更に伴う増減									−
その他									−
株主資本以外の項目の当期変動額（純額）	5,233	38	721	13,150	152	19,296	281	834	20,412
当期変動額合計	5,233	38	721	13,150	152	19,296	281	834	29,112
当期末残高	17,562	38	△5,898	5,214	408	17,325	1,180	8,381	342,300

当連結会計年度（自 X2年4月1日 至 X3年3月31日）（単位：百万円）

	株主資本				
	資本金	資本剰余金	利益剰余金	自己株式	株主資本合計
当期首残高	25,122	48,416	263,585	△21,710	315,413
会計方針の変更による累積的影響額					
会計方針の変更を反映した当期首残高	25,122	48,416	263,585	△21,710	315,413
当期変動額					
剰余金の配当			△8,267		△8,267
親会社株主に帰属する当期純利益			18,505		18,505
自己株式の取得				△9	△9
自己株式の処分		0		35	36
利益剰余金から資本剰余金への振替					
土地再評価差額金の取崩			84		84
連結範囲の変動			△726		△726
連結子会社の決算期変更に伴う増減			40		40
持分法適用会社の決算期変更に伴う増減			127		127
その他			△29		△29
株主資本以外の項目の当期変動額（純額）					−
当期変動額合計	−	0	9,734	26	9,761
当期末残高	25,122	48,417	273,319	△21,684	325,175

	その他の包括利益累計額						新株予約権	非支配株主持分	純資産合計
	その他有価証券評価差額金	繰延ヘッジ損益	土地再評価差額金	為替換算調整勘定	退職給付に係る調整累計額	その他の包括利益累計額合計			
当期首残高	17,562	38	△5,898	5,214	408	17,325	1,180	8,381	342,300
会計方針の変更による累積的影響額									
会計方針の変更を反映した当期首残高	17,562	38	△5,898	5,214	408	17,325	1,180	8,381	342,300
当期変動額									
剰余金の配当									△8,267
親会社株主に帰属する当期純利益									18,505
自己株式の取得									△9
自己株式の処分									36
利益剰余金から資本剰余金への振替									−
土地再評価差額金の取崩									84
連結範囲の変動									△726
連結子会社の決算期変更に伴う増減									40
持分法適用会社の決算期変更に伴う増減									127
その他									△29
株主資本以外の項目の当期変動額（純額）	17,540	19	159	802	760	19,282	337	△1,829	17,790
当期変動額合計	17,540	19	159	802	760	19,282	337	△1,829	27,551
当期末残高	35,102	57	△5,739	6,016	1,169	36,608	1,518	6,551	369,852

⑷　連結キャッシュ・フロー計算書

(単位：百万円)

	前連結会計年度 (自 X 1 年 4 月 1 日 至 X 2 年 3 月31日)	当連結会計年度 (自 X 2 年 4 月 1 日 至 X 3 年 3 月31日)
営業活動によるキャッシュ・フロー		
税金等調整前当期純利益	31,725	29,014
減価償却費	14,516	15,439
減損損失	1,998	5,057
貸倒引当金の増減額（△は減少）	30	41
退職給付に係る負債の増減額（△は減少）	△ 3,813	△ 1,791
受取利息及び受取配当金	△ 2,980	△ 2,764
支払利息	250	247
為替差損益（△は益）	△ 215	△ 2,359
持分法による投資損益（△は益）	△ 2,153	△ 2,929
有形固定資産処分損益（△は益）	808	189
有価証券売却損益（△は益）	△ 3,822	△ 2,505
投資有価証券等評価損益（△は益）	2,822	720
売上債権の増減額（△は増加）	△ 2,318	△ 2,587
棚卸資産の増減額（△は増加）	△ 256	△ 1,264
仕入債務の増減額（△は減少）	△ 1,342	566
未払金の増減額（△は減少）	△ 507	1,751
その他	1,538	99
小計	36,280	36,926
利息及び配当金の受取額	4,699	6,086
利息の支払額	△ 250	△ 247
法人税等の支払額	△ 12,184	△ 13,641
法人税等の還付額	1,668	1,229
営業活動によるキャッシュ・フロー	30,213	30,353
投資活動によるキャッシュ・フロー		
定期預金の預入による支出	△ 2,125	△ 6,032
定期預金の払戻による収入	3,116	3,069
有価証券の取得による支出	△ 5,703	0
有価証券の売却及び償還による収入	10,840	8,401
有形固定資産の取得による支出	△ 21,068	△ 19,951
有形固定資産の売却による収入	2,282	1,828
投資有価証券等の取得による支出	△ 21,033	△ 16,244
投資有価証券等の売却及び償還による収入	25,911	27,578
子会社株式の売却による収入	474	－
貸付けによる支出	△ 804	△ 68
貸付金の回収による収入	1,154	69
その他	△ 2,551	△ 3,492
投資活動によるキャッシュ・フロー	△ 9,507	△ 4,840
財務活動によるキャッシュ・フロー		

短期借入金の増減額（△は減少）	2,029	654
長期借入れによる収入	4,033	2,365
長期借入金の返済による支出	△ 6,194	△ 2,623
自己株式の取得による支出	△ 6	△ 9
配当金の支払額	△ 8,265	△ 8,267
非支配株主への配当金の支払額	△ 30	△ 12
その他	△ 91	△ 129
財務活動によるキャッシュ・フロー	△ 8,525	△ 8,022
現金及び現金同等物に係る換算差額	2,822	5,062
現金及び現金同等物の増減額（△は減少）	15,003	22,553
現金及び現金同等物の期首残高	64,014	80,201
新規連結に伴う現金及び現金同等物の増加額	1,183	2,574
連結子会社の決算期変更に伴う現金及び現金同等物の増減額（△は減少）	−	567
現金及び現金同等物の期末残高	80,201	105,896

2級で対象となる主要指標

第9章掲載分。ただし，これら以外にも派生的な指標があり，すべてを網羅したものではありません。また，3級で扱っている指標は，指標名だけを記載し，計算式は省略しました。

基本分析（第2節）	〈3級で扱っている指標〉
＊百分比財務諸表	・貸借対照表構成比率 ・損益計算書百分比
＊時系列分析	・対前年度比率 ・伸び率（増減率）・対基準年度比率
安全性の分析（第3節）	
＊短期の安全性	
〈3級で扱っている指標〉	・流動比率 ・正味運転資本 ・当座比率 ・手元流動性（手元資金）
・手元流動性比率	$= \dfrac{手元流動性}{売上高 \div 12} \times 100$（％）
・ネットキャッシュ	$=$ 手元流動性（手元資金）$-$ 有利子負債
＊長期の安全性	
〈3級で扱っている指標〉	・自己資本比率
・固定比率	$= \dfrac{固定資産}{純資産} \times 100$（％）
・固定長期適合率	$= \dfrac{固定資産}{純資産＋固定負債} \times 100$（％）
・負債比率	$= \dfrac{負債}{純資産} \times 100$（％）
・インタレスト・カバレッジ・レシオ	$= \dfrac{事業利益}{支払利息・社債利息等}$（倍）
収益性の分析（第4節）	
〈3級で扱っている指標〉	・総資本経常利益率 ・売上高経常利益率 ・資本回転率 ・自己資本当期純利益率 ・売上高当期純利益率 ・財務レバレッジ
・総資本事業利益率	$= \dfrac{事業利益}{総資本} \times 100$（％）
・経営資本営業利益率	$= \dfrac{営業利益}{経営資本} \times 100$（％）
・売上債権回転期間	$= 365 \div \dfrac{売上高}{売上債権}$（日）$= \dfrac{365}{売上債権回転率}$（日）

・棚卸資産回転率	$= \dfrac{売上高}{棚卸資産}$（回）
・棚卸資産回転期間	$= 365 \div \dfrac{売上高}{棚卸資産}$（日）$= \dfrac{365}{棚卸資産回転率}$（日）
・仕入債務回転率	$= \dfrac{売上高}{仕入債務}$（回）
・仕入債務回転期間	$= 365 \div \dfrac{売上高}{仕入債務}$（日）$= \dfrac{365}{仕入債務回転率}$（日）
・キャッシュ・コンバージョン・サイクル	＝売上債権回転期間＋棚卸資産回転期間 －仕入債務回転期間

キャッシュ・フロー分析（第5節）

〈3級で扱っている指標〉	・フリー・キャッシュ・フロー
・営業キャッシュ・フロー・マージン	$= \dfrac{営業キャッシュ・フロー}{売上高} \times 100$（％）
・自己資本営業キャッシュ・フロー比率	$= \dfrac{営業キャッシュ・フロー}{自己資本（＝純資産）} \times 100$（％）
・営業キャッシュ・フロー対流動負債比率	$= \dfrac{営業キャッシュ・フロー}{流動負債} \times 100$（％）
・設備投資額対キャッシュ・フロー比率	$= \dfrac{設備投資額}{営業キャッシュ・フロー} \times 100$（％）

連単倍率・規模倍率（第6節）

・連単倍率	$= \dfrac{連結の財務諸表項目数値}{個別の財務諸表項目数値}$（倍）
・規模倍率	$= \dfrac{比較会社の財務諸表項目数値}{基準会社の財務諸表項目数値}$（倍）

損益分岐点分析（第8節）

・変動費率	$= \dfrac{変動費}{売上高}$（実数または $\times 100$（％））
・限界利益率	$= 1 - \dfrac{変動費}{売上高} = 1 - 変動費率 = \dfrac{限界利益}{売上高}$（実数または $\times 100$（％））
・損益分岐点	$= \dfrac{固定費}{1 - \dfrac{変動費}{売上高}} = \dfrac{固定費}{1 - 変動費率} = \dfrac{固定費}{限界利益率}$
・損益分岐点比率	$= \dfrac{損益分岐点}{売上高} \times 100$（％）
・経営安全率	$= 100$（％）$-$ 損益分岐点比率（％）

1株当たり分析（第9節）	
〈3級で扱っている指標〉	・1株当たり当期純利益（EPS）・株価収益率（PER） ・1株当たり純資産（BPS）・株価純資産率（PBR） ・時価総額
・1株当たりキャッシュ・フロー（CFPS）	$= \dfrac{\text{営業キャッシュ・フロー}}{\text{発行済株式数}}$（円）
・株価キャッシュ・フロー率（PCFR）	$= \dfrac{\text{1株当たり株価}}{\text{1株当たりキャッシュ・フロー}}$（倍）
・1株当たり配当額	$= \dfrac{\text{配当金総額}}{\text{発行済株式数}}$（円）
・配当性向	$= \dfrac{\text{1株当たり配当額}}{\text{1株当たり当期純利益}} \times 100$（%）$= \dfrac{\text{配当額総額}}{\text{当期純利益}} \times 100$（%）
・配当利回り	$= \dfrac{\text{1株当たり配当額}}{\text{1株当たり株価}} \times 100$（%）
・株主資本配当率	$= \dfrac{\text{1株当たり配当額}}{\text{1株当たり純資産}} \times 100$（%）$= \dfrac{\text{配当額総額}}{\text{純資産}} \times 100$（%）
・株式益回り	$= \dfrac{\text{1株当たり当期純利益}}{\text{1株当たり株価}} \times 100$（%）
1人当たり分析（第10節）	
〈3級で扱っている指標〉	・従業員1人当たり売上高
・従業員1人当たり利益	$= \dfrac{\text{損益計算書の各種の利益}}{\text{従業員数}}$
・1人当たり総資産（資本集約率）	$= \dfrac{\text{資産合計}}{\text{従業員数}}$
・1人当たり有形固定資産（労働装備率）	$= \dfrac{\text{有形固定資産}}{\text{従業員数}}$
・1人当たり人件費	$= \dfrac{\text{人件費}}{\text{従業員数}}$

索　引

欧　文

BPS ……………………………………281
CVP関係 ………………………………267
D/Eレシオ ……………………………209
EDINET …………………………………8
EPS ……………………………………279
PBR ……………………………………283
PER ……………………………………280
ROA ……………………………………218
ROE ……………………………………224
ROI ……………………………………218
TDnet …………………………………17

あ

粗利益 …………………………………79
粗利益率 ………………………………227
安全性の分析 …………………………196

い

意思決定支援機能 ……………………3
一行連結 ………………………………33
1計算書方式 ………………………74, 107
インタレスト・カバレッジ・レシオ
………………………………………214

う

受取手形及び売掛金 …………………44
受取配当金 ……………………………91
受取利息 ………………………………91

売上原価 ………………………………81
売上債権回転期間 ……………………232
売上債権回転率 ………………………232
売上総利益 ……………………………79
売上高 …………………………………79
売上高売上総利益率 …………………227
売上高営業利益率 ……………………227
売上高経常利益率 ……………………227
売上高当期純利益率 …………………227
売上高利益率 …………………………226
売上割引 ………………………………92
売戻条件付現先 ………………………129
運搬費 …………………………………89

え

営業外収益 ……………………………91
営業外費用 ……………………………92
営業活動によるキャッシュ・フロー
……………………………………143, 185
営業キャッシュ・フロー対流動負債
比率 …………………………………251
営業キャッシュ・フロー・マージン
………………………………………247
営業利益 ………………………………88

お

親会社 …………………………………21
親会社株主に帰属する当期純利益
……………………………………97, 98

321

か

開業費	57
会計上の見積り	175
会計方針	173
会計方針の変更	174
会社計算規則	13
回転期間	231
開発費	57
貸倒引当金	45
貸倒引当金繰入額	89
株価収益率	280
株価純資産倍率	283
株式益回り	289
株式交付費	57
株主資本	66
株主資本等変動計算書	114
株主資本の各項目の変動事由	116
為替換算調整勘定	105
為替差益	91
為替差損	92
間接法	138
関連会社	27

き

機械装置及び運搬具	52
企業集団	21
キャッシュ・コンバージョン・サイクル	237
キャッシュ・フロー計算書	185
キャッシュ・フローの分析	245
給付系列	185
給料	89

金融商品取引法 ················4

く

区分表示	77
組替調整	106
組替調整額	106
繰延資産	56
繰延税金資産	56
繰延税金負債	63
繰延ヘッジ損益	105
グループ	21

け

経営安全率	274
経営資本	221
経営資本営業利益率	221
計算書類	12
経常利益	90
継続企業の前提	176
経費	82
決算短信	16
原価	185
限界利益	272
限界利益率	272
減価償却費	89
研究開発費	89
現金及び現金同等物	126
現金及び預金	44
現在価値	42
検収基準	80
建設仮勘定	52
減損	53
減損損失	95

こ

公共施設等運営権 ……………… 55
公告 …………………………… 13
広告宣伝費 …………………… 89
交際費 ………………………… 89
工事完成基準 ………………… 81
工事進行基準 ………………… 81
後発事象 ……………………… 176
子会社 ………………………… 25
固定資産 ……………………… 51
固定資産除却損 ……………… 95
固定資産売却益 ……………… 95
固定資産売却損 ……………… 95
固定長期適合率 ……………… 207
固定費 ………………………… 267
固定比率 ……………………… 205
固定負債 ……………………… 62
誤謬 …………………………… 175
コマーシャル・ペーパー（CP）
………………………… 60, 129
コマーシャル・ペーパー利息 ……… 92

さ

災害による損失 ……………… 95
再調達原価 …………………… 42
財務活動によるキャッシュ・フロー
………………………… 157, 185
財務諸表 …………………… 20, 21
財務諸表の組替え …………… 174
財務レバレッジ ……………… 240
材料費 ………………………… 82

し

仕入債務回転期間 …………… 235
仕入債務回転率 ……………… 235
仕入割引 ……………………… 91
時価 …………………………… 42
仕掛品期首棚卸高 …………… 83
仕掛品期末棚卸高 …………… 83
時価総額 ……………………… 290
事業税 ………………………… 97
事業利益 …………………… 214, 219
時系列分析 ………………… 187, 193
自己株式 ……………………… 68
自己資本 …………………… 209, 282
自己資本営業キャッシュ・フロー比
率 …………………………… 249
自己資本当期純利益率 ……… 218, 224
自己資本比率 ………………… 211
自己資本利益率 ……………… 224
資産 ………………………… 40, 185
資産除去債務 ………………… 64
実現主義 ……………………… 79
実現主義の原則 ……………… 76
支払手形及び買掛金 ………… 60
支払利息 ……………………… 92
四半期会計期間 ……………… 20
四半期財務諸表 …………… 5, 20
四半期報告書 ………………… 4
資本回転率 ………………… 226, 230
資本金 ………………………… 66
資本集約率 …………………… 295
資本剰余金 …………………… 67
資本利益率 …………………… 217

323

社債 …………………………60, 62	税効果会計 …………………………101
社債発行費 …………………………57	製造原価明細書 ……………………82
社債発行費償却 ……………………92	税引前当期純利益 …………………94
収益 …………………………………184	製品期首棚卸高 ……………………84
収益性の分析 ………………………217	製品期末棚卸高 ……………………84
従業員1人当たり売上高 …………294	製品保証引当金 ……………………63
従業員1人当たり営業利益 ………294	積載基準 ……………………………80
従業員1人当たり経常利益 ………294	セグメント売上高利益率 …………258
修正再表示 …………………………175	セグメント項目の構成比 …………257
修繕費 ………………………………89	セグメント項目の対前年度比 ……259
住民税 ………………………………97	セグメント資産利益率 ……………258
重要性の原則 ………………………43	セグメント情報 ……………………177
出荷基準 ……………………………80	セグメント情報の分析 ……………256
取得原価 ……………………………42	設備投資額対キャッシュ・フロー比
純資産 …………………………66, 185	率 …………………………………252
償却原価法 …………………………47	
譲渡性預金 …………………………129	**そ**
商品評価損 …………………………50	
正味運転資本 ………………………198	総額主義の原則 ………………77, 140
正味売却価額 ………………………42	操業度 ………………………………273
消耗品費 ……………………………89	増減率 ………………………………193
賞与 …………………………………89	総資産経常利益率 …………………218
新株予約権 ……………………66, 69	総資産利益率 ………………………218
人件費 ………………………………89	総資本営業利益率 …………………219
	総資本回転期間 ……………………231
す	総資本回転率 ………………………231
	総資本経常利益率 …………………218
水道光熱費 …………………………89	総資本税引前当期純利益率 ………219
ストック・オプション ……………70	総資本利益率 ………………………218
	創立費 ………………………………57
せ	租税公課 ……………………………89
	その他の包括利益 …………………105
成果配分支援機能 …………………2	その他の包括利益累計額 ……66, 68
税金等調整前当期純利益 …………94	その他有価証券評価差額金 ………105
税効果 ………………………………101	

324

ソフトウェア ……………………55
損益計算書 …………………73, 184
損益計算書百分比 …………………191
損益分岐図表 …………………268
損益分岐点 …………………267, 269
損益分岐点比率 …………………274
損益分岐点分析 …………………267

た

対基準年度比率 …………………193
貸借対照表 …………………37, 185
貸借対照表構成比率 …………………189
退職給付に係る調整額 …………………105
退職給付に係る負債 …………………63
退職給付費用 …………………89
対前年度比率 …………………193
建物及び構築物 …………………52
棚卸減耗損 …………………50
棚卸資産 …………………44, 48
棚卸資産回転期間 …………………233
棚卸資産回転率 …………………233
他人資本 …………………209
短期借入金 …………………60
短期の安全性分析 …………………196

ち

注記 …………………169
長期貸付金 …………………56
長期借入金 …………………62
長期の安全性分析 …………………196
長期前払費用 …………………56
直接法 …………………138

つ

通信費 …………………89
月数 …………………231

て

手形売却損 …………………92
デフォルト・リスク …………………196
手元資金 …………………202
手元流動性 …………………202
手元流動性比率 …………………202
電子記録債権 …………………44
電子記録債務 …………………60
電子公告 …………………14

と

当期純利益 …………………98
当期製品製造原価 …………………82, 83
当期総製造費用 …………………83
当座借越 …………………130
当座比率 …………………199
当座預金 …………………130
投資意思決定 …………………3
投資活動によるキャッシュ・フロー
…………………154, 185
投資収益 …………………3
投資その他の資産 …………………55
投資判断情報提供機能 …………………2
投資不動産賃貸料 …………………91
投資有価証券 …………………56
投資有価証券売却益 …………………95
投資有価証券売却損 …………………95
投資有価証券評価損 …………………95

325

特別修繕引当金 ………………… 63

特別損失 …………………………… 95

特別利益 …………………………… 94

土地 ………………………………… 52

に

2計算書方式 ……………… 74, 106

2対1の原則 ……………………… 198

日数 ……………………………… 231

荷造費 ……………………………… 89

入荷基準 …………………………… 80

ね

ネットキャッシュ ………………… 204

の

伸び率 ……………………………… 193

のれん ……………………………… 55

のれん償却額 ……………………… 89

は

配当規制 …………………………… 2

配当性向 …………………………… 286

配当利回り ………………………… 287

発行市場 …………………………… 4

発生主義の原則 …………………… 76

払込資本 …………………………… 66

販売手数料 ………………………… 89

販売費及び一般管理費 …………… 88

ひ

引当金 ………………………… 60, 61

引渡基準 …………………………… 80

非支配株主に帰属する当期純利益 … 98

非支配株主持分 …………………… 70

1株当たり純資産 ………………… 281

1株当たり当期純利益 …………… 279

1株当たり配当額 ………………… 286

1人当たり人件費 ………………… 297

1人当たり分析 …………………… 293

百分比財務諸表 …………………… 187

費用 ……………………………… 185

費用収益対応の原則 ……………… 76

費用収益の対応表示 ……………… 77

非連結子会社 ……………………… 27

ふ

福利厚生費 ………………………… 89

負債 …………………………… 59, 185

負債比率 …………………………… 209

附属明細書 ………………………… 166

附属明細表 ………………………… 166

不動産賃借料 ……………………… 89

負の現金同等物 …………………… 130

負ののれん発生益 ………………… 95

フリー・キャッシュ・フロー …… 246

分配可能額 ………………………… 2

へ

変動損益計算書 …………………… 271

変動費 ……………………………… 267

変動費率 …………………………… 272

ほ

包括利益 …………………………… 104

法人税 ……………………………… 97

法人税等 ……………………97	有価証券売却益 ………………91
法人税等調整額 ………………98	有価証券売却損 ………………92
保管費 ……………………89	有価証券評価益 ………………91
保険料 ……………………89	有価証券評価損 ………………92
	有価証券報告書 …………4, 278

ま

マネジメント・アプローチ ………178

有形固定資産 …………………51
有形固定資産の取得による支出……253
有形固定資産の売却による収入……253
有限責任 ……………………2
有利子負債 …………………64, 204

み

未払法人税等 …………………60
見本費 ……………………89

よ

要求払預金 …………………128

む

無形固定資産 …………………55

り

利益剰余金 …………………67
利益図表 …………………268
利害調整機能 ………………2
リース債権 …………………44
リース債務 …………………60, 63
リース資産 …………………52, 55
リース投資資産 ………………44
リース取引 …………………45
リターン ……………………3
流通市場 ……………………4
流動比率 …………………197
流動資産 …………………43
流動負債 …………………59
留保利益 …………………66
旅費交通費 …………………89

め

明瞭性の原則 …………………76

も

目論見書 ……………………4
持分法 ……………………32
持分法適用会社 ………………32
持分法適用会社に対する持分相当額
………………105
持分法による投資利益 ………91
持分法による投資損失 ………92

や

役員報酬 ……………………89

れ

連結会社 …………………27

ゆ

有価証券 …………………44, 46
有価証券届出書 ………………4

327

連結キャッシュ・フロー計算書……126

連結計算書類 ……………………12

連結子会社 ………………………27

連結財務諸表 …………………5, 21

連結財務諸表作成のための基本となる
　重要な事項 ……………………172

連結損益及び包括利益計算書………107

連結包括利益計算書 …………104, 106

連単倍率 …………………………261

ろ

労働装備率 ………………………296

労務費 ……………………………82

ビジネス会計検定試験のご案内
～社会人・大学生の会計リテラシー向上のために～

1．趣　旨

　企業の経営活動が複雑化，多様化する中で，自社や取引先あるいは投資先などの経営実態を正しく把握するための手段として，代表的な企業情報である会計情報（貸借対照表や損益計算書などの財務諸表（決算書））を理解できる能力（会計リテラシー）がますます重要になっています。

　とくに企業においては，会計情報に関する知識・スキルは，経理・財務部門だけでなく，営業や企画，総務などさまざまな部署で，また新入社員から経営幹部まで幅広く求められる能力となっております。

　大阪商工会議所は，こうした状況を踏まえ，財務諸表を作成するという立場ではなく，これらを情報として理解し，ビジネスに役立てていくということに重点を置いた「ビジネス会計検定試験」を開発し，平成19年度から実施しています。

　本検定試験は，簿記を知らなくても，財務諸表の構造や諸法令などの知識や分析を通して，財務諸表が表現する企業の財政状態，経営成績，キャッシュ・フローの状況などを判断する能力を問うものです。商工会議所が従来実施している日商簿記検定試験に加えて本検定試験を実施することにより，会計リテラシーを持つ人材の裾野を拡大したいと考えております。

2．級別概要

	3 級	2 級	1 級
到達目標	会計の用語，財務諸表の構造・読み方・分析等，財務諸表を理解するための基礎的な力を身につける。	企業の経営戦略や事業戦略を理解するため，財務諸表を分析する力を身につける。	企業の成長性や課題，経営方針・戦略などを理解・判断するため，財務諸表を含む会計情報を総合的かつ詳細に分析し企業評価できる力を身につける。
出題範囲	1．財務諸表の構造や読み方に関する基礎知識 ①財務諸表とは （財務諸表の役割と種類） ②貸借対照表，損益計算書，キャッシュ・フロー計算書の構造と読み方 （貸借対照表〈資産，負債，純資産〉・損益計算書〈売上総利益，営業利益，経常利益，税引前当期純利益，当期純利益〉・キャッシュ・フロー計算書の内容）	1．財務諸表の構造や読み方，財務諸表を取り巻く諸法令に関する知識 ①会計の意義と制度 （会計の役割，会計の制度〈金融商品取引法・会社法の会計制度，金融商品取引所の開示規則〉） ②連結財務諸表の構造と読み方 （財務諸表の種類，連結貸借対照表・連結損益計算書・連結包括利益計算書・株主資本等変動計算書・連結キャッシュ・フロー計算書の内容，附属明細表と注記）	1．会計情報に関する総合的な知識 ①ディスクロージャー （会社法上のディスクロージャー，金融商品取引法上のディスクロージャー，証券取引所のディスクロージャー，任意開示，ディスクロージャーの電子化） ②財務諸表と計算書類 （財務諸表と計算書類の体系，連結損益計算書・連結包括利益計算書・連結貸借対照表・連結キャッシュ・フロー計算書・連結株主資本等変動計算書の内容） ③財務諸表項目の要点 （金融商品，棚卸資産，固定資産と減損，繰延資産と研究開発費，引当金と退職給付，純資産，外貨換算，リース会計，税効果，会計方針の開示および会計上の変更等，連結財務諸表注記と連結附属明細表，セグメント情報，企業結合・事業分離） ④財務諸表の作成原理

		（概念フレームワーク，会計基準，内部統制）
2．財務諸表の基本的な分析 ①基本分析 ②成長率および伸び率の分析 ③安全性の分析 ④キャッシュ・フロー情報の利用 ⑤収益性の分析 ⑥1株当たり分析 ⑦1人当たり分析	2．財務諸表の応用的な分析 ①基本分析 ②安全性の分析 ③収益性の分析 ④キャッシュ・フローの分析 ⑤セグメント情報の分析 ⑥連単倍率と規模倍率 ⑦損益分岐点分析 ⑧1株当たり分析 ⑨1人当たり分析	2．財務諸表を含む会計情報のより高度な分析 ①財務諸表分析 　分析の視点と方法，収益性の分析，生産性の分析，安全性の分析，不確実性の分析，成長性の分析 ②企業価値分析 　企業価値評価のフレームワーク，割引キャッシュ・フロー法による企業価値評価，資本コストの概念，エコノミック・プロフィット法による企業価値評価，乗数アプローチによる企業評価

＊上位級は下位級の知識を前提としています。

3．実施方法

	3　級	2　級	1　級
施行形式	年2回の公開試験 10月と3月に実施		年1回の公開試験 3月に実施
受験資格	学歴・年齢・性別・国籍に制限はありません。		
問題形式	マークシート方式		マークシート方式と論述式
試験時間	2時間		2時間30分
合格基準	100点満点とし，70点以上をもって合格とします。		マークシート方式と論述式各100点，合計200点満点（論述式の得点が50点以上，かつ全体で140点以上）
受験料 （税込み）	4,950円	7,480円	11,550円

級別概要・実施方法は本書出版時のものです。受験料にかかる消費税は，試験施行日の税率が適用されます。

試験に関する最新の情報は，ビジネス会計検定試験のホームページをご確認ください。
URL＝https://www.b-accounting.jp

ビジネス会計検定試験　検定委員会

（氏名五十音順・2022年8月現在）

〈委員長〉	梶浦　昭友	（関西学院大学）
〈副委員長〉	柴　健次	（関西大学）
	杉野　哲	（大阪ガス株式会社）
〈委　　員〉	会田　一雄	（慶應義塾大学）
	阿南　順子	（サントリーホールディングス株式会社）
	伊藤　邦雄	（一橋大学）
	井上　達男	（関西学院大学）
	岩下　哲郎	（日立造船株式会社）
	片桐　真吾	（株式会社ユニオン）
	菊池　教之	（株式会社東京証券取引所）
	近藤　博宣	（大阪商工会議所）
	笹倉　淳史	（関西大学）
	杉田　宗久	（近畿税理士会）
	徳賀　芳弘	（京都先端科学大学）
	永井　琢也	（コクヨ株式会社）
	八田　進二	（青山学院大学）
	林　隆敏	（関西学院大学）
	藤沼　亜起	（日本公認会計士協会）
	松本　敏史	（早稲田大学）
	弥永　真生	（明治大学）
	横手　大輔	（大和ハウス工業株式会社）
〈顧　　問〉	松尾　聿正	（関西大学）

ビジネス会計検定試験　テキスト作成委員会

（氏名五十音順・2022年8月現在）

〈委 員 長〉　笹倉　淳史　（関西大学）

〈副委員長〉　阿南　順子　（サントリーホールディングス株式会社）

　　　　　　　梶浦　昭友　（関西学院大学）

〈委　　員〉　岩下　哲郎　（日立造船株式会社）

　　　　　　　片桐　真吾　（株式会社ユニオン）

　　　　　　　阪　　智香　（関西学院大学）

　　　　　　　首藤　昭信　（東京大学）

　　　　　　　杉田　宗久　（近畿税理士会）

　　　　　　　杉野　　哲　（大阪ガス株式会社）

　　　　　　　永井　琢也　（コクヨ株式会社）

　　　　　　　林　　隆敏　（関西学院大学）

　　　　　　　松本　祥尚　（関西大学）

　　　　　　　横手　大輔　（大和ハウス工業株式会社）

2級テキスト執筆者一覧

松尾　聿正　（関西大学）………………………… 第1章第1節，第6章

林　　隆敏　（関西学院大学）　第1章第2節，第2章，第7章，第8章

笹倉　淳史　（関西大学）……………………………………… 第3章

阪　　智香　（関西学院大学）………………………… 第4章，第5章

梶浦　昭友　（関西学院大学）………………………… 第5章，第9章

松本　祥尚　（関西大学）…………………………… 第8章第5節

首藤　昭信　（東京大学）……………………………………… 第9章

【編　者】

大阪商工会議所

1878年設立。商工会議所法に基づいて設立された地域総合経済団体。約3万の会員を擁し，大阪のみならず関西地域全体の発展を図る公共性の高い事業に取り組んでいる。企業の人材育成に資するため，各種検定試験を実施している。

URL＝http://www.osaka.cci.or.jp/

試験に関する情報や公式テキスト・過去問題集の正誤情報等は，ビジネス会計検定試験のホームページをご確認ください。

https://www.b-accounting.jp

ビジネス会計検定試験®公式テキスト2級
［第5版］

2007年11月10日　第1版第1刷発行	
2008年 7 月15日　第1版第15刷発行	
2009年 4 月20日　第2版第1刷発行	
2011年 4 月15日　第2版第21刷発行	
2011年10月25日　第3版第1刷発行	
2015年11月10日　第3版第38刷発行	編　者　　大阪商工会議所
2016年 4 月 5 日　第4版第1刷発行	発行者　　山　本　　　継
2019年 9 月30日　第4版第47刷発行	発行所　㈱中央経済社
2020年 4 月10日　第5版第1刷発行	発売元　㈱中央経済グループ
2023年 7 月20日　第5版第11刷発行	パブリッシング

〒101-0051　東京都千代田区神田神保町1-35
電話　03 (3293) 3371 （編集代表）
　　　03 (3293) 3381 （営業代表）
https://www.chuokeizai.co.jp

© 大阪商工会議所，2020　　　印　刷／三英グラフィック・アーツ㈱
Printed in Japan　　　　　製　本／㈲井上製本所

※頁の「欠落」や「順序違い」などがありましたらお取り替えいたしますので発売元までご送付ください。（送料小社負担）

ISBN978-4-502-33381-1　C2034

JCOPY〈出版者著作権管理機構委託出版物〉本書を無断で複写複製（コピー）することは，著作権法上の例外を除き，禁じられています。本書をコピーされる場合は事前に出版者著作権管理機構（JCOPY）の許諾を受けてください。

JCOPY〈https://www.jcopy.or.jp　eメール：info@jcopy.or.jp〉